HETHITICA X

HETHITICA

BIBLIOTHÈQUE DES CAHIERS DE L'INSTITUT
DE LINGUISTIQUE DE LOUVAIN — 52

hethitica X

PEETERS
LOUVAIN-LA-NEUVE
1990

D/1990/0602/96

ISBN 90-6831-288-X

Printed in Belgium

BCILL 52: Hethitica X, 7-108

LISTE DES NOMS GÉOGRAPHIQUES DES TEXTES HITTITES. KBo XXIII-XXX, XXXIII, KUB XLV-LVII

Pierre CORNIL

La liste ci-dessous comporte les noms touchant les domaines de la topo-, de l'oro- et de l'hydronymie, cités dans les volumes KBo XXIII à XXX et XXXIII et dans KUB XLV à LVII (c'est-à-dire dans tous les volumes parus à partir de 1975) dont le dépouillement a été arrêté à la fin de 1987. Elle fournit un supplément provisoire à G.F. del Monte et J. Tischler, Répertoire géographique des Textes cunéiformes, Bd. 6, Die Orts- und Gewassernamen der Hethitische Texte, Wiesbaden, 1978, cité ici comme RGTC 6 (1978).

La graphie de ces noms est celle du RGTC 6, sauf quand la graphie, trouvée dans les textes, oblige à en accepter une autre. Les références sont fournies volume par volume, suivies chaque fois des variantes graphiques en tenant compte de leur cas. Les inédits, mentionnés dans le RGTC 6 et publiés entre-temps dans les séries de KUB ou KBo, sont repris dans la liste partant du numéro du musée, suivi du numéro du volume et de celui du texte. De plus amples données ne sont fournies qu'au cas d'une correction de graphie, de la face ou de la ligne, p. e. à cause d'un "joint".

Le lecteur pourra constater que la documentation géographique s'est enrichie les dix dernières années sur trois points. Il y a d'abord pour les toponymes connus le nombre de témoignages, qui s'est accru grâce à la publication des textes; une lecture conjecturée est ainsi parfois confirmée, parfois rejetée; il y a ensuite l'enrichissement du domaine par quantité de nouveaux noms qui se rencontrent dans les tablettes; ils sont suivis, dans la liste, du signe *, indiquant ainsi un nom pas encore répertorié dans RGTC 6; enfin, il y a le nombre d'études géographiques remarquables, qui parviennent à localiser de mieux en mieux les noms géographiques. La plupart de ces études se trouvent mentionnées ici, ce qui permet de les citer dans la liste sous une forme abrégée.

S. Alp, Die Lage der hethitischen Kultstadt Ḫanḫana, Festschrift E. Edel, Aegypten und altes Testament 1, Bamberg, 1979 13 sqq.

S. Alp, Remarques sur la géographie de la région du haut Yeşil-Irmak d'après les tablettes hittites de Maşat-Höyük, Florilegium Anatolicum (1979) 29 sqq.

I. Beldiceanu-Steinherr, La Géographie historique de l'Anatolie centrale d'après les registres ottomans, Comptes rendus. Académie des Inscriptions et Belles Lettres (1982) 443 sqq.

Festschrift H. Brunner = M. Görg, Fontes atque pontes: eine Festgabe für H. Brunner, Aegypten und altes Testament 5, Wiesbaden, 1983.

T. R. Bryce, Some Geographical and Political Aspects of Mursilis' Arzawan Campaign, Anatolian Studies 24 (1974) 103 sqq.

H. Ertem, Zwei Provinzen des hethitischen Staates: Neuer Lokalisierungsversuch von Pala - Tummana und umliegenden Orten, Üniversitesi Dil ve Tarih - Coğrafya Fakültesi Yayınları, n° 295, Ankara, 1980.

M. Forlanini, Appunti di Geografia Etea, Studia Mediterranea P. Meriggi dicata, ed. O. Carruba, Pavia, 1979 (1980).

M. Forlanini, Remarques géographiques sur les textes cappadociens, Hethitica VI (1985) 45 sqq.

M. Forlanini, Le mont Sarpa, Hethitica VII (1987) 73 sqq.

M. Forlanini, Toponymie antique d'origine hattie, Hethitica VIII (1987) 105 sqq.

J. Freu, Les Archives de Maşat Höyük, Histoire du Moyen Empire hittite et la Géographie du Pays Gasga, Centre de Recherches comparatives sur les Langues de la Méditerranée ancienne, Document n° 8, Université de Nice, 1983.

J. Freu, Luwiya. Géographie historique des Provinces méridionales de l'Empire hittite: Kizzuwatna, Arzawa, Lukka, Milawatta, Centre de Recherches comparatives sur les Langues de la Méditerranée ancienne, Document n° 6, Tome 2, Université de Nice, 1980.

J. Freu, Problèmes de chronologie et de géographie hittites. Madduwatta et le début de l'empire, Hethitica VIII (1987) 123 sqq.

GLH = E. Laroche, Glossaire de langue hourrite, Revue hittite et asianique 34-35 (1976-77).

P.W. Haider, Die hethitische Stadt Arušna in aegyptischen Ortsnamenlisten des Neuen Reiches, Göttinger Miszellen. Beiträge zur aegyptologischen Diskussion 72 (1984) 9 sqq.

S. Košak, Western Neighbours of the Hittites, Eretz - Israel 15 (1981) 12 sqq.

E. Laroche, Toponymes hittites ou pré-hittites dans la Turquie moderne, Hethitica VI (1985) 83 sqq.

J. Mellaart, The Political Geography of Western Anatolia during the Late Bronze Age - Who lived where?, Archiv für Orientforschung, Beiheft 19 (1982) = 28e RAI, Wien (1981), 372 sqq.

RlA = Reallexikon der Assyriologie und vorderasiatischen Archäologie V (1976-80), VI (1980-83), VII (1987) 1/2 Lieferung, Berlin-New York.

Troy = Troy and the Trojan War, A Symposium held at Bryn Mawr College, October 1984, edited by M.J. Mellink, Bryn Mawr College, The Department of Classical and Near Eastern Archaeology, Bryn Mawr, 1986.

NOMS DE LIEUX

A[	KUB LIII 1 Ro 5	à lire: A[nkuwa ^{LÚMEŠ} SIPAD É ^{URU}A-a[n-ku-wa; phrase parallèle en KUB LIII 2 Ro 5
A[Ḫ	KUB XLIX 70 Vo 14	^{URU}A[ḫ-
AḪARIWAŠŠA[*	KBo XII 53 + KUB XLVIII 105 Vo 15	^{URU}A-ḫa-ri-i-wa-aš-ša[
AḪḪIYAWA		J. Freu, Luwiya... (1980) 323 sqq.; H.G. Güterbock, Troy (1986) 33 sqq.
AKKADE	KBo XXVII 108 III 32	^{URU}A-ga-ti-e[
	188, 4	Ak-ga-te-ni
	KUB XLV 41 III 3	^{URU}A-ag-ga-da-a-ḫi (= IŠTAR)
	13	A-ag-g[a?-da-a-ḫi (= IŠTAR)
		Ethn. du pays d'Akkad, cf. E. Laroche, GLH, RHA 34-35 (1976-77) s.v.
ALA[-	KBo XXVIII 85, 2	*I-NA* KUR A-la[-
ALALAḪ	KUB XLV 3 IV 26	LÚ ^{URU}A-la-la-aḫ
ALḪA		J. Freu, Les Archives... (1983) 168.
ALIŠA	KBo XXX 157 I 6	Ethn. ^{URU}A[-li-ša-il
ALMATḪI	KUB XLVI 48 Ro 14	lire ^{D}Nu-pa-ti-ik ^{URU}Za-al-ma-at-ḫi
ALNI?[*	KUB L 90, 10	*I-NA* ^{URU}Al-ni-x[
ALŠE/ALZI	KBo XXVIII 113, 12	KUR ^{URU}Al-še E. Edel, Festschrift H. Brunner,

Aegypten und altes Testament 5 (1983) 90 sqq.

AM[-	KUB LIII 44 IV 4	à rayer dans l'index de KUB LIII. Lecture certaine: ^{GIŠ}BANSUR.
AMBARA		M. Forlanini, Studia Mediterranea... (1979) 173.
AMPUWANA*	KBo XXVI 166 II 4	^{URU}Am-pu-wa-na
AMURRU	KBo XXVIII 24 Ro 8	*I-]NA* KUR A-mur-ri
	54 Ro 6	*I-NA* KUR ^{URU}A-mur-ri
	57, 14	LUGAL KUR ^{URU}A-mur[-ri
	79 Ro 6	LÚ KUR A-mur-r[i
	119, 9	K]UR ^{URU}A-mur-ri
	KUB XLVIII 71 Ro 5	KUR ^{URU}A-mur[-
	7	KUR ^{URU}A-mur-ri
AN-	KBo XXVI 169, 6	LÚ^{MEŠ} ^{URU}An[-
ANAMUŠTA		J. Freu, Luwiya... (1980) 199 sqq.
ANNAPI		M. Forlanini, Hethitica VIII (1987) 105 sqq.
ANAŠEPA	KUB LVI 28 Vo 5	^{URU}A-na-ši-pa[
	KUB LVII 108 III 11	*INA* ^{URU}A-na-še-pa
ANKUWA	KBo XXIV 112 Vo 11	^{URU}A-an-ku-wa
	128 Vo 1,4,6	^{URU}An-ku-wa
	2	^{URU}An-ku-i
	KBo XXV 12 Vo III 30	^{URU}A-an-ku-wa
	KBo XXVI 151 III 10	^{URU}An-ku-a
	KBo XXIX 30 IV 8	^{URU}A-an-k[u-wa

	KBo XXX 9 III 1	^{URU}An-ku-wa
	5	LÚ ^{URU}An-ku-wa
	54 II 12	^{URU}An-ku-wa
	118 Vo 10	*A-NA* ^{D}IŠTAR ^{URU}An-k[u-wa
	155 Vo 5, 7	^{URU}An-ku-wa
	KUB XLVI 30, 18	^{URU}A-an-ku-wa
	KUB XLIX 90, 4	*I-NA* ^{URU}An-ku-wa
	92 IV 9	*ŠA* ^{URU}An-ku-wa-a
	11	[^{URU}]An-ku-wa-pít
	KUB L 84 II 7	*I-NA* ^{URU}An-ku-wa
	19	^{URU}An-ku-wa-za ar-ḫa
	KUB LI 57 Ro 13	^{URU}An-ku[-wa
	KUB LII 89 II 6	^{D}Za-wa-al-li-i ^{URU}An-ku-u-wa[
	KUB LIII 1 Ro 5	LÚ^{MEŠ} SIPAD É ^{URU}A-a[n-ku-wa
	2 Ro 5	GAL LÚ^{MEŠ} SIPAD *ŠA* ^{URU}An-ku-wa
	KUB LIV 68 Ro 5	] ^{URU}An-ku[-wa
	KUB LV 6 I 7	^{URU}An-ku-wa
	KUB LVII 120 Ro 2	^{URU}An-ku-wa

A. Ünal, Geschichte und Lage der hethitischen Stadt Ankuwa, SMEA 24 (1984) 87 sqq.

ANUNUWA	KUB LIII 32 Ro 5	Ethn. LÚ^{MEŠ} ^{URU}A-nu-nu-um-ni-iš

ANZARA

M. Forlanini, Studia Mediterranea... (1979) 183 sq., J. Freu, Les Archives... (1983) 175.

ANZILIYA KBo XII 53 + KUB XLVIII 105 Vo 43

KUB XLVIII 82, 2 [UR]UAn-zi-li-y[a
M. Forlanini, Studia Mediterranea... (1979) 174 sqq.; S. Alp, Florilegium Anatolicum (1979) 29 sqq.; Belleten 44 (1980) 58; J. Freu, Les Archives... (1983) 160.

ANZIPA KUB LV 1 III 1 DINGIR URUAn-zi-pa

ABA[- KBo XXVIII 77, 13 *I-NA* KUR A-ba[-

APAŠA J. Freu, Luwiya... (1980) 268 sqq.

APAWIYA J. Freu, Luwiya... (1980) 286 sqq.

APZIŠNA KUB XLV 25 II 10 URUAp-zi-iš-na-a-ḫi
Référence à corriger dans E. Laroche, GLH, RHA 34-35 (1976-77) s.v.

A[R KUB XLVIII 123 II 13 KUR URUA[r-

KUB XLIX 83 Ro 2, 6 SALMEŠ URUA[r-

ARAḪTNU/A KBo XXVIII 111 Ro 13 UR]UA-ra-ḫa-ta-an

ARANA J. Freu, Luwiya... (1980) 215 sqq.

ARRAPḪI KBo XXVII 119 I 28 URUA-ar-ra-ap-ḫ[i
Réf. Ethn. URUA-ar-ra-ap-ḫi-ni chez E. Laroche, GLH, RHA 34-35 (1976-77) s.v.

ARAWANA J. Freu, Les Archives... (1983) 167 sqq.

ARḪITA J. Freu, Les Archives... (1983) 172 sq.

ARIḪAZI(YA) Je propose d'abandonner cette lecture et d'accepter de préférence la lecture Atalḫazi(ya) avec alternance ḫa/aḫ. La lecture phonétique se trouve dans KBo XIII 175 Ro 4: ^{URU}A-ta-al-ḫa-az-zi, cf. RGTC 6 (1978) s.v.

ARINNA	KBo XXIII 88 VI 11, 99 I 30	^{URU}A-ri-in-na
	92 III 12	^{URU}A-r[i-in-na
	106 Ro 5	^{URU}A-ri-in-na-az
	KBo XXIV 112 Ro 26	^{URU}A-r[i-in-n]a
	KBo XXV 137 Vo 2	^{URU}A-ri[-in-na
	159, 2	[^{URU}]A-ri-in[-na
	5	^{URU}A-r[i-in-na
	176 Vo 7, 18	^{URU}A-ri-in-na
	KBo XXVI 185 b.g. 2	^{URU}TÚL[-na
	218, 1	^{URU}TÚL-na
	KBo XXVII 42 II 38	^{URU}A-r[i-in-na
	51, 10	^{URU}A-ri-in-na
	KBo XXVIII 84, 4	*A-NA* ^{D}UTU ^{URU}A[-rinna
	110, 80	^{D}UTU ^{URU}A-ri-i]n-na
	KBo XXX 13 Ro 6	^{URU}[A-]ri-in-na
	54 I 17,18,21	^{URU}A-ri-in-na
	56 V 12,17	2 LÚ^{MEŠ} GUDÚ ^{URU}A-ri-in-na
	14	L]Ú^{MEŠ} ^{URU}TÚL-na
	63 Vo 9, 166 III 2	^{URU}A-r]i-in-na
	101 II 1, 107, 8[, 158, 4	^{URU}A-ri-in-na
	KBo XXXIII 208 II 5	^{D}UTU ^{URU}A-ri-in-n[a
	216 I 10	^{D}UTU ^{URU}TÚL-na
	KUB XLV 51 II 15, 19]	^{D}UTU ^{URU}A-ri-in-na
	68 Ro 6	^{URU}A-ri-na-ḫi
	77 I 12	^{D}UTU ^{URU}TÚL-na

KUB XLVI 5 Vo 6 ^{URU}A-ri-in-na
23 Vo 36 ^{URU}TÚL-na
26 Ro 8 $^{D]}$UTU ^{URU}TÚL-na

KUB XLVII 64 II 26 ^{URU}A-ri-i[n-na
101 IV 8 [$^{URU]}$A-ri-in-na-a-ḫi ^{D}U

KUB XLVIII 18, 6 ^{URU}A-ri-in[-
88 Ro 6, 107 Vo 5 ^{D}UTU ^{URU}A-ri-in-na
90 Vo b. 3 ^{URU}TÚL-na

KUB L 32 III 5 *I-NA* ^{URU}A-ri-in-na
47 II 1, 102 Vo 1[^{URU}TÚL-na
47 II 8[, 84 II 9, 125, 18 *I-NA* ^{URU}TÚL-na
84 II 10, 17, 20, 26 ^{D}UTU ^{URU}TÚL-na

KUB LI 11, 10; 25 Ro 8, 10, Vo 16 ^{D}UTU ^{URU}A-ri-in-na
15 Ro 2; 17, 5; 52, 6[^{URU}A-ri-in-na
15 Vo 8 ^{URU}TÚL-na

KUB LII 1 III 4; 90 I 5, 6 ^{D}UTU ^{URU}TÚL-na
47 Ro 12 ^{URU}TÚL-na

KUB LIII 6 II 2; 21 Vo 3 ^{URU}A-ri-in-na
11 III 8, 22 ^{D}UTU ^{URU}A-ri-in-na

KUB LIV 70, 7 ^{D}UTU ^{URU}TÚL-na
76, 8 ^{URU}TÚL-na(-wa-za)

KUB LV 5 IV 14 *I-NA* ^{URU}TÚL-na
30, 11 $^{URU]}$A-ri-in-na(-ma-kán)

KUB LVI 24 Ro 13, Vo 1,3, 4, 8, 12 (2 x) 16; 39 IV 31 ^{D}UTU ^{URU}TÚL-na
27, [3], bord ou Vo 7 ^{URU}TÚL-na
52 Vo 6 ^{URU}A-ri-in-n[a

	KUB LVII 35 II 2	^{URU}TÚL-na
	II 16, III 6, 20; 63 IV 12; 94 I 11, IV 2; 99 III 5; 116, 8	^{D}UTU ^{URU}TÚL-na
	63 II 10, III 15	^{URU}A-ri-in-na
	60 II 5	an-da ^{URU}Ḫa-at-tu-ši ^{URU}A-ri-in-ni
	48, 4; 63 III 22	^{D}UTU ^{URU}A-ri-in-na
	63 III 28	*I-NA* É ^{D}UTU ^{URU}A-ri-in-na
		M. Forlanini, Studia Mediterranea... (1979) 180 sq.
ARINANDA		J. Freu, Luwiya... (1980) 270.
ARMATANA		J. Freu, Les Archives... (1983) 171.
ARNAḪḪU*	KBo XXVI 206, 7	^{URU}Ar-na-aḫ-ḫu
ARTAŠUŠŠA*	KUB LVI 40 IV 19	^{URU}Ar-ta-šu-uš-ša-aš
ARDUKA		J. Freu, Luwiya... (1980) 273 sqq.
ARU[	KBo XXVI 174, 4	^{URU}A-r[u
ARUNA		J. Freu, Luwiya... (1980) 199 sqq.
ARUŠNA	KUB XLVI 37 Vo 7, 14; 39 IV 1	^{URU}A-ru-uš-na
	KUB XLVIII 81,3	^{URU}A-ru-u-u[š-na
	KUB XLIX 1 IV 13, 16	^{URU}A-ru-uš-na
	KUB L 123 Vo 12	*I-NA* ^{URU}A-ru-uš-na
	KUB LII 60 II 12	DINGIR-*LUM* GAL ^{URU}A-ru-uš-ša-na(-ma)
	KUB LIV 1 I 57	^{URU}]A-ru-uš-na

	KUB LVI 25 IV 2	*A-NA* DINGIR-*L*[*UM* GAL] ^{URU}A-ru-uš-na
	KUB LVII 87 II 12	^{URU}A-ru-uš-ša-na

Pour la divinité: A. Ünal, Ein Orakeltext... Texte der Hethiter 6 (1978) 25, 45 sqq.; M. Forlanini, Studia Mediterranea... (1978) 168 sqq.; P.W. Haider, GM 72 (1984) 9 sqq.

ARZAWA	KBo XII 53 + KUB 105 Vo 39], 41	KUR ^{URU}Ar-za-u-wa
	KUB XLVIII 87, 1	[KU]R ^{URU}Ar-za-x-x?
	2	KUR ^{URU}Ar-za-u-wa
	95 I 5	KUR ^{URU}Ar-za-wa
	KUB LVI 18 Ro 2	KUR] Ar-za-wa(-mu-kán)
	6	KUR Ar-za-u-wa(-ya-at-ta)
	27, 6	KUR ^{URU}Ar-za-u-wa
	KUB LVII 90 I 7	SAL ^{URU}Ar-za[-wa

T.R. Bryce, AnatS 24 (1974) 103 sqq.; J. Freu, Luwiya... (1980) 255 sqq.; J. Mellaart, AfO, Beiheft 19 (1982) 372 sqq.

AŠANA*	KBo XXIII 113 III 26	KUR A-ša-na
	27	KUR A-ša-na-an
AŠMIYA*	KBo XXVIII 57, 9	^{D}UTU ^{URU}Aš-mi-ya
AŠPINUWA*	KUB L 35 Vo 16, 18	*A-NA* INIM ^{URU}Aš-pi-nu-wa
AŠTATA	KUB LVII 18 Ro 2	LÚ^{MEŠ} ^{URU}Aš-t[a-ta

E. Laroche, D. Arnaud, D. Beyer, Margueron, Le Moyen Euphrate, Actes du Colloque de Strasbourg 5 (1980) 235 sqq.

AŠTUYARA KBo XXIII 84 Vo 4 ^{URU}Aš-]tu-u-ya-ra
M. Forlanini, Studia Mediterranea... (1979) 170 sq.

AŠŠUR KBo XXIII 116 Vo III 3 KUR ^{URU}Aš-šur(-ma)

KBo XXVIII 59 Ro 1 LUGAL KUR ^{D}Aš-šur
60, 6 *A-NA* KUR ^{D}Aš-šur
10 KUR ^{D}Aš-šur
92 Ro 13 KUR Aš-šur ?
145, 7 KUR ^{URU}Aš-šur$_{4}$

KUB XLVIII 124 Vo 9 KUR ^{URU}Aš-šur

KUB XLIX 91 Ro 9 LUGAL KUR ^{URU}Aš-šur

KUB L 8, 7 ^{URU}Aš-]šur

AŠŠUWA J. Mellaart, AfO, Beiheft 19 (1982) 372 sqq.

AŠŠUWAŠŠA* KBo XII 53 + KUB XLVIII 105 II
INA ^{URU}A-aš-šu-wa-aš-ša-aš
M. Forlanini, Studia Mediterranea... (1979) 174.

ATALḪAZIYA KBo XIII 175 Ro 4 ^{URU}A-ta-al-ḫa-az-zi[-ya

KBo XXII 222 III 2, 3, 11 *A-NA* ^{D}U ^{URU}A-tal-ḫa-zi-ya

KBo XXIII 89, 5 ^{D}U ^{URU}A-tal-ḫa-zi-ya

KUB LIII 3 VI 17 ^{LÚMEŠ} ^{URU}A-tal-aḫ-zi
4 Vo 33 ^{LÚMEŠ} SANGA ^{URU}A-tal-aḫ-zi-ya
6 II 3 ^{D}U ^{URU}A-tal-ḫa-zi-ya
4]^{MEŠ} É ^{URU}A-tal-ḫa-zi-y[a

ADANIYA KBo XXVIII 124 col. dr. 9 KUR ^{URU}A-da-ni[-ya

KUB XLVI 37 Vo 14 ^{URU}A-da-ni-ya

KUB XLVIII 81, 1 ^{URU}A-ta-ni[-ya

J. Freu, Luwiya... (1980) 199 sqq.; E. Laroche, Hethitica VI (1985) 86 sq.

ATARAWANNA J. Freu, Les Archives... (1983) 207 sqq.

ATARIMA J. Freu, Luwiya... (1980) 311 sqq.; Hethitica VIII (1987) 143 sqq.

ATḪULIŠŠA J. Freu, Les Archives... (1983) 196 sqq.

ATGA* KUB XLVIII 58, 3 [$^{U]RU}$ At-ga-az

ATRANTA* KUB LVII 111, 117 ^{URU}At-ra-an-ta

ATRIYA J. Freu, Hethitica VIII (1987) 143 sqq.

AWARNA J. Freu, Hethitica VIII (1987) 143 sqq.

AZ[KUB LVI 30 Vo 8 *A-NA* ^{D}LUGAL-ma ^{URU}Az-[

AZZI KBo XII 53 + KUB XLVIII 105 Ro 21 LÚ^{MEŠ} ^{URU}Az-zi

KBo XXIII 115 Ro 2 ZAG KUR Az-zi

KUB XLIX 1 I 25 ^{URU}Az-zi

70 Vo 20 LÚ ^{URU}Az-z[i

21 LÚ ^{URU}A[z-zi

KUB LII 86, 10 LÚ ^{URU}Az-zi

M. Forlanini, Studia Mediterranea... (1979) 183 sq.

AZIK[I(-)	KBo XXVII 100 + I 55	^{URU}A-zi-k[i
		V. Haas, SMEA 22 (1980) 107 sqq.
ḪA[-	KBo XXIII 95 b. g. 1	^{URU}Ḫa[-
	KBo XXVIII 54 Ro 14	^{URU}Ḫa-x[
ḪAḪḪA		J. Freu, Les Archives... (1983) 166 sqq.
ḪA-ḪAR-NA	KBo XXVI 151 I 12	^{URU}Ḫa-ḪAR-na
ḪAḪARWA	KBo XXIV 117 col. g. 10	KUR Ḫa-ḪAR-wa-aš
ḪAḪISA		M. Forlanini, Studia Mediterranea... (1979) 182 sq.
ḪAYAŠA		M. Forlanini, Studia Mediterranea... (1979) 183 sq.
ḪAITTA	KBo XXIV 112 Vo 3	[$^{UR]U}$Ḫa-it-ta
ḪAKMIŠ/ḪAKPIŠ	KBo XXV 11, 4	[$^{UR]U}$Ḫa-ka-mi-iš
	KUB XLVII 101 IV 5	^{URU}Ḫa-ak-pí-[i]š
	KUB XLVIII 119 Ro 5	^{URU}Ḫa-ak-miš
	KUB XLIX 34 col. dr.	^{URU}Ḫa-a[k-miš
	103 Ro2	[^{URU}Ḫ]a-ag-ga-piš
	KUB LII 5 IV 3	*I-NA* ^{URU}Ḫa-[kpiš
	4	*I-NA* ^{URU}Ḫa-ak-p[iš
	55 Vo 2, 4	^{D}U ^{URU}Ḫa-ak-piš
	KUB LIII 21 Ro 7	$^{UR]U}$Ḫa-ak-miš
	KUB LIV 98, 8	^{URU}Ḫa-ak-miš?

KUB LV 48 I 2 — $^{UR]U}$Ḫa-ak-miš-ša(-ma-kán)
54 I 28 — *A-NA* ^{D}U ^{URU}Ḫa-ak-miš

KUB LVI 2 III 7 — ^{URU}Ḫa-a]k-miš-ša
48 IV 21 — KUR ^{URU}Ḫa-ak-miš-ša
23 — KUR Ḫa-ak-m[iš-ša
E. Laroche, Hethitica VI (1985) 95 sq.; J. Freu, Les Archives... (1983) 160.

ḪAL[- — KUB LII 92 IV 7 — *I-NA* ^{URU}Ḫal-[

ḪALAP cf. ḪALPA

ḪALLAPIYA — KBo XXIII 92 II 12, 17 — ^{LÚMEŠ} ^{URU}Ḫal-la-pí-ya

KBo XXX 107, 6 — ^{URU}Ḫal-la-pí-ya
M. Forlanini, SMEA 22 (1980) 71 sqq.

ḪALIPUDA — KBo XXIV 128 Ro 11 — ^{URU}Ḫa-li-pu-da-ma

KUB LVII 71, 6 — ^{URU}Ḫa-l[i-pu-da; restauration probable à cause de la présence de Kartapaḫa et de Katapa, cf. RGTC 6 (1978) s.v. Kartapaḫa.

ḪALPA — KBo XXIII 70 I 15, 16 — $^{UR]U}$Ḫal-pa

KBo XXIV 48 II 9 — ^{LÚMEŠ} ^{URU}Ḫa-la-ap(-ya)

KBo XXVI 155 II 9 — ^{D}U ^{URU}Ḫa[-
156 Vo 2 — ^{D}U ^{URU}Ḫa-la[-ap

KBo XXVIII 83 Vo 9 — KUR ^{URU}Ḫal-pa
110, 81 — [^{D}IM ^{URU}Ḫal]-ap
120, 2 — KUR ^{URU}Ḫal[ap
6 — KUR ^{URU}Ḫ[alap
7 — Ḫ]a-la-ap

KBo XXXIII 109 col. dr. — ^{URU}Ḫal-pa-an

	KUB XLV 84 Ro 13	^{URU}Ḫal-pa-a-pa
	KUB XLVII 64 II 27	^{D}U ^{URU}Ḫa-la-ap
	78 I 15	^{URU}Ḫal-pa-wa$_{a}$-an ^{D}U-up
	101 IV 5	^{URU}Ḫal-pa-pa
	KUB XLVIII 72 Vo 7	]x^{MEŠ} *ŠA* KUR ^{URU}Ḫa-la-ap
	KUB L 91 IV 1	^{URU}Ḫal-pa
	KUB LI 15 Vo 2	^{D}U ^{URU}Ḫal-pa
	KUB LV 5 IV 8	*I-NA* É ^{D}U ^{URU}Ḫa-la-ap
	48 IV 1, 2	^{D}U ^{URU}Ḫal-pa
	KUB LVI 31 IV 17	*A-NA* ^{D}Ḫé-bat ^{URU}Ḫa-la-ap
	19	*A-NA* ^{D}IŠTAR ^{URU}Ḫa-la-ap

E. Laroche, GLH, RHA 34-35 (1976-77) s.v. Halba.

ḪAMALLALIÚ*	KBo XXVIII 102, 9	*A-NA PA-NI* LÚ ^{URU}Ḫa-ma-al-la-i[-ú
	13	L]Ú ^{URU}Ḫa-ma-al-la-i-ú
ḪA]N-	KUB L 108, 7	^{URU}Ḫa-a[n
ḪANḪANA	KBo XXIII 89, 11	^{URU}Ḫa-ḫa-na-aš
	12	^{URU}]Ḫa-an-ḫa-na
	KBo XXV 68 Vo 4	LÚ ^{URU}Ḫa-an-ḫa-an[
	KUB XLVIII 102 Vo 2	^{URU}Ḫa-[a?-]an-ḫa-na^{KI}?
	KUB L 55 Ro 36	$^{UR]U}$ Ḫa-an-ḫa-na-az(-kán)
	Vo 11	^{URU}Ḫa-]an-ḫa-na-za(-kán)
	KUB LI 1 I 3	^{URU}Ḫa-an[-ḫa-na
	4	^{URU}Ḫa-an-ḫa-na
	16	^{URU}Ḫa-a[n-ḫa-na

	IV 4	^{URU}Ḫa-an-ḫa-n[a
	KUB LIII 1 Ro 6	*BE-EL* ^{URU}Ḫa-an-ḫa-[na
	2 Ro 6	*BE-EL* ^{URU}Ḫa-an-ḫa-na
	3 I 20, 22	$^{U]RU}$Ḫa-an-ḫa-na
	V 2[, VI 12	^{LÚ}*BE-EL* ^{URU}Ḫa-an-ḫa-ni
	VI 18	LÚ^{MEŠ} ^{URU}Ḫa-an-ḫa-na
	4 Ro 5, 12	^{URU}Ḫa-an-ḫa-na-az
	24	*I-NA* ^{URU}Ḫa-an-ḫa-an-na
	Vo 19	^{LÚ}*BE-EL* É.DINGIR Ḫa-an-ḫa-na
	Vo 36, 41	^{URU}Ḫa-an-ḫa-ni
	37	^{URU}Ḫa-an-ḫa-na-az
	7 II 8	*BE-EL* ^{URU}Ḫa-an-ḫa-na
	8 Ro 8	^{URU}Ḫa-an-ḫa-na-az
	12 III 12	*I-N]A* É ^{URU}Ḫa-an-ḫa-na
	16	^{URU}Ḫa-an-ḫa-na-az
	IV 16	$^{UR]U}$Ḫa-an-ḫa-na-za
	14 II 6	*I-NA* ^{URU}Ḫa-an-ḫa-na
	16	^{URU}Ḫa-an-ḫa-na-az
	17 II 11	$^{URU]}$Ḫa-an-ḫa-ni
	Mşt 75/64 20	*I-NA* [... $^{UR]U?}$Ḫa-an-ḫ[a-na?]

M. Forlanini, Studia Mediterranea... (1979) 176 sqq.; S. Alp, Festschrift E. Edel, Aegypten und altes Testament 1 (1979) 13 sqq.; J. Freu, Les Archives... (1983) 179 sqq.; E. Laroche, Hethitica VI (1985) 92 sqq.

ḪANIGALBAT	KBo XXVIII 65 Ro 3	LUGAL KUR Ḫa-ni-gal[-bat
	66 Ro 2	Ḫani-ka]l-bat?
	113, 12	KUR ^{URU}Ḫa-ni-gal-bat
	120, 12	Ḫani-]gal-bat
ḪANZIWA	KBo XXIII 27 I 14	^{URU}Ḫa-an-zi-wa
ḪAPALLA	KBo XII 53 + KUB XLVIII 105 Vo 38	
		LÚ^{MEŠ} NAR ^{URU}Ḫa-ap-pa-la[

J. Freu, Luwiya... (1980) 265 sqq.; S. Košak, Erls 15 (1981) 13 sqq.; J. Mellaart, AfO, Beiheft 19 (1982) 372 sqq.

ḪAPITUINI	Mşt 75/113 Vo 20	S. Alp, Florilegium Anatolicum (1979) 29 sqq.
ḪAR/ḪUR-[	KUB XLIX 4 IV 13	^{URU}ḪA[R-
ḪARRANA	KBo XXVIII 114, 6	DINGIR^{MEŠ} ^{URU}KASKAL-na
ḪARRANAŠŠI	KBo XXIV 112 Vo 6	^{URU}Ḫar-r[a
	7	^{URU}Ḫar-ra-n[a-
ḪARḪARNA	KBo XXVII 39, 11	^{URU}Ḫar-ḫar-na
ḪARIYAŠA	Bo 1094 = KUB LI 23	
ḪARIYAŠIYA	KUB LVII 108 II 7	^{URU}Ḫa-ri-ya-ši-y[a
	II 3	^{URU}Ḫar-wa-ši-ya-aš
ḪARKA		E. Laroche, Hethitica VI (1985) 88 sq.
ḪARPANNA*	KUB LI 33 I	^{URU}Ḫar-pa-an-na-az
ḪARPINA*	KBo XXX 81 IV 7	^{URU}Ḫar-pí-na
ḪARPUŠTA	KUB XLIX 100 Vo 6	KUR Ḫar-pu-uš-ta
	KUB L 108, 12	KU]R Ḫar-pu-uš-ta
ḪARŠALAŠA	KUB XLIX 11 II 4	[^{URU}ḪA]R-ša-la-aš-ša-an
ḪARTANA	KBo XII 53 + KUB XLVIII 105 Vo 34	M. Forlanini, Studia Mediterranea... (1979) 174.
ḪARWAŠIYA	cf. ḪARIYAŠIYA	
ḪARZI[	KUB LVII 111, 8	^{URU}ḪAR-zi[
ḪARZIUNA	KUB L 13, 2	^{URU}Ḫar-zi-ú-na(-ma)

19, 4 URUHar-zi-u-na
6 URUḪa]r-zi-u-na-aš

KUB LIII 42 col. dr. 9 URUḪar-zi-u-na-aš
J. Mellaart, AfO, Beiheft 19 (1982) 372 sqq.; I. Beldiceanu-Steinherr, CRAIBL (1982) 466.

ḪAR-x[KUB LVII 56, 5 URUḪAR-x[

ḪAŠḪATATA KUB XLVIII 12 II 5 *INJA* Ḫa-aš-ḫa-a-ta-at-ta
M. Forlanini, Studia Mediterranea... (1979) 165 sq.

ḪAŠŠIMUR KBo XX 129 + XXVII 100 + I 50 Ḫa-(a-)ši-mar-ri, cf. V. Haas, SMEA 22 (1980) 107 sqq.

ḪAŠGALLA M. Forlanini, Hethitica VIII (1987) 105 sqq.

ḪAŠPINA J. Freu, Les Archives... (1983) 200 sqq.

ḪAŠDUWA* KUB LV 54 I 34 *A-NA* DU URUḪa-aš-du-u-wa-aš

ḪAŠUNA KUB LI 33 I 23 DU URUḪa-šu-u[-na

KUB LV 14 Vo 6 *A-NA* DU URUḪa-šu-na

KUB LVII 102 I 17 DU URUḪa-šu-na

ḪAŠŠUWA KUB XLVIII 99, 7 [UR]UḪa-aš-šu-wa-za

KUB LIII 56 Vo 1 URUḪ]a-aš-šu-wa

ḪAT[- KUB LI 26 col. dr. 14 URUḪa[-
15 *I-NA* É DKAL URUḪa-a[t-
91, 3, 6 URUḪa-a[t-
11 URUḪa[-

	KUB LVI 48 IV 25	KUR Ḫa-at[-
ḪATTA	KBo XXVIII 110, 6	URUḪa-at-ta
ḪATTA[-	KUB XLVIII 105 Vo 6	URUḪa-at-ta[-
ḪADANTA	KUB LIV 67 Vo 12	URUḪa-da-an-ta
	15	*INA* URUḪa-da-an-ta
ḪATTARINA	KUB XLV 34 col. g. 10, 14[, 16], 18, 21[	
		DIŠTAR URUḪa-at-ta-ri-na
	35 IV 4	DIŠTAR URUḪa-a[t-ta-ri-na
	36 II 5, 7	[DIŠT]AR URUḪa-at-ta-ri-na
	9	[DIŠTAR URUḪa-a]t-ta-ri-n[a]
	37 III 1, 4	[DIŠTA]R URUḪa-at-ta-ri-na
	6	[D]IŠTAR.LÌL URUḪa-at-ta-ri-na
	8, 11	DIŠTAR URUḪa-at-ta-ri-na
	38, 1, 4, 6, 8, 10, 12	
	39 II 16	[DIŠTAR URUḪa-at-]ta-ri-na
	III 6	DIŠTAR URUḪa-at-ta-ri-na
	41 III 2	URUḪa-ad-da-ri-na[-ḫi DIŠTAR]
	KUB XLVII 69 Ro 6	[DIŠTAR] URUḪa-at-ta-ri-na
	9; 70 Ro 4	
		[DIŠTAR URUḪa-at-t]a-ri-na
	70 Ro 9	[DIŠTAR UR]UḪa-at-ta-r[i-na
	KUB LI 86, 15	U]RUḪa-at-ta[-
	17	DIŠTAR URUḪa-at-ta[-
ḪATARŠUW[A*	KBo XXVI 222 II 5	URUḪa-tar-šu-w[a
ḪATTA-x	KBo XII 53 + KUB XLVIII 105 Vo 6	URUḪa-at-ta-x[,
	cf. A. Archi - H. Klengel, AoF 7 (1980) 145.	
ḪATTI	KBo XXIII 33 II 4	URUḪa-a[t-ti
	50 III 24	*A-NA* KUR URUḪa-at-ti
	52 II 6, 16; 90 Vo 3; 92 III 13; 103 I 30	
		URUḪa-at-ti

67 II 7 DINGIR^{MEŠ}-na ^{URU}Ḫa-at-ti-ne-wi$_{i}$-na
97 Vo 4 ^{URU}Ḫa-at-te-li
20 $^{\text{URU]}}$KÙ.BABBAR-ti

KBo XXIV 93 III 26 ^{URU}Ḫa-at-ti(-ya)
101 Vo 8 ^{URU}Ḫa-[
120, 6 ^{URU}PA-ti
128 Ro 6 KUR ^{URU}KÙ.BABBAR-ti

KBo XXV 18 I 10 ^{URU}Ḫa-a[t-
41 Ro 4; 42 col. g. 6; 49 col. dr. 11
^{URU}Ḫa-at-ti

KBo XXVI 88 I 3; 138, 6 ^{URU}Ḫa-at-ti
166 II 15 ^{URU}PA-ti
160, 2 KUR ^{URU}P[A-
165, 2; 155 II 9 ^{URU}Ḫa[-
172, 4 ^{URU}PA[

KBo XXVII 12 Ro II 5 KUR ^{URU}PA-ti
42 II 50 ^{URU}Ḫa-at-ti
147, 18 [$^{\text{UR]U}}$PA-ti
195 Ro 10 ^{URU}Ḫa-at-te-ni-wi$_{i}$

KBo XXVIII 59 Ro 2 LUGAL KUR Ḫa-at-te
60, 3; 62 Ro 25 KUR Ḫa-at-te
82, 4 *A-NA* KUR-at Ḫa-at-te
2 Vo 4; 5, 3; 6 Vo 12; 7, 4; 23 Ro 17, 46, 47; 30, 5; 31, 4; 41, 4; 48 Ro 14, 20; 50, 3; 105 b, 41 (Ḫatti^{KI}); 115 Ro 3; 125, 15; 139, 5 (PA-ti): KUR Ḫa-at-ti
84, 3; 110, 3, 8, 10, 23; 113, 16; 114, 3, 23; 118, 5, 6; 136, 6: KUR ^{URU}Ḫa-at-ti
1 Ro 12 DINGIR^{MEŠ} *ŠA* KUR Ḫa-at-ti
4 Vo 14; 26, 10; 32, 4: GAL^{MEŠ} *ŠA* KUR Ḫa-at-ti
108, 18; 109, 5; 113, 13 (DUMU^{MEŠ}): LÚ^{MEŠ} *ŠA* KUR ^{URU}Ḫa-at-ti

110, 80	^{D}IM ^{URU}Ḫa-at-ti ^{D}KAL ^{URU}Ḫa-at-ti
110, 82	DINGIR^{MEŠ} *ŠA* KUR ^{URU}Ḫa-at-ti
4 Ro 27, 32; 23 Ro 3, 8, 51, 58, 64, 65, 67, 70; 33, 8; 38, 4; 44, 8; 47 Ro 5, 8, 9; 48 Ro 17; 126, 5 (PA-ti):	LUGAL SAL.LUGAL KUR Ḫa-at-ti
117, 8	LUGAL KUR ^{URU}Ḫa[-at-ti
KBo XXIX 211 I 23	Etn. LÚ^{MEŠ} NAR ^{URU}Ḫa[-attili
13	Etn. LÚ^{MEŠ} NAR Ḫa-at-ti-l[i
17	Etn. ^{LÚ}NAR Ḫa-at-te-l[i
KBo XXX 20 III 10	LÚ^{MEŠ} ḫa-a-pí-eš ^{URU}Ḫa-at-ti
69 IV 10	Ethn. $^{LÚ]}$NAR ^{URU}Ḫa-at-ti-li
98 II 4[; 107, 9[; 117 Ro 15]	^{URU}Ḫa-at-ti
183, 8	DINGIR^{MEŠ} ^{URU}Ḫa-at-ti
KBo XXXIII 4 + KBo XX 135 (+) KUB XXXII 22 Ro 7, 12[, 25[, 28[	KUR ^{URU}Ḫ[a-at-ti
208 II 9	^{D}KAL ^{URU}Ḫa-at-ti
48, 12, 13[	^{URU}Ḫa-at-ti-ni-in
84 Ro 8	^{URU}Ḫa-at-ti-ni-wi$_{i}$-na
86 II 3	^{D}U ^{URU}Ḫa-at-tu-u-ḫi
7 Ro 3	^{URU}Ḫa-]at-tu-uḫ-ḫi-na-a-ša
KUB XLV 44 III 10	DINGIR^{MEŠ}-na ^{URU}Ḫa-at-te-ni-bí-na
79 Ro 1	KUR [^{URU}Ḫ]a-at-ti
84 Vo 16	^{URU}Ḫa-at-ti-ni-e
18	^{URU}Ḫa-at-ti-ne-e
KUB XLVI 13 IV 3	^{D}U-aš *ŠA* ^{URU}Ḫa-at-ti
22 Vo 14	$^{UR]U}$ Ḫa?-at?-[ti]
58 Ro 9	KUR ^{URU}PA[-ti
48 Ro 9	LUGAL KUR Ḫa-at-ti
KUB XLVII 64 II 19	[^{D}]U-up ^{URU}Ḫa-at-ti
II 37	[^{D}U-up ^{URU}Ḫ]-a-at-ti

82, 7	[DINGIR^{MEŠ}-na ^{URU}Ḫatt]e-ni-wi$_{i}$-na
KUB XLVIII 71 Ro 1	[$^{UR]U}$ Ḫa[-at-]t[i]
4	[^{URU}Ḫa-]at-ti
8	[^{URU}Ḫ]a-at-ti
72 Vo 3	[^{URU}Ḫ]a-at-ti
8	KUR ^{URU}Ḫa-a[t-ti
73, 6	K]UR Ḫa-at-ti
KUB XLIX 1 IV 8	^{URU}PA-ti
3 III 8	^{URU}Ḫa-at-ti
11 II 7 et III 11	^{URU}PA-ti
11 II 21	^{URU}KÙ.BABBAR-ti
15, 7	ŠÀ KUR.KUR^{MEŠ} KÙ.BABBAR-ti
45 II 7	*I-NA* ^{URU}Ḫa-at-ti
48 Vo 1	*ŠA* ^{URU}Ḫa-x[
67, 3	^{URU}Ḫa-at[-ti
70 Vo 10	ŠÀ KUR^{MEŠ} ^{URU}PA-ti
b. g. 1	KUR^{MEŠ} ^{URU}PA-ti
74, 23, 24	*ŠA* KUR ^{URU}PA-ti
83 Ro 5	^{URU}KÙ.BABBAR-ša-aš
98 II 3	$^{UR]U}$PA-ti
103 Ro 10	^{URU}PA-ti
79 I 18, 20	KASKAL ^{URU}PA-ti
19, 21	LÚ^{MEŠ} ^{URU}PA-ti
KUB L 48 III 5	KUR.KUR^{MEŠ} ^{URU}Ḫa[-atti
79 Vo 4	ŠÀ KUR ^{URU}PA-ti
110, 3	^{URU}Ḫa]-at-ti
112 I 11, 12	^{D}U ^{URU}PA-ti
IV 5	$^{U]RU}$PA-ti
KUB LI 52 Ro 12	LÚ^{MEŠ} É.GAL ^{URU}Ḫa-a[tti
81 Ro 4, 5	^{URU}PA-ti
KUB LII 14 III 2	KUR ^{URU}KÙ.BABBAR-ti
15 III 8	KUR ^{URU}PA-ti(-ma)
9	KUR.KUR^{MEŠ} ^{URU}PA-ti

31 b. g. 1	]^{MEŠ} ^{URU}PA-ti
41 Ro 1	*I-NA* ^{URU}PA-ti
47 Vo 2	^{D}U ^{URU}KÙ.BABBAR-ti(-ma)
48 I 6	^{D}U ^{URU}Ḫa-at[-ti
53 II 11	ŠÀ KUR ^{URU}PA-ti
64, 6	*INA* ^{URU}PA-ti
82 Ro 1	DINGIR^{MEŠ} ^{URU}KÙ.BABBAR-ti
KUB LIII 11 I 6	^{LÚ}SANGA ^{D}KAL ^{URU}Ḫa-at[-ti
7	$^{U]RU}$Ḫa-at-ti
8	^{URU}Ḫa-a]t-ti
II 7; 29 III 24	^{LÚ}SANGA ^{D}KAL ^{URU}Ḫa-at-ti
III 28	]^{D}KAL ^{URU}Ḫa-at-ti
KUB LIV 1 IV 12	*I-NA* KUR ^{URU}PA-ti(-wa)
49 Ro 1	^{URU}Ḫa-at-ti
88 I 1	^{URU}Ḫa-at-ti
KUB LV 18 II 3	^{D}KAL ^{URU}Ḫa-at-ti
43 II 6, IV 11	^{D}KAL ^{URU}Ḫa-at-ti
57 I 1	^{SAL}ŠU.GI ^{URU}PA-ti
60 III 12, 20]	LÚ^{MEŠ} NAR ^{URU}Ḫa-at-ti-li-uš
KUB LVI 2 III 8	*I-NA* ^{URU}Ḫa-at-ti
18 Ro 3	^{URU}PA-ti
45 VI 10	^{LÚ}NAR ^{URU}Ḫa-at-ti-li
46 I 10	^{LÚ}AGRIG ^{URU}Ḫa-a[t]-ti
54 Vo 31	LÚ^{MEŠ} NAR ^{URU}Ḫa-at-te-li-iš
KUB LVII 1, 32	*IŠ-TU* KUR ^{URU}Ḫa-at-ti
5 Vo 5	LÚ^{MEŠ} KUR PA-ti
8 Ro 1	LUGAL KUR KÙ.BABBAR
18 Ro 1, 5; 60 II 7; 63 II 12	KUR ^{URU}Ḫa-at-ti
49 III 16; 68 Vo 18[; 120 Ro 1, Vo 3	^{URU}PA-ti
71, 11	^{URU}Ḫa-at-ti
109, 5	*A-NA* ^{D}U ^{URU}PA-ti

124, 9 — *I-NA* KUR Ḫa-at-ti

ḪATTINA — KBo XXIII 89, 17 — UR]UḪa-ti-na

KUB LIII 12 IV 9 — URU]Ḫa-at-tin-na

KUB LVI 48 IV 22 — KUR URUḪa-at-ti-na-aš
J. Freu, Les Archives... (1983) 181; M. Forlanini, Hethitica VIII (1987) 105 sqq.

ḪATINZUWA — KBo XXX 38 Ro 10 — URUḪa-te-en-zu[-wa

KUB LV 43 I 1, 6, 23, II 21, IV 20, b. g. 4
DKAL URUḪa-te-en-zu-wa

ḪATTUḪI — KBo XII 53 + KUB XLVIII 105 Ro 21 — *INA* URUḪa-ad?-du-ḫi?-[n]a — cf. A. Archi - H. Klengel, AoF 7 (1980) 144.

KBo XXVII 108 II 10 — KUR URUḪa-at-t[u-ḫi?

Ethn. de Ḫatti, cf. E. Laroche, GLH, RHA 34-35 (1976-77) s.v.

ḪATTUŠA — KBo XXIII 72 Vo 29 — DMAḪḪIA URUḪa-at-tu-ša-aš
103 I 1 — URUḪa-at-tu-ša-za
10 — URUḪa-at-tu-u-uš
106 Ro 5 — KÙ.BABBAR-ši
6 — KÙ.BABBAR-az

KBo XXIV 121 Ro 9 — URUKÙ.BABBAR-aš(-ma)

KBo XXV 122 II 9 — URUḪa-at[-tu-

KBo XXV 156, 4 — URUḪa-at-tu-ši
192 Ro 3 — [URUḪ]a-at-tu-ša-az

KBo XXVII 4, 11 — [U]RUḪa-at-tu-ši
49, 7 — [URUḪa-at-t]u-ša-aš

KBo XXXIII 175, 2[; 177 Vo 3; 178 Vo 4; 179 Vo 3;
180 Vo 5 ^{URU}Ḫa-at-tu-ši

KUB XLVI 45 Vo 16 ^{URU}Ḫa-at-tu-ši
20 Ro 8 LUGAL SAL.LUGAL ^{URU}KÙ.BAB-BAR-š[i
13 LUGAL-uš-kán ^{URU}KÙ.BABBAR-ši
53 Ro 19 DINGIR^{MEŠ} KUR ^{URU}KÙ.BAB-BAR[-ši?

KUB XLVIII 2 Ro 2 ^{URU}Ḫa-a[t-
13 Vo 12 ^{URU}Ḫa-at-tu-ša-an
17, 8 [^{URU}Ḫ]a-at-tu-ši
89 Ro 6 ^{URU}Ḫa-at-tu-ša-aš

KUB L 89 II 16 ^{URU}KÙ.BABBAR-ši
19 ^{URU}Ḫa-at-tu-ša-an

KUB LII 47 Ro 9, 13 ^{URU}KÙ.BABBAR-ši
64, 7 ^{D}UTU^{ŠI} ^{URU}KÙ.BABBAR-ši

KUB LV 43 I 12 ^{URU}Ḫa-at-tu-ši
21 ^{URU}Ḫa-at-tu-ša-az

KUB LVI 12, 4 $^{U]RU}$Ḫa-at-tu-ša-za

KUB LVII 17, 2 ^{URU}Ḫa-at-t[u-ša
60 II 5; 63 II 9 anda ^{URU}Ḫa-at-tu-ši

ḪAT-X-NU KBo XII 53 + KUB XLVIII 105 Ro 22, cf. A. Archi - H. Klengel, AoF 7 (1980) 144.

ḪAWALIYA/ḪAWILIYA J. Freu, Les Archives... (1983) 202 sqq.

ḪAWALKINA KUB LIII 21 Ro 7 ^{URU}Ḫa-wa-al[-kina
(à la même ligne Ḫakmiš et Nerik)

KUB LVI 48 IV 21 KUR ^{URU}Ḫa-wa-ar-ki[-na-aš]

ḪAZGA		J. Freu, Les Archives... (1983) 169.
ḪA-X	KUB LVII 24, 9	
ḪILALUḪA*	KUB LVII 82, 2	URUḪi-e-l[a-lu-ḫa
	84 III 17	URUḪi-la-lu-ḫa
		M. Forlanini, ZA 74 (1984) 255 sqq.
ḪILARA[-*	KUB XLIX 51 II 5	*INA* URUḪi-la-ra[
ḪIMUWA	KUB XLIX 11 III 8	URUḪi-im[-mu-wa
ḪIPURIYA		M. Forlanini, SMEA 22 (1980) 71 sqq.
ḪIŠAŠḪAPA		M. Forlanini, Studia Mediterranea... (1979) 182 sq.
ḪIŠURLA	KBo XXX 117 Ro 6	DSAL.LUGAL URUḪi[-šurla?
ḪULAŠŠA	KBo XXV 191 Vo 5	[URU]Ḫu-u-la-aš-ša
	9	DIM URUḪu-u-la-aš-ša
ḪUPPA*	KUB LVI 51 I 9	URUḪu-up-pa-az
	15	URUḪu-up-pa
	20	URUḪu-u-up-pa
ḪUPIŠNA	KBo XXIII 29 Ro 4, 38 Ro 1, 2	URUḪu-u-pí-iš-na
	KBo XXVIII 114, 2	DGAZ.BA.]A.A *ŠA* URUḪu-bí[-išna
	KBo XXX 6, 8	URUḪu-u-pí-i[š-na
	160, 5	]EN URUḪu-u-pí-iš-na
	KUB LVI 18 Ro 4	URUḪu-piš-na(-ma-ši)

KUB LVII 87 II 9 [^{URU}]Ḫu-piš-ša-na-aš

ḪURRI KBo XXVII 164, 6 ^{URU}Ḫu[r-ri

KBo XXVIII 92, 6; 110, 40, 47
(URU.DIDLI$^{ḪI.A}$ *ŠA*) KU]R Ḫur-ri
114, 19, 22 ([DUMU^{MEŠ} Ḫ]ur-ri)
110, 64, 65 LÚ Ḫur-ri

KUB LI 25 Ro 5 KUR Ḫur-ri

KUB LIV 1 I 51 KUR ^{URU}Ḫur-ri(-wa-ma-kán)

KUB LVI 19 II 17 *I-NA* KUR ^{URU}Ḫur-ri
31 IV 21 ^{D}IŠTAR$^{ḪI.A}$ *ŠA* KUR ^{URU}Ḫur-ri

KUB LVII 90 I 10 LÚ ^{URU}Ḫur-ri

ḪURLA KBo XXIV 77, 5 Ethn. LÚ^{MEŠ} ^{URU}Ḫur-li-li

ḪURMA KUB XLVIII 82, 9 ^{URU}Ḫur-ma

KUB L 14 IV 11 KASKAL KUR Ḫur-ma

KUB LVI 56 I 21 ^{m}Kaš-šú-ú EN ^{URU}Ḫu[r-ma
IV 3 *IŠ-TU* É.GAL ^{URU}Ḫur-ma
IV 6, 23, 27 LÚ^{MEŠ} É.GAL ^{URU}Ḫur-ma
M. Forlanini, Studia Mediterranea... (1979) 172 sq.

ḪURNA KBo XXIV 122, 8 LÚ^{MEŠ} ^{URU}Ḫur-na
M. Forlanini, Studia Mediterranea... (1979) 180; J. Freu, Les Archives... (1983) 184 sqq.; M. Forlanini, Hethitica VIII (1987) 105 sqq.

ḪURNIYA KUB LVII 87 II 6 ^{URU}Ḫur-ni-ya

ḪURŠA[- KBo XXIII 81, 3 ^{URU}Ḫu-ur-š[a
5 *I-NA* ^{URU}Ḫu-u[r-ša-

ḪURŠANAŠŠA J. Freu, Luwiya... (1980) 311.

ḪUŠŠA KUB XLVIII 85, 6 *I-NA* ^{URU}Ḫu-u-uš-ša

ḪUWALUŠIYA J. Freu, Luwiya... (1980) 275 sqq.

I-[KBo XXVIII 132, 3 KUR ^{URU}I-[?

IYAKURIYA KUB LVI 2 II 7 ^{URU}I]-ya-ak-ku-ri-ya

IYALANDA KBo XXVII 4, 7 KUR ^{URU}I-ya[-la-an-da

KUB XLIV 79 I 23, 25[^{LÚ}KÚR KUR I-ya-la-an-ta

KUB LVI 31 IV 13 *I-NA* ^{URU}I-al-an-ta

S. Heinhold-Krahmer, RlA V (1976-80) 254 sq.; J. Freu, Hethitica VIII (1987) 143 sqq.

IKAKALI(Š) H. Otten, RlA V (1976-80) 44 sq.

IKKUWANIYA

Ville connue pour ses vêtements réf. chez E. Laroche, Hethitica VI (1985) 89 sq.; H. Otten, RlA V (1976-80) 45.

ILLAYA KUB LIII 35 I 2 ^{URU}Il-la-ya

H. Ertem, Coğrafya Adlari Dizini (1973) 29; H. Otten, RlA V (1976-80) 59.

ELAM KBo XXXIII 1 Ro 18 I-lam-tu-u-ḫi

ILANZURA J.-R. Kupper, RlA V (1976-80) 49 s. v. Ilanṣura.

ILAWA- KUB XLVII 6 II 9 ^{URU}Il-la-a-wa_{a}-a-an

ILLIPRA K. Kessler, RlA V (1976-80) 60;

E. Laroche, Hethitica VI (1985) 86 sq.

ILURIYA H. Otten, RlA V (1976-80) 61.

EMAR J. Margueron, CRAIBL (1975) 201 sqq.; M. Heltzer, RlA V (1976-80) 65 sq. avec bibliographie; E. Laroche, D. Arnaud, D. Beyer, J. Margueron, Le Moyen Euphrate..., Actes du Colloque de Strasbourg 5 (1980) 235 sqq.

IMPA[- KBo XXVIII 107, 2 ^{URU}Im-pa[-

IMUNY[A* KUB LII 89 II 2 ^{URU}I-mu-un-y[a

INATARZIYA H. Otten, RlA V (1976-80) 90.

INGALAWA J. Freu, Les Archives... (1983) 172 sq.

INNUTAḪAPA* KUB LII 68 III 31 ^{D}Ta?-ru-up-pa-a-ni-iš ^{URU}In-nu-ta-ḫa-pa
44 ^{URU}]In-nu-ta-ḫa-pa

INZILITIPA* KUB LVII 84 III 18 ^{URU}In-zi-li-ti-pa
M. Forlanini, ZA 74 (1984) 255 sqq.

IPAŠANA M. Forlanini, Studia Mediterranea... (1979) 177.

EBLA KUB XLV 84 Ro 15 ^{URU}E-ep-la-a-pa
G. Pettinato et P. Matthiae, RlA V (1976-80) 9 sqq.

ERIMMA J. Freu, Luwiya... (1980) 199 sqq.

IRRITA KBo XXVIII 114, 9 ^{URU}Irri]-te
J. Freu, Luwiya... (1980) 215 sqq.

IŠ[- KUB LV 15 III 15 *IŠ-TU* URUIš[-

IŠḪUPITTA KBo XII 53 + KUB XLVIII 105 Vo 38 URUIš-ḫu-pí-it-ta
H. Otten, RlA V (1976-80) 178 sq.; M. Forlanini, Hethitica VIII (1987) 105 sqq.

IŠKA IŠGAMAḪ KUB XLIX 100, 4 KUR Iš-ga-maḫ
6 KUR Iš-ka
Pour Iškamaḫaša, cf. V. Haas, OLZ 77 (1982) 255; M. Forlanini, Hethitica VIII (1987) 105 sqq.

IŠKU IŠKURU KUB XLIX 100, 2 KUR Iš-ku-r[u
8 KUR Iš-ku

IŠKURUḪA Bo 2525, 1 = KUB XLVIII 107 Ro 1
M. Forlanini, Hethitica VIII (1987) 105 sqq.

IŠMERIKA J. Freu, Luwiya... (1980) 215 sqq.

IŠTA[- KUB LVI 48 IV 24 KUR Iš-ta[-

IŠTAḪARA KUB XLVIII 82, 6 URUIš-ta-ḫa-ra-aš-š[a

KUB XLIX 100 Vo 7 URU]Iš-ta-ḫar

KUB LVI 2 III 7 UR]UIš-ta-ḫa-ra
H. Otten, RlA V (1976-80) 208; J. Freu, Les Archives... (1983) 179 sqq.; M. Forlanini, Hethitica VIII (1987) 105 sqq.

IŠDAḪIŠA KBo XXIV 117 col. dr. 5 URUIš-d[a-
6 URUIš-da-ḫ[i-

IŠTANUWA KBo XXIV 81 IV 2 LÚMEŠ URUIš-ta-nu-u-wa-aš
82, 11; 83, 14] URUIš-ta-nu-u-wa

KBo XXIX 32 III 3 LÚMEŠ URUIš-ta-n[uwa

198 col. g. $^{UR]U}$Iš-ta-nu-u-wa-aš
199, 12 *A-NA* ^{D}IM ^{URU}Iš-ta-n[u-wa
21 U]^{RU}Iš-ta[-nuwa
214 Ro 2 $^{D]}$IM ^{URU}Iš-[tanuwa
H. Klengel, RlA V (1976-80) 210.

IŠTARWA KBo XII 53 + KUB XLVIII 105 Vo 42
M. Forlanini, Studia Mediterranea... (1979) 174 sqq.

IŠTERUWA Mşt 75/113 Ro 5 *I-NA* ^{URU}Iš-te-ru-wa
cf. S. Alp, Florilegium Anatolicum (1979) 29 sqq.; J. Freu, Les Archives... (1983) 163 sq.; M. Forlanini, Hethitica VIII (1987) 105 sqq.

IŠTITINA KUB XLIX 11 II 5 ERÍN^{MEŠ} ^{URU}Iš-t[i-ti-na
III 7 ^{URU}I]š-ti-ti-na
H. Otten, RlA V (1976-80) 212; J. Freu, Les Archives... (1983) 172 sqq.

IŠTUḪILA KBo XXX 157 I 7 Ethn. ^{URU}I]š-tu-ḫi-la-il
H. Otten, RlA V (1976-80) 212.

IŠTUMIŠTA - IŠTUPIŠTA H. Otten, RlA V (1976-80) 212; M. Forlanini, Hethitica VIII (1987) 105 sqq.

IŠUWA KBo XXIV 132 Vo 2 ^{URU}I-šu-wa

KUB L 92 Vo 14 LUGAL KUR I-šu-wa

KUB LII 96 Ro 6 LUGAL KUR I-šu-wa

KUB LVI 28 Vo 6 LUGAL KUR ^{URU}I-šu-wa-aš
H. Klengel, RlA V (1976-80) 214 sqq.; J. Freu, Les Archives... (1983) 166.

ITAḪALMUNA H. Otten, RlA V (1976-80) 28 s. v. Idaḫalmuna.

ITLA H. Otten, RlA V (1976-80) 220.

I?-WA?-x[- KUB XLV 81, 4

IZIYA KUB LVI 15 II 15 *INA* URUIz-zi-ya

K[A? KBo XXVIII 145, 8 KUR URUK[a-?

KUB LV 48 IV 1 URUKa-x[

GAḪA[- KUB LII 40 Ro 8 URUGa-ḫa-x-x

KAKATUWA KBo XII 53 + KUB XLVIII 105 Vo 39
Mşt 75/10 Ro 9 LÚ URUGa-gad-du-wa, cf. S. Alp, Belleten 44 (1980) 39; M. Forlanini, Studia Mediterranea... (1979) 174 sqq.

KAKŠATA[(-) KBo XXV 112 Vo III 21 ma-a-an DUMU-[aš] *I-NA* URU[Ka-ak-ša-
Dupl. KUB XXVIII 75 III 19
23 [URU]Ka-a-a[k-ša-]ta[

KUB VIII 41 II 18 URUKa̧[-ak-ša-at (parall. de KUB XXVIII 75)
M. Forlanini, Hethitica VIII (1987) 105 sqq.

KAKUMAḪIMA* KBo XXV 112 Ro II 8 URUKa-a-ku-ma-ḫi-ma

GALA-[KBo XXVII 23, 9' KUR URUGa-la[-

KALAŠMA G. Frantz-Szabó, RlA V (1976-80) 289 sq.; J. Mellaart, AfO, Beiheft 19 (1982) 372 sqq.; J. Freu, Les Archives... (1983) 168 sqq.

KAL/RAŠM/TITTA KBo XII 53 + KUB XLVIII 105 Vo 14
[U]RUKal-la-aš-mi-it-ta
H. Otten, RlA V (1976-80) 407; M. Forlanini, Studia Mediterranea... (1979) 174 sqq.

KALIMMA		M. Forlanini, Hethitica VIII (1987) 105 sqq.
KALIMUNA	KUB XLVIII 82, 3	URUKa-li-mu-na H. Otten, RlA V (1976-80) 323; M. Forlanini, Hethitica VIII (1987) 105 sqq.
GALKIYA	KUB LI 88, 8	URUGal-ki-ya
KAMALA		J. Freu, Luwiya... (1980) 273 sqq.
KAMMAMA	KUB L 108, 11	URUKam-ma-ma-za M. Forlanini, Studia Mediterranea... (1979) 178 sqq.; J. Freu, Les Archives... (1983) 182; M. Forlanini, Hethitica VIII (1987) 105 sqq.
KANNARA*	KBo XXVI 180 I 3	URUKa-an-na-ra-aš
KANIŠ	KBo XXV 79 Ro I 5	URUKa-ni-iš
	KBo XXVII 31, 6	URUKa-ni-iš[
	KBo XXIX 211 I 8, 11	URUKa-ni-iš
	KBo XXX 56 IV 22	LÚMEŠ NAR URUKa-ni-eš
	69 III 27	LÚNAR URUKa-ni-eš
	77 II 9, IV 16	UR]UKa-ni-eš
	81 I 5	URUK]a-ni-iš
	KUB XLVIII 9 II 9	LÚMEŠ NAR URUKa-ni-iš
	KUB LI 79 Ro 14	LÚ]MEŠ NAR URUKa-ni-eš
	KUB LVI 2 II 12	KUR URUKa-ni-eš
	45 II 7	DINGIRMEŠ URUKa-ni-eš
	VI 6	LÚNAR URUKa-ni-iš
	KUB LVII 65, 4	UR]UKa-ni-eš K.R. Veenhof, RlA V (1976-80)

369 sqq.; E. Laroche, GLH, RHA 34-35 (1976-77) s.v. Kanisha.

KAPAŠTUŠTUŠ M. Forlanini, Hethitica VIII (1987) 105 sqq.

KAPATA KUB XLIX 103 Vo 9 [U]RUKa-ap-pa-at-ta-an
M. Forlanini, Hethitica VIII (1987) 105 sqq.

KAPIRUḪA H. Otten, RlA V (1976-80) 391.

KAPITA KUB LVII 111, 10 *INA* URUKa-pí-da

KAPITATAMNA KBo XII 53 + KUB XLVIII 105 Ro 16
M. Forlanini, Studia Mediterranea... (1979) 174.

KAPUŠKU* KUB LVII 84 III 20 = 82, 3 URUKa-a-pu-uš-ku
M. Forlanini, ZA 74 (1984) 255 sqq.; Hethitica VIII (1987) 105 sqq.

KARAḪNA KBo XXX 8 col. g. 6 URUKa-r]a-aḫ-na
col. g. 13 Etn. URUKa-raḫna]-il

KUB XLVII 64 II 38 URUGa-ra-aḫ-na

KUB L 35 Vo 12 URUKa-ra-aḫ-na(-ya)
13 *I-NA* URUKa-ra-aḫ-na(-za)
22 *I-NA* URUKa-ra-aḫ-na

KUB LV 12 III 7 *A-NA* DKAL URUKa-ra-aḫ-na
H. Otten - W. Rollig, RlA V (1976-80) 403; M. Forlanini, Studia Mediterranea... (1979) 172 sqq.; J. Freu, Les Archives... (1983) 161 sqq.

KARIKURIŠKA* KBo XXV 112 II 17 URUKa-ri-ku-u-ri-iš-ka

KARKAMIŠ	KBo XXVIII 79 Ro 8	LUGAL KUR Kar-ga-miš
	KUB XLVIII 93, 8	*I-NA* URUKar-ga-miš
	113 I 5	Kar-ga-miš
	KUB XLIX 25 IV 1	LUGAL KUR URU[Kar-g]a-m[iš
	KUB L 60 I 7	DUMU KUR Kar-ga-miš(-kán?)
	KUB LIII 34 Ro 3	]x *ŠA* URUKar-ga-miš
		J.D. Hawkins, RlA V (1976-80) 426 sqq.
KARKIYA	KUB XLIX 79 Ro 14	KUR URUKar-ki-y[a
KARKIŠA		S. Heinhold-Krahmer, RlA V (1976-80) 446 sq.; J. Freu, Luwiya... (1980) 329 sqq.; H. Otten, Serta Indogermanica - Festschrift G. Neumann (1982) 247 sqq.
KARTAPAḪA	KUB LVII 71, 6	URU]Kar-ta-pa-ḫi
		H. Otten, RlA V (1976-80) 454 sq.
KARDUNIYAŠ	KBo XXIV 56 A Ro I 2	URUKÁ.DINGIR.R[A
	120, 4	LÚMEŠ *ŠA* KUR Kar-an-[du-ni-ya-aš]
	KBo XXVIII 62 Ro 22	KUR Kar-du-ni
	117, 6	KUR URUKa-ra-an-du-ni-y[a
	KUB LVII 123 Ro 12	*INA* URUKar-an-du-ni-ya-aš-ša
		J.A. Brinkman, RlA V (1976-80) 423.
KARDUŠŠA*	KUB LVI 40 IV 17	URUKar-du-uš-ša-aš
KAŠAYA	KBo XXIV 112 Ro 27	URUKa]-a-ša-ya-az
		H. Otten, RlA V (1976-80) 459 sq.

KAŠAŠA* Mşt 75/43 Ro 5 ^{URU}Ka-a-ša-ša-an
Mşt 75/104 Ro 8 *ŠA* ^{URU}Ga-ša-ša(-ma-mu)
S. Alp, Belleten 44 (1980) 47 sqq.

KAŠḪA KUB LIII 1 Ro 2; 3 VI 8; 4 Vo 35; 8 Ro 2; 14 II 8, 30, 31, 32 ^{URU}Ka-a-aš-ḫa
Vo 3; 4 Vo 37 ^{URU}Ka-aš-ḫa
2 Vo 2 ^{URU}Ga-aš-ḫa
3 V 1 4 $^{LÚ MEŠ}$SANGA ^{URU}Ka-a-[ašḫa
9 $^{SAL MEŠ}$KI.SIKIL ^{URU}Ka-a-aš[-ḫa
VI 3 *I-NA* ^{URU}Ka-a-aš-ḫa
4 Ro 5 ^{URU}Ka-a[-aš-ḫa
Vo 5, 17, 25 $^{LÚ MEŠ}$SANGA *ŠA* ^{URU}Ka-aš-ḫa
28 $^{SAL MEŠ}$KI.SIKIL ^{URU}Ka-aš-ḫa
37 ^{URU}Ka-aš-ḫa
7 II 3 $^{LÚ MEŠ}$SANGA ^{URU}Ga-aš-ḫa
H. Otten, RlA V (1976-80) 460.

GAŠIYA KBo XII 53 + KUB XLVIII 105
Vo 31 *INA* [^{URU}Ga-]aš-ši-ya
36 *INA* ^{URU}Ga-aš-ši[-y]a
H. Otten, RlA V (1976-80) 464; M. Forlanini, Studia Mediterranea... (1979) 174 sqq.; J. Freu, Les Archives... (1983) 206 sqq.

KAŠIYARA E. Laroche, GLH, RHA 34-35 (1976-77) s. v.

KAŠIPAḪA M. Forlanini, Hethitica VIII (1987) 105 sqq.

GAŠIPURA Mşt 75/15 Ro 9 *ŠA* ^{URU}Ga-ši-pu-u-ra
Mşt 75/13 Ro 5 ^{URU}Ka-še-pu-u-ra-az
Mşt 75/13 b. 13 *I-NA* ^{URU}Ka-še-pu-u-ra
Mşt 75/104 Ro 6 *I-NA* ^{URU}Ga-ši-pu-ra
S. Alp, Belleten 44 (1980) 42 sqq.; M. Forlanini, Hethitica VIII (1987) 105 sqq.

GAŠGA	KBo XXIII 35 Vo 3	KUR ^{URU}Ga-aš-g[a
	5	KUR ^{URU}G[a-ašga
	8	KUR ^{URU}Ga-aš-ga-an
	90 Vo 2	KUR ^{URU}Ga[-ašga
	4	LÚ^{MEŠ} ^{URU}Ga-aš-ga[
	KBo XXIX 38, 16	LÚ^{MEŠ} Ga-aš-ga-a-aš
	KUB XLVIII 110 II 7	^{URU}]Qa-aš-g[a
	KUB L 48 III 1	Ga-aš-ga^{ḪIA}(-ma)
	KUB LVII 1, 14	LÚ^{MEŠ} ^{URU}Ga-aš-ga
	Mşt 75/15 Ro 7	*I-NA* ^{URU}Qa-aš-qa-[m]a-wa S. Alp, Belleten 44 (1980) 42.
GAŠPARUNA		M. Forlanini, Hethitica VIII (1987) 105 sqq.
KAŠTAMA	KBo XXIV 127 Vo 9	KUR ^{URU}Kaš-ta-ma
	KBo XXV 140 col. g. 11	^{URU}Ka-a-aš-ta-ma
	KBo XXVI 188 Ro 3	^{D}U ^{URU}Kaš-da-ma
	KBo XXVII 38, 4	^{LÚ}AGRIG ^{URU}K[a-aš-ta-ma? = Dupl. de KUB XXV 31 Ro 14 sqq., où le nom de la ville se lit à la l. 17.
	KBo XLVIII 13 Ro 7	^{LÚ}AGRIG ^{URU}Ka-aš-da-ma
	KUB LIII 16 V 12	^{URU}Ka-aš-ta-ma-za
	49 Ro 12	^{D}IM ^{URU}Ka-aš-ta-ma
	KUB LIV 64 Ro 6	LÚ ^{URU}Ka-aš-ta-am-ma
	70, 6	^{D}U ^{URU}Ga-aš-ta-ma
	KUB LVI 35 I 6	LÚ^{MEŠ} SANGA ^{URU}Ka-aš-ta-ma

KUB LVII 106 II 11, 42 DU URUKaš-da-ma
17 DU URUGa-[aš-ta-ma
A. Ünal, RIA V (1976-80) 475 sq.

KAŠTU[-? KBo XXIII 91 Vo (IV) 14 *I-NA* KÁ.É URUKa-aš-t[u

KAŠDUḪA* KUB LIII 16 V 15 URUKa-aš-du-ḫa
17 URUKa-aš-du-ḫa-az

KAŠDUWARA M. Forlanini, Hethitica VIII (1987) 105 sqq.

KAŠULA H. Otten, RIA V (1976-80) 477; J. Freu, Les Archives... (1983) 197.

KAŠ-X[KUB LVII 56, 1 URUKa-aš-x[

KATTAḪḪA KUB LIII 3 VI 20 DINGIR*LIM* URUKa-a-at-taḫ-ḫa
M. Forlanini, Hethitica VIII (1987) 105 sqq.

KATANA H. Otten, RIA V (1976-80) 486.

KATALLAḪNIŠA KUB XLVIII 48 Ro 3 URUK]a-a-ta-al-[laḫ-ni-ša
M. Forlanini, Studia Mediterranea...(1979) 167 sqq.

KATAPA KBo XXIV 125, 3 URUKa-a[-ta-pa?

KBo XXV 78, 3 URUKa-ta-pa

KBo XXXIII 150, 4 D]U URUKa-tap-pí

KUB XLIX 101 I 15, 16 *I-NA* URUKa-ta-pa

KUB LIV 45 Vo 6 KUR URUKa-a-ta-pa
8 EN KUR-*TI* URUKa-tap-pa

KUB LVII 71, 5 URUKa-a-ta-pí
H. Otten, RlA V (1976-80) 486; M. Forlanini, Studia Mediterranea... (1979) 182 sq.; Hethitica VIII (1987) 105 sqq.

KATAŠERA* KUB XLVIII 12 II 12 URUKa-ta-še-ra-aš
M. Forlanini, Studia Mediterranea... (1979) 165 sq.

QATIYA* KUB LVI 19 II 6, 7 *I-NA* URUQa-ti-ya

KATILA KUB LIII 42 col. dr. 7 URUKat-te-la-aš(-kán)
H. Otten, RlA V (1976-80) 488.

KATTITIMUWA M. Forlanini, Hethitica VIII (1987) 105 sqq.

KAUMAR* KUB LVII 84 III 21 URUKa-a-u-ma-ar
M. Forlanini, Hethitica VIII (1987) 105 sqq.

KAZAḪA* KBo XII 53 + KUB XLVIII 105 Ro 25 URUKa-za-a-ḫa

KAZAPA H. Otten, RlA V (1976-80) 543.

GAZZIURA A. Ünal, RlA V (1976-80) 543; M. Forlanini, Hethitica V (1983) 11 sqq.; J. Freu, Les Archives... (1983) 160 sqq.; M. Forlanini, Hethitica VIII (1987) 105 sqq.

KAZZUWATNA KUB XLVII 64 II 28 URUGaz-zu-wa-at-na
permet de compléter KUB XXVI 67 II 6: URUGaz-zu-wa-x[, cité dans RGTC 6 (1978).

GAZ-X-ḪA KUB LVII 91 I 8 [*I-N*]*A* *URU*Gaz-x-ḫa
Selon ma liste on ne peut retenir que deux noms de villle: 1. Kašḫa, écrit parfois Gašga. Solution que je tiens pour peu probable, étant donné

que ce nom est toujours écrit en syllabes et toujours avec sifflante sourde -aš.

2. Kazaḫa convient mieux, mais il n'en existe jusqu'ici qu'un seul témoignage: KUB XLIII 105 Ro 25 +.

KILIŠ(A)RA H. Otten, RIA V (1976-80) 591.

KINAḪḪA 1199/6 + Ro 14 = KBo XXVIII 1 Ro 22 *A-NA* KUR Ki-na-ḫi

KINARA J. Freu, Les Archives... (1983) 197 sqq.

KENTA* KBo XXIII 113 III 12 *INA* ^{URU}Ki-en-ta

KINZA KBo XXVIII 16, 19 ^{URU}Ki-i[nza?

KIPITTA KBo XII 53 + KUB XLVIII 105 Ro 10
M. Forlanini, Studia Mediterranea... (1979) 174.

KIŠKILUŠA H. Otten, RIA V (1976-80) 622.

KIŠPUWA E. Edel, Festschrift H. Brunner, Aegypten und altes Testament 5 (1983) 90 sq.

KIWEŠ-TE/PI-IPWE* KUB XLVII 93 Vo 10
^{URU}Ki/Di-we$_{e}$-eš-te/pí-ib-we$_{e}$

KIZZIMARA KBo XXVI 166 II 12 ^{URU}Ki-iz-zi-ma-ra

KIZIUWAR* KUB LVII 84 III 19 = 82, 3 ^{URU}Ki-zi-u-wa$_{a}$-ar
M. Forlanini, ZA 74 (1984) 255 sqq.; Hethitica VIII (1987) 105 sqq.

KIZZUWATNA KBo XXIV 48 II 9 [^{URU}Kizzuwatn]a

170/u + 407/u + 434/u + 1300/u = KBo XXVIII 108

	KBo XXVIII 105 b (Vo) 38	Kizzu]-wa-ta-na^{KI}
	106, 6, 7	Ki-i]z-zu-wa-ta-ni^{KI}
	109, 3	KUR ^{URU}Ki-z[u-]at-ni
	110, 8	KUR ^{URU}Ki[-izzuwatna
	9	]^{URU}K[i-iz-zu-]wa-at-ni
	12, 13	KUR ^{URU}Ki-iz-zu-wa-at-ni
	23	*I-NA KUR* ^{URU}Ki-iz-z[u-wa-at-ni
	31	KU]R ^{URU}K[i-iz-zu-wa-at-na
	83	^{URU}K]i-iz-zu-wa-at-ni
	KBo XXX 95 Ro 5	^{URU}Ki-iz-z]u-wa-at-na
	KBo XXXIII 115 Vo2	^{SAL}ŠU.GI ^{URU}Ki-iz-zu[-wa-at-na
	121, 5	^{URU}K]i-iz-zu-wa-at[-na
	175, 3[; 177 Vo 4[; 178 Vo 5; 179 Vo 4[; 182 Vo 5]	^{URU}Ki-iz-zu-wa-at-na
	KUB XLVII 49 IV 8	[^{URU}K]i-iz-zu-wa-at-na
	85 Ro 5	[^{UR}]^{U}Ki-iz-zu-wa-at-n[a]
	KUB XLVIII 106, 15	^{URU}Ki-iz-zu-wa-at-ni
	KUB L 1 III 3, 18, 26	^{URU}Ki-iz-zu-wa-at-na
	8	^{URU}Ki-iz-zu-wa-at-ni
	KUB LV 58 Vo 12	*A-NA* ^{D}Ka-li-ya-ri ^{URU}Ki-iz[-zuwatna?
	67 IV x+1	^{URU}Ki[-iz-zu-wa-at-na
	KUB LVI 28 Vo 6	^{URU}Ki-iz-zu-wa-at-na

H.M. Kümmel, RlA V (1976-80) 627 sqq.; J. Freu, Luwiya... (1980) 198 sqq.

KULILA	KUB LI 15 Ro 3	^{URU}Ku-li-el-la

H. Otten, RlA VI (1980-83) 303; M. Popko, AoF 13 (1986) 176 sqq.

KULIŠA/TA*	KUB LI 53 Vo 4	^{URU}Ku-li-ša/ta

KULIWIŠNA	KUB LI 22 I 8	$^{UR]U}$Ku-li-ú-iš-na
		M. Forlanini, Studia Mediterranea... (1979) 182 sq.; H. Otten, RlA VI (1980-83) 304 sq.
KUMMA	KUB XLV 77 I 12	^{D}U ^{URU}Kum-ma
KUM(M)AḪA	KUB LV 1 II 8	^{URU}Ku-ma-ḫa
		H. Otten, RlA VI (1980-83) 334.
KUMANNI	KBo XXIII 1 IV 40	*ŠA* KUR $^{U[RU}$Kummanni
	53, 5	Ku]m-ma-an-ni
	110 Vo 12, 14	*INA* ^{URU}Kum-man-ni
	113 III 24	*INA* KUR ^{URU}Kum-ma-an-ni
	117 Vo 12	*INA* ^{URU}Kum-man-ni(-ma-za)
	KBo XXIV 120, 8	*INA* ^{URU}Kum-man-an-ni
	KBo XXVII 6,2	KUR ^{URU}Kum-ma-an-ni
	25 Ro 12	^{URU}Kum-man-ni
	KBo XXVIII 138 Ro 1	LUGAL KUR ^{URU}Kum-ma-a[n-ni
	145, 1	]^{URU}Kum-ma-an-ni
	KUB XLVI 37 Ro 15	KUR ^{URU}Kum-man-ni
	16	]^{MEŠ} ^{URU}Kum-man-ni
	Vo 12, 36]	^{URU}Kum-man-ni
	KUB XLVIII 81, 6	^{URU}Ku-um-ma-an-n[i
	116 I 2, IV 2[	^{URU}Kum-ma-an-ni
	KUB XLIX 1 IV 6, 7, 9	*INA* ^{URU}Kum-man-ni
	21[, 25[	^{URU}Kum-man-ni
	102 Ro 8	^{URU}Kum-ma-n[i
	KUB L 35 Ro 5	^{D}Ḫé-bat ^{URU}Kum-ma-an-ni
	21	^{D}Ḫé-bat ^{URU}K]um-ma-an-ni(-kán)
	111, 4	^{URU}Kum-ma-an-ni
	5	KASKAL ^{URU}Kum-ma-an-ni

	KUB LII 43 IV 2	^{URU}K]um-man-ni
	60 II 10	^{D}Ḫé-bat ^{URU}Kum-man-ni(-kán)
	79 II 4	*INA* ^{URU}Kum-m[an-ni
	III 16	^{URU}Kum-ma-an-ni
	KUB LIV 1 I 25	*I-NA* ^{URU}Kum-ma-an-ni-ya(-wa)
	KUB LVI 15 II 25	^{URU}]Kum-ma-an-ni
	KUB LVII 75, 4	Kum-man-ni
	113 I 4	*I-NA* ^{URU}Kum-man-n[i
	9	^{D}Iš-ḫa-ra-aš ^{URU}Kum-man-ni
	13	^{D}Ḫé-bat ^{URU}Kum-man-ni

H.M. Kümmel, RlA VI (1980-83) 336; J. Freu, Luwiya... (1980) 203 sqq.

KUMMEŠMAḪ	KUB LVII 106 II 10	^{D}U KUR Kum-mi-eš-maḫ

J. Freu, Les Archives... (1983) 176.

KUMMIYA	KBo XXVI 65 I 21	^{URU}Kum-mi-ya
	IV 17	^{D}U-aš ^{URU}Kum-mi-ya-aš
	27	^{URU}Kum-mi-ya
	69, 11	^{URU}Kum-mi[-
	12	^{URU}Kum-mi-ya[
	92, 6	[^{URU}Ku]m-mi-ya
	93, 2	[^{URU}Ku]m-mi-ya-aš
	94 III 7	ar-ḫa u-i-ya ^{URU}Kum-mi-ya-az
	KBo XXXIII 143, 4	$^{U]RU}$Kum-me-ni
	KUB XLV 22 IV 12	Kum-mi-ni
	61 II 15	Ku-um-mi-ni-im
	62 I 5	^{D}U-up-ta ^{URU}Ku-um-mi-ni
	64 Vo 7	^{URU}Kum-me-ni-we$_{e}$

E. Laroche, GLH, RHA 34-35 (1976-77) s. v. Kummeni, avec références; H. Otten, RlA VI (1983) 337 sq.

KUPPI[*	KBo XXVI 83, 10	URUKu-up-pi[
KUPLA*	KBo XXVI 94 III 9	URUKu-up-la-aš
KUPRA*	KUB LIV 67 Ro 10	URUKu-up-ra
KUPURNAT		K. Kessler, RIA VI (1983) 366.
KURŠAMAŠA		J. Freu, Les Archives... (1983) 213.
KURŠAWANZA		J. Freu, Les Archives... (1983) 213.
GURTALIŠA		J. Freu, Les Archives... (1983) 167.
KURUŠTAMA	KUB LI 35, 8	URUKu-ru-uš-ta-ma(-ya)
	KUB LIII 17 III 16	3 LÚMEŠ URUKu-ru-uš-ta-ma M. Forlanini, SMEA 22 (1980) 71 sqq.; A. Ünal, RIA VI (1980-83) 373 sq.; J. Freu, Les Archives... (1983) 165 sqq.
KUŠŠARA		M. Forlanini, Studia Mediterranea... (1979) 172 sq.; A. Ünal, RIA VI (1980-83) 379 sqq.
KUWALIYA		T.R. Bryce, AnatS 24 (1974) 103 sqq.; J. Freu, Luwiya... (1980) 281 sqq.; S. Heinhold-Krahmer, RIA VI (1980-83) 397; J. Mellaart, AfO, Beiheft 19 (1982) 372 sqq.
LA-x-x	KUB LVI 51 I 5	URULa-x-x
LAḪINA	KUB LII 24 III 10	URULa-ḫi-na-x
LAKKIŠ[-	KUB L 2, 4	URULa-ak-ki-i-iš[-

LAKNANIGA*	KBo XXIV 107 Ro 8	^{URU}La-ak-na-ni-ga-az
LAKKU		G. Frantz-Szabó, RlA VI (1980-83) 436.
LALANDA		J. Mellaart, AfO, Beiheft 19 (1982) 372 sqq.
LALḪA		G. Frantz-Szabó, RlA VI (1980-83) 437 sq.; J. Freu, Les Archives... (1983) 202 sqq.
LALLUPIYA	KBo XXIV 82, 5	^{URU}La-al-lu[-pí-ya]
	8	[^{UR}]^{U}La-al-lu-pí-ya
	KBo XXIX 199, 6	LÚ^{MEŠ} ^{URU}La-al-lu-u-p[í-ya
	10	LÚ^{MEŠ} ^{URU}La-lu-u-pí-ya
	201 II 13, 14	LÚ^{MEŠ} ^{URU}La-a-al-lu-u-pí-ya
	203 Vo 3	LÚ^{MEŠ} ^{URU}La-lu-p[í-ya
	204, 8	LÚ^{MEŠ} ^{URU}La-al-lu-pí-ya(-kán)
	205, 10	^{LÚ}MUḪALDIM ^{URU}La-a-al-lu-u-pí-ya
	206 + KUB XXXII 123 Vo 47, 51	LÚ^{MEŠ} ^{URU}La-lu-pí-ya
	KUB LV 65 III 9, 15, IV 46	LÚ^{MEŠ} ^{URU}La-lu-pí-ya
		G. Frantz-Szabó, RlA VI (1980-83) 438 sq.
LAMIYA		J. Freu, Luwiya... (1980) 199 sqq.
LANTA	KBo XXVIII 144, 2	^{URU}La-an-da
	KUB LVII 87 II 1	^{D}IŠTAR ^{URU}La-a-an-ta
	88 I 4	*A-NA* ^{D}U ^{URU}La-an-da
		A. Ünal, RlA VI (1980-83) 487 sq.
LAWATA	KUB LVII 58, 8; 106 II 16	KUR La-wa-ta

LAWAZANTIYA KBo XXIII 84 Vo 2 URULa-w]a-za-an-ti-ya

KUB XLVIII 123 I 6 DIŠTAR URULa-wa-za-an-ti[-
9 DIŠTAR URULa-wa-za-an-ti-ya
12 DIŠTAR URULa-wa-za-an[-ti-ya

KUB XLVIII 123 III 15 DIŠTAR URULa-wa-za-an[-ti-ya
IV 4 [D]IŠTAR URULa-wa-za-an-ti-ya
11 [URULa-w]a-za-an-ti-ya
16 [URULa-wa-z]a-an-ti-ya

KUB XLIX 99 II 5 DIŠTAR URUL[a-wazantiya

KUB L 117 II 6 URU]La-wa-za-an-ti-ya[

KUB LII 72 Ro 10, 11, 13
DIŠTAR URULa-wa-za-an-ti-ya
79 III 9 DIŠTAR URULa-wa-za-an-ti-ya

KUB LVI 25 IV 12 URULa-wa-za-an-ti-ya

KUB LVII 87 III 6 DIŠTAR URULa-wa-za-ti-ya
H. Hirsch et I. Wegner, RlA VI (1980-83) 433 sqq. s. v. La(ḫu)wazantija.

LIḪ[- KUB LVI 23 I 1 *INA* URULi?-iḫ[-

LIḪZINA KBo XII 53 + KUB XLVIII 105 Ro 19 *INA* URUx-x-ši-na
Lecture proposée par A. Archi - H. Klengel, AOF 7 (1980) 157.

KBo XXVI 138, 8 [UR]ULi-iḫ-ši[-na

KUB XLIX 21 II 15 D]U URULi-iḫ-zi-na(-ya)
IV 1 DU URULi-iḫ-zi-na(-ya)
J. Freu, Les Archives... (1983) 185; G. Frantz-Szabó, RlA VII (1987) 18.

LIP[- KUB L 87 Vo 8 *I-NA* URULi-ip[-

LIPRAŠŠA* KUB LIV 1 I 12 ^{URU}Li-ip-ra[-aš-š]a
42 ^{URU}Li-ip-ra-aš-ša-ya(-wa)

LUKKA KUB LVII 19, 11 KUR.KUR^{MEŠ} ^{URU}Lu-[uq-qa
J. Freu, Luwiya... (1980) 306 sqq.; S. Košak, Erls 15 (1981) 14; J. Mellaart, AfO, Beiheft 19 (1982) 372 sqq.

LULUWA Bo 6599 = KUB LVII 8
E. Laroche, GLH, RHA 34-35 (1976-77) s. v. Lullu.

LUMANḪILA KBo XXX 12 I 7 L[Ú^{MEŠ} $^{UR]U}$Lum-an-ḫi-la
17 col. g. 10 ^{URU}Lum-a]n-ḫi-la
col. dr. 16 LÚ^{MEŠ} ^{URU}Lum-an[-ḫi-la

LUT[- KBo XXXIII 216 Vo 6 ^{URU}Lu-ut[-

LUWIYA KBo XXIX 52 col. dr. 1 ^{URU}Lu-u[-iya

KUB XLVIII 40, 4 ^{URU}Lu-u[-iya
J. Freu, Luwiya... (1980).

MAḪUIRAŠA J. Freu, Luwiya... (1980) 265 sqq.; J. Freu, Hethitica VIII (1987) 126 sqq.

MAKKITTA* KBo XXVIII 86 Vo 4 *I-NA* ^{URU}Ma-ak-ki-it-ta-a
5 ^{URU}Ma-ak-ki-it-ta-a

MALI* KUB LVII 120 Vo 13 1 É ^{URU}Ma-li

MALIMALIYA KBo XXVI 182 IV 8 ^{URU}Ma-li-ma-l[i-ya

MALLIDAŠKURIYA KBo XII 53 + KUB XLVIII 105 Ro 42
^{URU}Mal-l]i-da-aš-ku-ri-ya
M. Forlanini, Studia Mediterranea... (1979) 174 sqq.

MALITIYA M. Forlanini, Studia Mediterranea... (1979) 173; E. Laroche, Hethitica VI (1985) 90 sq.

MANAYARA KUB XLVIII 123 IV 4 ^{URU}Ma-na-ya-ra pour Manaziyara?

MANAZIYARA M. Forlanini, Studia Mediterranea... (1979) 182 sq.

MANUZIYA KBo XXIV 76, 16 Ma-nu-zu-ḫi

KBo XXIX 207, 5, 9 ^{D}IM ^{URU}Ma-nu-uz-zi-ya

KBo XXXIII 176 VI 4 ^{D}[]M Ma-nu-zi
201 IV 11 *P]A-NI* ^{D}IM Ma-nu-zi
197 Vo 15 ^{URU}M]a-nu-zi-ya
173 I 14 Ma-nu-zu-ḫi
198 II 8, 10 Ti-ya-a-ri M[a-nu-zu-ḫi
201 III 9 Ti-ya-ri Ma-nu-zu-ḫi
IV 6 sq. ^{D}Šu-ri-in-ni Ma-nu-zu-ḫi
183 III 3 sq. Ti-ya-ri-in-na Ma-nu-zu-un-na
184 III 6 M]a-a-nu-zu-un-na
185 Ro 14 Ma-n]u-zu-un-na
201 IV 2 [Ma]-a-nu-zu-un-na

KUB XLV 59 Vo 23 Ma-nu-zi-en
58 III 4 *ŠA* ^{D}IM ma-n[u-zu-ḫi
58 IV 11, 12 ^{D}IM-ub ma-nu-zu-ḫi
75 Ro III 10, 13 ^{D}U ^{URU}Ma-nu-zi-ya

KUB XLV 59 Vo 18 ^{D}U ^{URU}Ma-a-nu-z[u-ḫi

KUB XLVII 73 II 14 ^{D}U Ma-nu-zi-ya
III 7 ^{D}IM Ma-nu-zi

KUB XLVIII 100 Ro 9 ^{D}IM ^{URU}Ma-nu[-zi-ya

KUB LI 16, 8 Ma-nu-uz-zi
27 Ro 12 ^{URU}Ma-nu-uz-zi-ya

KUB LIV 36 Ro 9 ^{D}IM ^{URU}Ma-nu-zi-ya

KUB LVII 87 III 9 ^{D}U ^{URU}Ma-nu-zi-ya
113 I 1 $^{U]RU}$Ma-nu-zi-ya
E. Laroche, GLH, RHA 34-35 (1976-77) s. v. Manuzuḫi.

MARAŠŠANTIYA KBo XXIII 111 Vo 12 ^{URU}Ma-ra-aš-ša-an-t[i-ya

KUB LII 39 I 2 $^{UR]U}$Ma-ra-aš-ša-an-t[i-ya
J. Freu, Les Archives... (1983) 175 sq.

MARAŠATA[* KUB XLVIII 91, 6 ^{URU}Ma-ra-ša-ta-x[

MARIŠTA M. Forlanini, Studia Mediterranea... (1979) 180 sq.; J. Freu, Les Archives... (1983) 162 sq.

MAŠA J. Freu, Luwiya... (1980) 273 sqq.; J. Mellaart, AfO, Beiheft 19 (1982) 372 sqq.; J. Freu, Les Archives... (1983) 212 sqq.

MATILA* KUB LI 81 Vo 8 ^{LÚMEŠ} ^{URU}Ma-ti-el[-
M. Forlanini, SMEA 22 (1980) 71 sqq.; M. Popko, AoF 13 (1986) 176 sqq.

MAWA* KUB XLV 41 III 1 (^{D}IŠTAR) ^{URU}Ma-wa-ḫi

MAWIRAŠA cf. MAḪUIRAŠA

MILAWANDA J. Freu, Luwiya... (1980) 306 sqq.; Hethitica VIII (1987) 143 sqq.

MIRA KUB XLIX 15, 8 KU]R Me-ra-a
10, 11, 15 LUGAL KUR Me-ra-a
70 Vo 17 ^{URU}Mi-ra[
96 Ro 4, 9 LUGAL KUR Mi-ra
8 LUGAL KUR Me-ra

KUB L 26 II 9 KUR Me-ra

KUB LII 38 I 6 LU]GAL ^{URU}Mi-ra
T.R. Bryce, AnatS 24 (1974) 103 sqq.; J. Freu, Luwiya... (1980) 281 sqq.; S. Košak, Erls 15 (1981) 13; J. Mellaart, AfO, Beiheft 19 (1982) 372 sqq.

MIŠTURḪA* KBo XXV 112 II 16 ^{URU}Mi-iš-tu-ú-r[a-]ḫa

KUB LII 102 II 4 ^{D}U ^{URU}Mi-eš-tu-ru-uḫ
103, 4 ^{D}U ^{URU}Meštur]u-uḫ

KUB LVII 84 III 9, 11, IV 7 ^{URU}Mi-iš-tu-ur-ḫa
M. Forlanini, Hethitica VIII (1987) 105 sqq.

MITTANNI KBo XXVI 88 I 4 ^{URU}Mi-it-ta-an-ni-ya(-ma-kán)

KBo XXVIII 71, 11 *ŠA* KUR ^{URU}Mi-it-ta-an-ni
13 KUR ^{URU}Mi-it-t[anni
110, 5, 6 ^{URU}Mitta-]an-ni
113, 4, 10, 17 ^{URU}Mi-i]t-ta-an-ni
120, 9 ^{URU}Mitt]a-an-ni

MIDUWA J. Freu, Les Archives... (1983) 205 sq.

MIZRI 1199/c + 216/c Ro 1 = KBo XXVIII 1 Ro 9

KBo XXVIII 6 Ro 10; 14 Ro 2; 19 Vo 7; 22, 6; 23 Ro 41; 26, 8; 39 Ro 2; 42 Ro 1; 44, 4; 45 Ro 4; 49 Ro 2; 50, 2; 68 Vo 13
KUR Mi-iz-ri-i
69, 12 KUR ^{URU}Mi-iz-ri
26, 14; 48 Ro 13 DINGIR^{MEŠ} *ŠA* KUR Mi-iz-ri-i
42, 5 LÚ^{MEŠ} KUR Mi-iz-ri

KBo XXVIII 3 Ro 1; 4 Ro 26, 32; 14 Ro 3, 7; 16, 14; 18, 4; 23 Ro 1, 2, 4, Vo 47; 30 Ro 3; 33, 2, 6; 47 Ro 2, 6, 12; 50, 7; 54 Ro 15; 68 Vo 8 (LUGAL.GAL) LUGAL KUR Mi-iz-ri-i

KUB XLVIII 71 Ro 5 [KURMi-iz-r]i-i
73 +, 5 KURMi-iz[-ri-i
8 KURMi-iz-ri-i

KUB LII 67 II 1 KUR Mi-]iz-zi-ri
6 KUR URUMi-iz-ri-i

KUB LVI 22, 4 KUR UR]UMi-iz-ri(-wa-at-ta)

MUKIŠ KBo XXVIII 111 Ro 8 *A-NA* KUR [UR]UMu-kiš-ḫi

KUB XLV 21 b. 4 SAL URUMu-ki-i[š

KUB XLVIII 71 Ro 6 KUR Mu-kiš (LUGAL KUR Mukiš)

KUB LII 107 b. g. 1 SAL URUMu-kiš
E. Laroche, GLH, RHA 34-35 (1976-77) s. v. Mugišḫi.

MUŠUNIPA KUB LVI 31 IV 20 *A-NA* DIŠTAR URUMu-šu-ni-pa

MUTAMUTAŠA J. Freu, Luwiya... (1980) 311 sqq.; Hethitica VIII (1987) 143 sqq.

NA[- KBo XXVI 166 II 18 URUNa[-

NAḪITA I. Beldiceanu-Steinherr, CRAIBL (1982) 457 et n. 60; E. Laroche, Hethitica VI (1985) 87 sq.

NAWARI* KBo XXVII 100 (KBo XX 129 + XXVII 100) I 52
URUN[a?-wa-ri
E. Laroche, GLH, RHA 34-35

(1976-77) s. v.; V. Haas, SMEA 22 (1980) 107 sqq.

NE[-	KBo XXVI 62, 5	^{URU}Ne[-
	179, 5	^{URU}Ne[-
	KBo XXX 117 Ro 17	^{URU}Ne-x-x
	KBo XXXIII 67, 3	^{URU}Ni-i[
NIḪRIYA	KUB XLV 41 II 18	(^{D}IŠTAR) ^{URU}Ni-iḫ-ri-ya-we$_{e}$?
NIYA	KBo XXVIII 111 Ro 9	^{URU}Ne-ya
	KUB LIV 84, 9	^{D}IM ^{URU}Ne-e
NINAŠ	KUB LVII 120 Ro 6	^{URU}Ni-na-aš
NINAŠŠA	KBo XII 53 + KUB XLVIII 105 Ro 29	*INA* ^{URU}Ne-na-aš-ša

M. Forlanini, Studia Mediterranea... (1979) 174 sqq.

NINESSA KBo XII 53 + KUB XLVIII 105 M. Forlanini, Studia Mediterranea... (1979) 174 sqq.

NINUWA	KBo XXIII 23 Ro 31	^{URU}Ni-nu-wa
	KBo XXVI 64 II 6	^{URU}Ne-nu-wa-z[a
	74 III 7	^{URU}Ne-nu-wa-an
	83, 9	^{URU}Ni-nu-wa-az-ma
	167 II 5	^{URU}Ne-nu-wa
	94 III 10	[^{D}I]ŠTAR-iš ^{URU}Ni-nu-wa
	105, 21	^{D}IŠTAR-li ^{URU}Ni-nu-wa-aš
	KBo XXVII 111, 5	Ni-nu-wa
	132, 3	^{URU}Ne-nu-an
	182, 4	[^{UR}]^{U}Ni-nu-wa
	217 Ro I 35	[^{URU}]Ni-i-nu-we$_{e}$
	Vo 17	^{URU}Ni-nu-wa-a-we$_{e}$

	KBo XXVIII 145, 7	^{URU}Ni-nu-w[a
	KBo XXXIII 201 III 13	A-la-an-ni Ne-nu-wa-x[
	212 Ro 5	^{D}IŠTAR ^{URU}Ni-i-nu-wa[
	167 IV 5	^{D}IŠTAR ^{URU}Ni-nu-w[a-ḫi-n]i-wi$_i$
	KUB XLV 62 IV 4, 6	^{URU}Ni-nu-wa-wa$_a$
	68 Ro 7	^{URU}Ne-nu-u?-wa
	42 Ro col. g. 11	[^{D}I]ŠTAR ^{URU}Ne-nu-wa
	43 II 5	^{D}IŠTAR ^{URU}Ni-nu-wa
	53 III 11	EGIR-*ŠU*-ma a-la-an-ni ne-nu-wa-ar
	66 II 12	(^{D}IŠTAR) KI.MIN ^{URU}Ne-nu-wa-ḫi
	60 II 12	^{URU}Ni-nu-wa-aḫ-ni-eš-ša ^{D}Ša-wu$_ú$-uš-ga-wa
	13	^{URU}Ni-nu-wa-aḫ-ni-eš-ša
	KUB XLVII 13, 9	[^{URU}N]e-nu-wa-bí ^{D}IŠTA[R]
	61 Ro 4	[$^{URU?}$]Ni-nu-wa-wa$_a$-an[
	17,3	^{URU}Ni-nu-wa-wa$_a$ ^{D}Sa-uš-ga
	KUB XLVIII 112 Ro 5	*I-NA* ^{URU}Ne-nu[-wa
	KUB XLIX 40, 6	^{D}IŠTAR ^{URU}Ni-nu-wa
	102 Ro 8	^{D}IŠTAR ^{URU}Ni-nu-wa
	KUB L 1 III 5	^{D}IŠTAR ^{URU}Ni-i-nu-wa
	KUB LVI 53, 6	^{D}IŠTA]R ^{URU}Ne-nu-wa
	KUB LVII 58, 2, 11	^{D}LIŠ ^{URU}]Ne-nu-wa
	106 II 19, 36, 40	^{D}LIŠ ^{URU}Ne-nu-wa
		E. Laroche, GLH, RHA 34-35 (1976-77) s. v.
NIPPUR	KBo XXVI 1 VI 3	[^{URU}N]i-ip-pur
NERA	KUB XLV 41 III 4	[^{D}IŠTAR) ^{URU}Ni-e-ra-ni-we$_e$

NERIK	KBo XXIII 110 Vo 10	^{URU}Ne-ri-ik
	116 III 4	^{URU}Ne-ri-ik-an
	8	*INA* ^{URU}Ne-ri-iq-qa
	KBo XXIV 70 I 12	^{URU}Ne[-ri-ik?
	KBo XXVI 169, 4	[^{URU}]Ne-ri-i[k]
	KBo XXVII 4, 3	^{URU}Ne-ri[-ik
	KBo XXX 37 IV 1	EZEN purili]-yaš ^{URU}Ne-ri-ik-ki
	74 Vo 1	^{URU}Ne-ri-ik
	14	^{D}]U ^{URU}Ne-ri-ig-ga
	19	*A-NA* ^{D}U ^{URU}Ne-r[i-ik
	82 VI 3	$^{UR]U}$Ne-ri-ik
	KUB XLVI 1 Ro II 9	$^{U]RU}$Ne-ri-ik
	4 I 24	^{D}U ^{URU}Ne-ri-ik-ga
	37 Ro 37	*INA* ^{URU}Ne-ri-qa
	Vo 6	^{URU}Ne-ri-qa
	KUB XLVI 54 Ro 10	LUGAL-wa-aš *ŠA* ^{D}U ^{URU}Ne-ri-ik
	KUB XLVIII 13 Vo 6	^{D}U ^{URU}Ne-ri-ik
	37, 8	[^{URU}N]e-ri-iq-qa
	KUB XLVIII 88 Ro 5	[^{URU}N]e-ri-ik
	119 Ro 6	^{URU}Ne-ri-iq-qa
	7, 9[	*I-NA* ^{URU}Ne-ri-iq-qa
	14, Vo 13	^{D}U ^{URU}Ne-ri-ik
	KUB XLIX 1 I 14, IV 20; 24 Vo 14; 26 II 2]; 47, 2]; 49 II 15]	^{URU}Ne-ri-iq-qa
	1 I 17	^{URU}Ne-ri-qa
	IV 9	^{URU}Ne-ri-ik
	24 Vo 8	^{URU}Ne-r]i-iq-qa-an
	25 IV 5	*IŠ-TU* KUR ^{URU}Ne-ri-i[k
	39 II 9	^{D}U ^{URU}Ne-ri-ik

71, 5], 8]; 98 III 6	^{D}U ^{URU}Ne-ri-ik
77 III 5	^{D}U ^{URU}N[e-rik
82 II 1	^{D}U ^{URU}Ne-ri-iq-qa
95 IV 2	^{URU}N]e-ri-i[k
3	^{D}U ^{URU}Ne-r[ik
KUB L 31 I 11	$^{URU]}$Ne-ri-ik(-ma)
55 Vo 7	^{URU}Ne-ri-ik[
62, 1	KUR.KUR^{MEŠ} ^{URU}Ne-ri-ik[
65, 1	^{URU}Ne-]ri-ik
KUB LII 5 IV 7	^{URU}Ne-ri-ik
14 II 20	*A-NA* ^{D}U ^{URU}Ne-ri-ik
25 II 13[; 33 IV 21[	*ŠA* ^{D}U ^{URU}Ne-ri-ik
37 II 2	^{URU}Ne-ri-iq-qa
43 IV 11	^{D}U ^{URU}Ne-ri[-ik
53 II 1	$^{UR]U}$Ne-ri-iq-qa
56, 4[; 72 Ro 5	^{D}U ^{URU}Ne-ri-ik
79 III 2	^{D}U ^{URU}N[e-ri-i]q-qa(-ja)
5	^{D}U ^{URU}Ne-ri-iq-qa(-ja)
KUB LIII 13 III 13	$^{D]}$U ^{URU}Ne-ri-ik
17	*A-NA* ^{D}U ^{URU}Ne-ri-ik
31, 37	^{D}IM ^{URU}Ne-ri-ik
16 VI 6	$^{U]RU}$Ne-ri-iq-qa
18 IV 2	^{URU}N]e-ri-ik-ka-an
21 Ro 7	^{URU}Ne-ri-ik-ki
Vo 5, 6, 8	$^{U]RU}$Ne-ri-iq-qa
Vo 10	^{D}U ^{URU}Ne-ri-ik
KUB LIV 64 Ro 3, 13, 20	LÚ^{MEŠ} ^{URU}Ne-ri-ik
Vo 1	$^{UR]U}$Ni-ri-iq-qa
KUB LV 1 I 10	^{D}U ^{URU}Ne-ri-ik (2 x)
6 III 3	^{D}U ^{URU}Ne-ra-ak
39 IV 7	$^{D]}$U ^{URU}Ne-ri-ig-ga
22	^{D}U $^{URU]}$Ne-ri-ig-ga
54 I 29	^{D}U ^{URU}Ne-ri-ik

KUB LVI 14 Vo 6 KUR ^{URU}Ne-ri-ik
9, 12 ^{D}U ^{URU}Ne-ri-ik
13 ^{D}U] ^{URU}Ne-ri-ik
11 ^{URU}Ne-ri-iq-qa
16 Vo 4 *A-NA* ^{D}U ^{URU}N[e-ri-ik
32 II 4, 14, III 2 ^{D}U ^{URU}Ne-ri-ik
III 19 ^{LÚ}SANGA ^{URU}Ne-ri-ik
48 I 4, 6, 11, 19, 25, II 11 (2 x), 12, 28,34,
III]10, 25, 26, IV [8] ^{D}U ^{URU}Ne-ri-ik
I 24, 26 ^{D}U ^{URU}Ne-ri-iq-qa
I 5 ^{URU}Ne-ri-iq-qa
I 21, II 10, III 7 EN ^{URU}Ne-ri-ik
49 Ro 13 EN ^{URU}Ne-ri-ik
Ro 14 (2 x) 15, Vo [5, 6]
^{D}U ^{URU}Ne-ri-ik
54 Vo 6, 18, 28 ^{D}U ^{URU}Ne-ri-iq-qa

KUB LVII 58, 3, 9 ^{D}U ^{URU}N[e-ri-iq-qa
106 II 11, 17, 34, 42 ^{D}U ^{URU}Ne-ri-iq-qa
M. Forlanini, Studia Mediterranea... (1979) 180 sqq., J. Freu, Les Archives... (1983) 183.

NIŠA KBo XXX 80 Ro 3 Ethn. ^{LÚMEŠ} Ne-šu-me-ni-eš

NIWAMA* KUB XLVII 6 III 4 ^{URU}Ni-wa$_a$-ma-an
6 ^{URU}Ni-wa$_a$-ma-a-an
8 ^{URU}Ni-w[a$_a$-ma-

PA[- KUB XLVIII 123 IV 26 KI.KAL.BADḪIA ^{URU}Pa[-

KUB LVI 51 I 9 ^{URU}Pa-x[

PAḪA[- KUB LI 33 I 17 *A-NA* EZEN *TE-ŠI* KUR Pa-ḫa[-

PAḪAŠUNUWA* KUB LVII 102 IV 5 KUR Pa-ḫa-šu-nu-wa-an
15 *A-NA* KUR Pa-ḫa-šu-nu-wa
23 KUR Pa-ḫ]a-šu-nu-wa

PAḪUWA		J. Freu, Les Archives... (1983) 166.
PALA	KBo XXV 163 V 11	KÁ.GAL ^{URU}Pa-la-a
	KBo XXVII 23 Vo 7	^{URU}Pa-la-a
	KUB XLVI 69 Ro 6	^{URU}Pa-la-a
	KUB LVI 2 II 14	KUR ^{URU}Pa-la-a
		H. Ertem, Pala- Tum(m)ana ...... Coğrafya Fakültesi Yayınları n° 295, Ankara (1980); M. Forlanini, Studia Mediterranea... (1979) 174 sqq.; J. Freu, Les Archives... (1983) 202 sqq.
PALḪANT[A*	KUB LII 43 I 6	*I-NA* ^{URU}Pal-ḫa-an-t[a
PALḪUIŠŠA		J. Freu, Les Archives... (1983) 179.
PALI-[	KBo XXVIII 150,3	^{URU}Pa-li?-[
PALIYA	KUB XLV 41 II 17	(^{D}IŠTAR) ^{D}Pa-li-ya-ni-we$_{e}$
PAPANḪA	KUB XLIX 25 IV 2	KASKAL KUR ^{URU}Pa-pa-an-ḫa
	KUB LII 85 II 12	^{URU}Pa-pa-an-ḫa
	III 6	*I-NA* KUR ^{URU}Pa-pa-an-ḫa
PAPELḪA	KBo XXVII 85 Ro 18	^{URU}Pa-a-pé-el-ḫa
PARMINAŠ	KUB XLIX 4 I 13	^{URU}Par-mi-n[a-
		cf. V. Haas, OLZ 77 (1982) 255.
PARŠANANḪILA		M. Forlanini, Studia Mediterranea... (1979) 180 sqq.
PARŠAPARŠA*	KUB XLVIII 119 Ro 13	^{URU}Pár-ša-pár-ša

PARTIYA(ŠŠA?) KBo XXVI 207, 13 [^{UR}]^{U}Pár-ti-aš-ša-aš

PARDUWATA J. Freu, Les Archives... (1983) 212.

PADDANIYA* KUB XLVIII 105 Ro 38 ^{URU}Pad-da-ni-ya-ša

PIQQA[NUNUŠŠA KUB L 55 Vo 6 ^{URU}Pí-iq-qa[-nunušša

PINA J. Freu, Hethitica VIII (1987) 143 sqq.

PIPIŠUWAWA[* KUB LIV 1 I 37 ^{URU}Pí-pí-šu-wa-wa[?

PIPITḪI* KBo XXV 190 Vo 23 ^{D}Nu-pa-ti-ik ^{URU}Pí-pí-i[tḫi

KBo XXXIII 181 Ro 8; 215 V 19 ^{D}Nu-pa-ti-ik Pí-pí-it-ḫi

KUB LI 73 Vo 15 ^{D}Nu-pa-ti-ik ^{URU}Pí-pí-it-ḫi

KUB LV 29, 7 ^{D}Nu-pa-ti-ik ^{URU}Pí-pí-i[t-ḫi

PERḪENA* KUB XLVII 5 III 11 ^{URU}Pé-e-er-ḫi-e-na
IV 7 Pé-e-ri-[ḫ]i-e-[-na

PIŠAIŠA KBo XXIII 113 Vo III 13, 14, 16 KUR Pí-ša-i-ša-aš
15 KUR Pí-š[a-i-š]a-an
18, 27 *A-NA* KUR Pí-ša-i-ša
26 KUR Pí-ša-i-ša-š(a)

PIŠŠAT-x* KUB L 79 Ro 10 *INA* ^{URU}Piš-ša-at-x-x-x- pa-iz-zi

PIŠḪAPUWAIŠA Bo 3795 = KUB LVI 10

PIŠḪURU KUB LII 43 I 7 $^{URU]}$Pí-iš-ḫu-ru-uš

PIŠUNUPAŠI Bo 2525, 6 = KUB XLVIII 107 Ro I 6

M. Forlanini, Hethitica VIII (1987) 105 sqq.

PITA-	KBo XXVII 4, 9	URUPí-ta-x[
PITTAGGALAŠŠA	KUB L 55 Vo 3	URUPitta]-ga-la-aš-ša-a[n
	12	URUPí-i]t-tág-ga-la-aš-ša[
PITTALAḪŠI	KUB L 55 Ro 41	URUPít-t]a-la-aḫ-ši-in-na
	Vo 5	URUPí]-it-ta-la-aḫ-ši-i[n
PIDDANIYAŠA*	KBo XII 53 + KUB XLVIII 105 Ro 38	URUPíd-da-ni-ya-ša M. Forlanini, Studia Mediterranea... (1979) 174 sqq.
PITAŠA		J. Freu, Luwiya... (1980) 265; S. Košak, Erls 15 (1981) 13 sqq.; J. Mellaart, AfO, Beiheft 19 (1982) 372 sqq.
PITTIYARIK	KUB XLVII 64 II 25	[DU URUPít-ti-ya-r]i-ga cf. dupl. KUB XXVII 1 I 55 M. Forlanini, Studia Mediterranea... (1979) 183 sq.; J. Freu, Les Archives... (1983) 166.
PITURA		J. Freu, Luwiya... (1980) 199 sqq.
PU[-	KUB LII 49 III 1	URUPu[-
PURANDA		J. Freu, Luwiya... (1980) 270 sqq.
PURUŠḪANTA	KUB XLVIII 98 III 6	URUPu-r[ušḫanda] M. Forlanini, Studia Mediterranea... (1979) 174 sqq.
RIMUŠI		E. Laroche, GLH, RHA 34-35 (1976-77) s. v.

ŠA[- KUB XLVI 16 Ro 7 É.GAL ^{URU}Ša[-

KUB XLIX 10 I 4 *I-NA* ^{URU}Ša[-

KUB L 108, 8 ^{URU}Š[a?-

KUB LVII 68 Vo 3 ^{f}A.A ^{URU}Ša[

ŠAḪANUYA KUB LVII 87 II 2-3 ^{D}Ta-ru-up-ša-ni-iš ^{D}Mu-wa-at-ti-iš ^{D}Pí-pí-ra-aš ^{D}EN ^{URU}Ša-ḫa-nu-ya

ŠAḪIRIYA J. Freu, Les Archives... (1983) 211.

ŠAḪḪUPA J. Freu, Les Archives... (1983) 202 sqq.

ŠAḪUWALIJA KUB LII 45 Ro 10 *I-NA* ^{URU}Ša-aḫ-ḫu-u-wa-li-ja

ŠAGANTAWIY[A* KUB LII 89 II 3 ^{URU}Ša-ga-an-ta-wi-y[a

ŠALLAḪŠUWA M. Forlanini, Studia Mediterranea... (1979) 172.

ŠALAMPA KUB LVII 71, 5 ^{URU}Š[a-lam-pa; restauration probable à cause de la présence de Katapa et de Kartapaḫa, cf. G.F. del Monte, RGTC 6 (1978) s. v. Kartapaḫa.

ŠALAPA T.R. Bryce, AnatS 24 (1974) 103 sqq.; J. Freu, Luwiya... (1980) 255 sqq.; S. Košak, Erls 15 (1981) 13 sq.; J. Mellaart, AfO, Beiheft 19 (1982) 372 sqq.; J. Freu, Hethitica VIII (1987) 126 sqq.

ŠALATIWARA KBo XXVII 31, 7 [^{UR}]^{U}Ša-la-ti-wa-ra

ŠALAWAŠA J. Freu, Hethitica VIII (1987) 135 sqq.

ŠALIYA J. Freu, Luwiya... (1980) 199 sqq.

ŠALMA M. Forlanini, Studia Mediterranea... (1979) 176 sqq.

ŠALUNATAŠŠI KUB LVII 58, 6; 106 II 14 URUŠal-l]u-na-ta-aš-ši-iš *ŠA* É.GAL
J. Freu, Les Archives... (1983) 213.

ŠAMAḪA J. Freu, Les Archives... (1983) 200 sqq.

ŠAMMALIYA* KBo XXVI 180 I 4 à rayer; lire: kuršammaliaš: attribut du dieu de l'orage, cf. F. Starke, ZVS 95 (1981) 151 n. 34.

ŠAMUḪA KUB XLV 32 IV 4 [U]RUŠa-mu-ḫa

KUB XLVIII 80 I 11 DIŠTAR URUŠa-m[u-ḫa
126 I 12, 14, 15, 19, 25, 26, 29 DIŠTAR URUŠa-mu-ḫa

KUB XLIX 17 IV 12 D]IŠTAR URUŠa-mu-ḫa
20, 25 *I-NA* URUŠa-mu-ḫa-ya
80, 1 DGAŠAN URUŠa-mu-ḫa

KUB LI 79 Ro 3 URUŠ]a-mu-u-ḫa-aš

KUB LII 13, 3 DIŠTAR URUŠa-mu-ḫa

KUB LIII 17 III 14 LÚMEŠ URUŠa-mu-ḫa

KUB LIV 1 II 3 DIŠTAR URUŠa-mu-ḫa-ya(-wa-za)
70, 7 DIŠTAR URUŠa-mu-ḫa

KUB LV 17, 11, 19 ^{D}IŠTAR.LÍL ^{URU}Ša-mu-ḫa

KUB LVI 28 Ro 5 ^{D}IŠTAR ^{URU}Ša-mu-ḫa

KUB LVII 74 I, 1 ^{URU}Š]a-mu-ḫa
87 III 7 ^{URU}Ša-mu-ḫa

M. Forlanini, Studia Mediterranea... (1979) 172 sqq.; J. Freu, Les Archives... (1983) 166 sqq.; E. Laroche, Hethitica VI (1985) 91 sq.

ŠANAḪUITTA M. Forlanini, Hethitica VI (1985) 47 sq.

ŠANANAUYA KBo XII 53 + KUB XLVIII 105 Ro 6

M. Forlanini, Studia Mediterranea... (1979) 174.

ŠANTIWARA* KUB LV 1 II 3 ^{URU}Ša?-an?-ti-wa[-ra
IV 13 ^{URU}Ša-an-ti-wa-ra

ŠAPPA J. Freu, Les Archives... (1983) 205 sqq.

ŠAPANDALIYA* KBo XXIII 27 II 12 ÍD ^{URU}Ša-pa-an-da-li-ya-az
15 ÍD ^{URU}Ša-pa-an-da-li-ya
III 13 ÍD ^{URU}Š]a-pa-an-ta-li-ya-a

ŠAPARAŠŠANA KUB XLVIII 93, 9 ^{D}IŠTAR *ŠA* KUR Ša-pár-ra-aš-ša-na[-aš
10 ^{D}IŠTAR KUR Ša-pár-ra ^{D}U KUR Ša-pár-ra
11 *A-NA* DINGIR KUR Ša-pár-ra-aš-š[a-na-aš
12 [^{D}I]ŠTAR KUR Ša-pár-ra-na-aš-ša

KUB LI 41, 7 KUR ^{URU}Ša-pár-ra-aš[-šana

KUB LVII 87 II 11 URUŠa-pa-ra-aš-ša-na-aš
RGTC 6 (1978), Šaparaškuna, à corriger en Šaparraššana; lecture selon une notice de H. Ehelolf pour Bo 521 II 11 = KUB LVII 87, cf. KUB LI, Inhaltsübersicht, sub n° 41.

ŠAPINUWA KBo XXIII 27 I 13, 16 URUŠa-pí-nu-wa-ḫi-ni-bí(-na)
III 7, 10, 18, 23 URUŠa-pí-nu-wa
33 II 3 URUŠa-p[í-nuwa
110 Vo 3 URUŠa-pí[-nuwa

KBo XXIV 123 Vo 2 [URUŠ]a-pí-nu-wa
128 Ro 1 URUŠa-pí-nu-wa-an
3 URUŠa-pí-nu-wa
133, 7 URUŠa-pí-nu-wa

KBo XXVII 108 II 11 KUR URUŠa<-pí>-nu-wa-ḫi-ni-bí

KBo XXXIII 14, 5 Ša-pí-nu-wa-a-pa[

KUB XLVII 26 II 6 URUŠa-pí-nu-wa

KUB LI 44 Ro 17 URUŠ]a-pí-nu-wa

KUB LVII 87 III 5 UR]UŠa-pí-nu-wa
M. Forlanini, Studia Mediterranea... (1979) 180 sqq.; S. Alp, Belleten 44 (1980) 58 sq.

ŠAPITUWA KUB XLVII 81, 2 [URUŠ]a-pí-du[-wa

KUB XLVIII 110 III 2 Ša-pí-i]d-du-wa-aš (URU-aš)
J. Freu, Les Archives... (1983) 186 sqq.

ŠARAḪADDU* KUB XLIX 88 III 9 *INA* URUŠa-ra-ḫa-ad-du

ŠARANDUWA J. Mellaart, AfO, Beiheft 19 (1982) 372 sqq.

ŠAREŠŠA KBo XXVI 213 II 5 DU URUŠa-ri-eš-ša
M. Forlanini, Studia Mediterranea... (1979) 183; Hethitica VIII (1987) 105 sqq.

ŠARMANZANA* KBo XII 53 + KUB XLVIII 105 Ro 39
LÚ]MEŠ URUŠar-ma-an-za-na-aš

ŠAŠŠITA* KUB XLIX 100 Vo 16 KUR Ša-aš-ši-ta

ŠATUPA M. Forlanini, Studia Mediterranea... (1979) 180 sq.

ŠA-X-AN[-X]-IN[- KUB LII 79 II 5 URUŠa-x-an[-x]-in[-

ŠI-[KUB LV 43 III 21 LÚMEŠ URUŠi-x[

ŠIḪ[- KBo XXVIII 119,3 URUŠi-iḫ-x[

ŠEḪA* KUB XLIX 66, 6 KUR URU ÍD[Šeḫa
12 KUR URU ÍDŠe-e-eḫ-ḫa[
T.R. Bryce, AnatS 24 (1974) 103 sqq.

ŠIYATTA* KUB LVI 23 I 12 URUŠi-ya-at-ta

ŠIKELDIZZA[* KBo XXXIII 123 II 12 + KUB XXXII 129
URUŠi-ki-el-di-iz-za[

ŠILWAY[A-* KUB LII 52 II 4 *I*]*NA* URUŠi-el-wa-y[a
III 3 *I-NA* URUŠi-el-wa[-ya

ŠIMMURRA* KBo XXVI 88 IV 1 URUŠi-im[-murra
5 URUŠi-im-mu-ur-ra(-wa)
9 [URUŠi-im-m]u-ur-ra
90, 2 URUŠi-im-m[u-ra
4 URUŠi-im-mu-ra-wa
5 [URUŠi-i]m-mu-ra-ši
6 URUŠi-im-mu[-ra

ŠINAMU[M. Forlanini, Studia Mediterranea... (1979) 171.

ŠENDA KBo XII 53 + KUB XLVIII 105 Ro 8

ŠINUTḪI KBo XXVII 100 + KBo XX 129
V. Haas, SMEA 22 (1980) 107 sqq.

ŠERIGGA M. Forlanini, Studia Mediterranea... (1979) 71.

ŠIŠPINUWA S. Alp, Florilegium Anatolicum (1979) 34 sq.; Belleten 44 (1980) 58.

ŠITARPU* KBo XXVII 100 + I 56 ^{URU}Ši-tar-pu
V. Haas, SMEA 22 (1980) 107 sqq.

ŠE-X-ZI-X[KUB L 108, 16 ^{URU}Še-x-zi-x[

SUḪI* KBo XXVIII 62 Ro 16, 21 KUR Su-ḫi

ŠUḪḪUREŠŠIŠA* KUB XLIX 88 II 11 ^{URU}Šu-uḫ-ḫu-ri-eš-ši-ša

ŠUKZIYA M. Forlanini, Studia Mediterranea... (1979) 172; J. Freu, Les Archives... (1983) 174 sq.

ŠULAMA KUB LIV 1 II 9 *I-NA* ^{URU}Šu-la-ma

ŠULUPAŠŠI KBo XII 53 + KUB XLVIII 105 Vo 5 ^{URU}Šu-lu-pa-aš-ši-ya-aš

KBo XXIII 27 II 7 [^{URU}Š]u-lu-pa-aš-ši
III 9 ^{URU}Šu-l[u- . . .

KBo XXVII 54 Vo 3 DINGIR^{MEŠ} ^{URU}Šu-lu-pa-aš
6 ^{URU}Šu-lu-pa-aš-ši

9 DINGIRMEŠ URUŠu-lu-pa-aš-ši

KUB LVII 87 III 3 URUŠu-lu-pa[-aš-ši
M. Forlanini, Studia Mediterranea... (1979) 182 sq.

ŠUPPILULIA KUB L 108, 8 URUŠup-p]í?-lu-li-an

ŠURPIKI FHG 21 + devient KBo XX 129 + KBo XXVII 100 +

ŠURUTA J. Freu, Luwiya... (1980) 311.

ŠUTA KBo XXVIII 114, 9 URUŠu-ú-ta

ŠUWANZANA KUB LVII 108 III 6 URUŠu-u-wa-an-za-na[

ŠUWARZAPA* KUB LVI 39 II 9 *A-NA* DU URUŠu-wa-ar-za-pa
IV 30 URUŠu-wa-ar-za[-pa

ŠUWATARA M. Forlanini, Studia Mediterranea... (1979) 177.

TA[- KUB LI 15 Ro 5 *I-NA* URUTa-x[

TA[Ḫ KUB LII 49 II 1 *INA* URUTa[ḫ?-

TAḪAYA M. Forlanini, Hethitica VIII (1987) 105 sqq.

TAḪALḪAT* KBo XXVI 208, 5, 7 URUTa-ḫal-ḫa-a[t

TAḪAPPIŠUNA M. Forlanini, Hethitica VIII (1987) 105 sqq.

DAḪARAMA J. Freu, Les Archives... (1983) 207 sqq.

TAḪAŠDUWARA M. Forlanini, Hethitica VIII (1987) 105 sqq.

DAḪATTARUNA M. Forlanini, Hethitica VIII (1987) 105 sqq.

TAḪAZZIMUNA* Mşt 75/43 Ro 6 ^{URU}Ta-ḫa-az-zi-mu-na-an(-na)
S. Alp, Belleten 44 (1980) 47 sq. et n. 23; J. Freu, Les Archives... (1983) 160; M. Forlanini, Hethitica VIII (1987) 105 sqq.

TAḪIŠAMA* KUB XLVIII 12 II 6 ^{URU}Ta-ḫi-i-ša-ma-aš
M. Forlanini, Studia Mediterranea... (1979) 165 sq.

TAḪMUTARU M. Forlanini, Hethitica VIII (1987) 105 sqq.

TAḪNIŠARA* KUB XLIX 11 II 20 ERÍN^{MEŠ} ^{URU}Taḫ-ni-ša-ra
III 7 ^{URU}Taḫ-ḫa-ni-ša-ra

TAḪURPA KBo XXIV 125, 3 ^{URU}Ta-ḫur-pa

KBo XXX 98 II 2 $^{U]RU}$Ta-ḫur-pa(-ma-kán)

DAIŠTIPAŠŠA M. Forlanini, Hethitica VIII (1987) 105 sqq.

TAITA KBo XXIII 113 III 16 ^{URU}Da-i-ta
17 ^{URU}Ta-a-i-ta

2539/c = KBo XXVIII 65

TAKALMUḪA KBo XXV 23 Ro 4 LÚ^{MEŠ} ^{URU}Ta-ag-gal-mu-ḫa
Vo 8 [^{URU}T]a-a-ag-gal-mu-ḫa

KUB LIV 50 I 3 LÚ^{MEŠ} ^{URU}Ta-a-gal-m[u-ḫa

TAKARAMA KUB L 91 IV 17 ^{URU}Te-ka-ra-m[a
M. Forlanini, Studia Mediterranea... (1979) 173; J. Freu, Les Archives... (1983) 168; E. Laroche, Hethitica VI (1985) 91.

TAKKAŠTA J. Freu, Les Archives... (1983) 177 sq.; M. Forlanini, Hethitica VIII (1987) 105 sqq.

TAKAŠTURIYA M. Forlanini, Hethitica VIII (1987) 105 sqq.

TAKKIMIŠ M. Forlanini, Hethitica VIII (1987) 105 sqq.

TAKPATTA* KBo XXV 68 I 11 [^{UR}]^{U}Ta-a-ak-pa-at-ta

TALIYA KUB LVII 108 III 5 ^{URU}Tal-ya-aš?

TALMALIYA Bo 2525 = KUB XLVIII 107 I 6

KUB LII 65 IV 11 ^{URU}Tar-ma-li-an

TALWIYA Complète Talwi[du RGTC 6 (1978); J. Freu, Hethitica VIII (1987) 143 sqq.

TAMARMARA KUB XLVIII 79 I 11 ^{URU}T[a- = KBo XXII 2 Ro 8

TAMENINGA KUB XLV 32 III 11 ^{D}IŠTAR ^{URU}Ta-mi-ni-in-qa
14 ^{D}IŠTAR ^{URU}Ta-me-ni-in-qa
19 ^{D}IŠTAR ^{URU}Ta-[me]-ni-in-qa
IV 6 [^{D}IŠTA]R ^{URU}Ta-me-ni-in-qa
33 Ro 1, 4, 12, 15, 17 ^{D}IŠTAR ^{URU}Ta-me-ni-in-ga

TAMETTAYA KBo XII 53 + KUB XLVIII 105 Vo 16 *INA* ^{URU}Ta-me-it-ta-ya
M. Forlanini, Studia Mediterranea... (1979) 174 sqq.; Hethitica VIII (1987) 105 sqq.

TANIYA* KBo XXV 167, 3 ^{URU}Ta-a-ni-ya

TANIPIYA E. Laroche, JCS 1 (1947) 213; M. Forlanini, Studia Mediterranea... (1979) 166 et n. 8; Hethitica VIII (1987) 105 sqq.

TANIŠKURIYA* KUB LIII 6 III 2 URUTa-n[i-iškuriya
3 URUTa-ni-[iškuriya
14 II 16, 17, 28 URUTa-ni-iš-ku-ri-ya

TANIZILA KUB XLIX 24 Vo 17 URUTa-ni-zi-la-an
88 II 9 URUTa-ni-zi-la-an

DANKUWA M. Forlanini, Studia Mediterranea... (1979) 183 sq.; J. Freu, Les Archives... (1983) 172 sq.

DANUNA* KBo XXVIII 25, 7 *A-NA* KUR Dá-nu-ú-na

TAPALGA KBo XXVII 31, 8 URUTa[-

TAPAPANUWA J. Freu, Les Archives... (1983) 183 sqq.

TAPARKAR* KUB LVII 108 III 16 *INA* URUTa-pa-ar-kar

TAPAŠŠ[A- KUB L 46 III 4 URUTa-pa-aš-š[a-

TAPḪALLUS M. Forlanini, Hethitica VIII (1987) 105 sqq.

TAPIKA KBo XII 53 + KUB XLVIII 105 Vo 37

KUB LVII 1, 23 URUT]a-pí-i-ga

Mşt 75/113 Vo 25 URUTa-pí-ig-ga-za

S. Alp, Florilegium Anatolicum (1979) 29 sqq.; Belleten 44 (1980) 58; M. Forlanini, Studia Mediterranea... (1979) 174 sqq.

TAPELLU M. Forlanini, Hethitica VIII (1987) 105 sqq.

TAPTIKA M. Forlanini, Studia Mediterranea... (1979) 182 sq.

TARḪUNTAŠA T.R. Bryce, AnatS XXIV (1974) 108 sq.; J. Freu, Luwiya... (1980) 199 sqq.; S. Košak, Erls 15 (1981) 13 sq.; J. Mellaart, AfO, Beiheft 19 (1982) 372 sqq.; J. Freu, Hethitica VIII (1987) 126 sqq.

TARMAIMIŠ KUB LVII 106 II 21 [KUR] Tar-ma-i-mi-iš

TARMALIYA KUB XLIX 68 I 4 *I-NA* ^{URU}Tar-ma-l[iya

TARŠA E. Laroche, Hethitica VI (1985) 86 sq.

TARUKA KUB LVII 84 III 15 *A-NA* KUR ^{URU}Ta-ru-uq-qa
M. Forlanini, Hethitica VIII (1987) 105 sqq.

TAŠḪAPUNA KUB LV 43 II 18 ^{URU}Ta-aš-ḫa-pu-na
IV 17 ^{D}KAL ^{URU}Ta-aš-ḫa-pu-na

TAŠKARMATTA* KBo XXVI 208, 4 ^{URU}Ta-aš-kar-ma-at-ta

TAŠKURIYA KBo XXX 157 I 7 Ethn. ^{URU}Taš-ku-r[i-yail]
M. Forlanini, SMEA 22 (1980) 71 sqq.

TAŠPINA* KUB LVII 84 III 17 = 82, 2 ^{URU}Ta-aš-pí-na
^{URU}T]a-aš-pí-e-na

TAŠTARIŠA KUB LIII 18 IV 6 ^{URU}Ta-aš-ta-ri-iš-ši

TATAŠUNA KUB LV 43 II 17, IV 17 ^{D}KAL ^{URU}Ta-ta-šu-na

TATTIMMA* KUB LVII 84 III 5 LÚ^{MEŠ} ^{URU}Ta-at-ti-im-ma

TAWAŠTIYA* KUB LVII 1, 24 *I-NA* ^{URU}Ta-wa-aš-ti-ya

TAWATENA* KUB XLIX 11 III 6 ^{URU}Ta-wa-te-na

TAWINIYA	KBo XXV 18 Vo 8	LÚ^{MEŠ} MUḪALDIM ^{URU}Da-a-ú-i-ni-y[a
	48 (Ro) II 9	*ŠA* ^{URU}Ta[- -n]i-ya
	KUB XLVI 69 Vo 3	$^{U]RU}$Ta-ú-i-ni-ya
	KUB LIII 35 I 3	^{URU}Ta-wi-ni-y[a
	KUB LIV 67 Vo 14	*I-NA* ^{URU}Ta-wi-ni-ya
	KUB LV 5 IV 21, 23	^{URU}Ta-ú-i-ni-ya
	KUB LVI 46 VI 10	LÚ^{MEŠ} ḫa-a-pí-e-eš ^{URU}Ta-ú-i-ni[-ya
	VI 19	^{LÚ}GUDÚ ^{URU}Ta-ú-i-ni-ya
	M. Forlanini, Studia Mediterranea... (1979) 167 sqq.	
TAURIŠA	M. Forlanini, Studia Mediterranea... (1979) 182 sq.; Hethitica VIII (1987) 105 sqq.	
DAZIPA*	KBo XII 53 + KUB XLVIII 105 Ro 23	^{URU}Da-zi-pa
TA-x[	KUB LVII 67 Vo 2	^{URU}Ta-x[
TE[-	KBo XXVII 179,23	^{URU}Te[-
TEḪIḪA*	KUB XLIX 88 II 10	^{URU}Te-ḫi-ḫa
TIYARIŠ	Bo 3795 = KUB LVI 10	
TIYAŠILI	KUB XLIX 88 II 6	LÚ^{MEŠ} GAL ^{URU}Ti-ya-ši-li-ma
TÍL*	KUB XLVIII 100 Ro 1	*I-NA* ^{URU}TÍL
TELLALA*	KUB XLVIII 82, 4	^{URU}Te-el-la-la-aš
TILIPZIYA	J. Freu, Les Archives... (1983) 207 sqq.	

TILIURA M. Forlanini, Studia Mediterranea... (1979) 183 sq.; J. Freu, Les Archives... (1983) 177.

TIMANA J. Freu, Les Archives... (1983) 168.

TIMUḪALA M. Forlanini, Studia Mediterranea... (1979) 176 sqq.; J. Freu, Les Archives... (1983) 183 sqq.

TENAŠE* KUB XLVII 101 IV 6 URUTe-na-a-še

TINIPIYA M. Forlanini, Studia Mediterranea... (1979) 174 sqq.

TENIZIDASA* KBo XII 53 + KUB XLVIII 105 I 36, cf. A. Archi et H. Klengel, AoF 7 (1980) 144.

TIPIYA G. Huxley, Greek, Roman and Byzantine Studies 4 (1963) 155 sq.; P. Meriggi, Kadmos 17 (1978) 47 sqq.

TERUŠŠA J. Freu, Luwiya... (1980) 215 sqq.

DITEŠ KUB LVII 120 Vo 14 URUDi-te-iš

TITUKUWA* J. Freu, Les Archives... (1983) 183 sqq.

TEDUMNA* KUB LVII 108 II 22 URUTe-du-um-na

TIURA KUB LV 14 Vo 11 URUTi-i-u-ra-az

TIWARA KUB XLVIII 107 I 4 URUTi-wa-ra-aš

DU[- KUB XLVIII 83, 9 URUDu-x[

KUB LVII 97 IV 2 ^{URU}Du[

TUḪAŠIYA M. Forlanini, Hethitica VIII (1987) 105 sqq.

TUḪAŠUNA M. Forlanini, Hethitica VIII (1987) 105 sqq.

TUḪPILIŠA M. Forlanini, Hethitica VIII (1987) 105 sqq.

TUḪUPPIYA KUB LV 43 I 20 *I-NA* ^{URU}Tu-u-ḫu-p[í-ya
M. Forlanini, Studia Mediterranea... (1979) 177; Hethitica VIII (1987) 105 sqq.

TUḪUPURPUNA J. Freu, Les Archives... (1983) 196 sqq.

TUḪUŠINA* KBo XXIV 128 Ro 4 *I-NA* ^{URU}Tu-u-ḫu-ši-na

DUKKAMA J. Freu, Les Archives... (1983) 172.

TÚL.GAL* KUB LVI 2 III 4 KUR ^{URU}TÚL.GAL
5 $^{URU]}$TÚL.GAL
5 III 5 $^{U]RU}$TÚL.GAL

TÚL-na cf. Arinna

TUMMA KUB LVII 88 I 8 $^{URU]}$Tum-ma-aš

TUMMANNA KBo XII 53 + KUB XLVIII 105 Ro 30, 35, 37, 41
KUR ^{URU}Tu-du-ma-na
Vo 2 $^{UR]U}$Tu-du-ma-na
5 KUR ^{URU}Du-x[
Vo 10, 26 KUR ^{URU}Du-du-ma-an-na
19, 21, 24 KUR ^{URU}Du-ma-an-na
13, 29 KUR ^{URU}Du-ma[-

	KUB XLVI 37 Vo 6	URUTu-ma-an-na
	45 Vo 15	URUTu-um-ma-na
		M. Forlanini, Studia Mediterranea... (1979) 174 sqq.; H. Ertem, Pala- Tum(m)ana..., ... Coğrafya Fakültesi Yayınları n° 295, Ankara (1980).
TUMN[A-	KUB LVII 95 III 2	URUTum-n[a?-
TUNA	KUB LVII 87 II 9	URUDu-un-na-aš
TUNIP	KBo XXVIII 57, 4	URUTu$_4$-ni-i[p
	8	KUR URUDu-ni-ip
	79 Ro 7	*I-NA* URUTu-ni-ip-pí
DUNTA	KUB XLV 41 II 16	(DIŠTAR) DDu-un-ta-ḫi
TUNTERAḪA*	KUB LVII 84 III 18	URUTu-un-te-ra-ḫa
DUPA	KUB LVI 31 IV 23	*A-NA* DIŠTAR URUDu-ú-pa
DURḪUMIT		M. Forlanini, Hethitica VI (1975) 48 sqq.
DURMITTA	KBo XII 53 + KUB XLVIII 105 Ro 18	*INA* KUR URUDur-mi-it-ta
	Vo 20	*INA* URUDur-mi-it-ta
	30	KUR URUDur-mi-it-ta
	KBo XXV 192 Ro 4	URUDur-mi-it-ta
	KBo XXX 64 Ro 1[, 7	URUDur-mi-it-[ta
	KUB XLVIII 83,10	KUR URUDur-mi[-
	KUB LI 2 Ro 5	URU]Dur-mi-it-ti-ya-aš
	KUB LIII 42 col. dr. 5	URU]Dur-mi-it-aš(-kán)

	KUB LV 43 I 24	*I-NA* ^{URU}Dur-mi-it-ta
	II 2	^{URU}Du[r-mitta
	b. g. 6	*I-NA* ^{URU}Dur-mi-it-ta
	KUB LVI 34 IV 12	3 LÚ^{MEŠ} SANGA ^{URU}Dur-mi-it-ta
	51 I 24	*I-NA* ^{URU}Dur-mi-it-ta
		M. Forlanini, Studia Mediterranea... (1979) 173 sqq.; J. Freu, Les Archives... (1983) 170 sq.
TURPINA	KUB LVIII 8 Vo 19	^{URU}Tur-pí-n[a?
TURUTNA		J. Freu, Luwiya... (1980) 199 sqq.
DUDDULA	KBo XXVI 82, 5	^{URU}Du-ud-du-la
	7	^{URU}Du-ud-du-la-az
DUW[A-	KBo XXVI 149 II 4	^{URU}Du-w[a
DUWANUWA	KUB LVI 51 I 9	^{URU}Du-wa-nu-wa
UḪIUWA	KBo XII 53 + KUB XLVIII 105 Ro 14	
		M. Forlanini, Studia Mediterranea... (1979) 174 sqq.
UḪUŠMANI	KBo XXVIII 114, 7	Uḫu-š]u-ma-an
UG[A-	KBo XXVI 82, 5	*ŠA* KUR U-g[a?-
ULLAMA		J. Freu, Luwiya... (1980) 261 sqq.
ULIWANDA*	KUB XLVIII 124 Ro 6	*INA* ^{URU}Ú-li-wa-an-da
ULUNA*	KUB LVII 108 II 18	*INA* ^{URU}]U-lu-ú-na
ULUŠNA		M. Forlanini, Hethitica VIII (1987) 105 sqq.

URA	KUB XLIX 11 II 21	$^{URU}DU_6$ḪIA *ŠA* ^{URU}Ú-ra-a[
	22	^{URU}Ú-ra-a-an
		J. Freu, Luwiya... (1980) 234 sqq.
URALUNA*	KUB L 122 Ro 14	*I-NA* ^{URU}U-ra-lu-na
URḪIŠAŠ*	KBo XXXIII 216 Vo 6	^{URU}Ur-ḫi-ša-aš
URIGA		J. Freu, Luwiya... (1980) 215 sqq.
URIKINA	KUB XLVIII 117 Ro 4	^{URU}U-ri-ki-na
	125 II 2	*I-NA* ^{URU}Ú-ri-ki-na
	KUB XLIX 17 IV 14	^{URU}U-ri-ki-na
	16	^{URU}U-r]i-ki-na-pít
	KUB LII 44 I 1, 5	^{D}LUGAL-ma ^{URU}U-ri-ki-na
	KUB LVI 28 Ro 5	^{URU}U-ri-k[i-na
	30 Vo 4	^{URU}U-ri-ki-na
URIMMA*	KUB LVII 84 III 23	*I-N]A* ^{URU}U-ri-im-ma
URIŠTA	KBo XXIV 117 col. dr. 9	LÚ^{MEŠ} ^{URU}Ú-ri-i[š-ta
	KUB LI 34, 9	^{URU}Ú-ri[-išta?
		M. Forlanini, Hethitica VIII (1987) 105 sqq.
URGINI	KBo XXVII 100 I 54	^{URU}Ur-ki-ni-in
	214 V 2	Ur-ki-na
		Inséparable de ^{URU}Urkiš-, ville de Kumarbi, cf. E. Laroche, GLH, RHA 34-35 (1976-77) s. v.; V. Haas, SMEA 22 (1980) 107 sqq.
URKIŠA		E. Laroche, GLH, RHA 34-35 (1976-77) s. v. Urgini.
URUŠŠA		J. Freu, Luwiya... (1980) 215 sqq.

UŠŠA	KUB XLVIII 118 I 1	^{URU}U-uš-ša
	KUB L 91 IV 9	*I-NA* ^{URU}U-uš-ša
	13	^{URU}U-uš-ša-ya
	KUB LIV 70, 4	^{D}U-ub ^{URU}U-uš-ša
	KUB LVI 20 I 7	*I-NA* ^{URU}U-uš-ša
	17	^{URU}U-u[š-š]a
	22, 3	*I-NA* ^{URU}U-uš-š[a
	KUB LVII 87 II 1	^{URU}U-uš-ša
UD[A-	KUB LI 34, 2	^{D}UT]U^{ŠI} ^{URU}U-d[a?
	6	^{D}]UTU^{ŠI} ^{URU}U[-
UDA	KBo XXIV 130 I 16	^{URU}U-da-a[z
	KUB XLVIII 93, 3	*I-NA* ^{URU}U-da
	KUB L 1 II 6	^{URU}U-da
	KUB LVII 108 II 12	*INA* ^{URU}Ú-da-a
UDANNA*	KUB XLV 58 III 10	LÚ^{MEŠ} ^{URU}U-da-an-na
^{D}U-TAŠŠA	KBo XXIII 113 III 23	^{URU} ^{D}U-aš-ša
	KUB XLIX 19 III 28	^{URU} ^{D}U-ta-ša-at
	KUB L 35 Vo 28	LUGAL KUR ^{URU} ^{D}U-aš-ša
	122 Vo 1	*I-NA* ^{URU} ^{D}U-aš-ša
	KUB LVI 13 Vo 3	^{URU} ^{D}U-aš-ša
	23	*A-NA* ^{D}SIN ^{URU} ^{D}U-aš-ša
UTIMA		J. Freu, Hethitica VIII (1987) 143 sqq.

UD-TINI (UD-tini)* KUB LV 35 Vo 6 LUGAL ^{URU}Ud-ti-ni

UTKUNIŠA* KUB XLIX 11 III 24 ^{URU}Ut-ku-ni-ša[

UTRUNA KUB XLVIII 119 Ro 2 ^{URU}U]d-ru-na
Ro 9 ^{URU}Ud-ru-na-za *I-NA* ^{URU}Ne-ri-ik
121 Ro 1 *I-NA* ^{URU}Ud-ru-na

UWALMA KBo XII 53 + KUB XLVIII 105 Ro 31 $^{UR]U}$Ú-wa-al-ma (^{URU}U-wa-x[de KBo V 7 Ro 28 semble être suivi d'un autre signe que "AL", il n'y a donc pas moyen de compléter le nom de cette ville).
M. Forlanini, Studia Mediterranea... (1979) 173 sqq.

WAHŠUŠANA
M. Forlanini, Hethitica VI (1985) 46 sqq.

WALLARIMMA J. Freu, Luwiya... (1980) 311 sqq.; Hethitica VIII (1987) 143 sqq.

WALIWANDA KUB LVI 27, 7 *INA* ^{URU}Wa-li-wa-an-da

WALMA T.R. Bryce, AnatS 24 (1974) 103 sqq.; J. Freu, Luwiya... (1980) 261 sqq.

WALWARA J. Mellaart, AfO, Beiheft 19 (1982) 372 sqq.

WANNADA* KUB LVII 108 III 14 *INA* ^{URU}Wa-an-na-da

WAŠḪAYA J. Freu, Les Archives... (1983) 186 sqq.

WAŠḪANIYA KBo XII 53 + KUB XLVIII 105 Ro 9, 12
M. Forlanini, Studia Mediterranea... (1979) 174 sqq.

WAŠI-x-x-x KUB LII 40 Ro 4 ^{URU}Wa-ši-x-x-x

WAŠŠUKANA J. Freu, Luwiya... (1980) 215 sqq.

WAŠZ[A* KUB XLVIII 105 Ro 17 KUR ^{URU}Wa-aš-z[a?

WATARUŠNA KUB LVI 40 IV 16 ^{URU}Wa-at-ta-ru-uš-na-aš

WATTARWA J. Freu, Hethitica VIII (1987) 135 sqq.

WIYANAWANTA M. Forlanini, Studia Mediterranea... (1979) 174 sqq.

WILUŠA KBo IV 11, 45-46, KUB XXXV 102 (+) III [11] cf. C. Watkins.

KUB XLVIII 90, 9 *I-NA* KUR Wa?-lu?-ša[
10 KUR Wa-lu-ša

KUB XXI 2 I 6 + KUB XLVIII 95 I 6 KUR ^{URU}Ú-i-lu-uš-ša

J. Freu, Luwiya... (1980) 289 sqq.; J. Mellaart, AfO, Beiheft 19 (1982) 372 sqq.; H.G. Güterbock, Troy (1986) 33 sqq.; C. Watkins, Troy (1986) 45 sqq.; Hethitica VIII (1987) 423 sqq.

WIZIDA KUB XLVIII 105 Ro 36 $^{UR]U}$Wi-zi-da-ša

Z[A- KUB LII 102 II 4 ^{D}U ^{URU}Z[a?

ZA-x KUB LII 40 Ro 11 ^{URU}Za-x[

ZAḪALUKA/ZIḪALUKA KUB LI 54 Ro 2 ^{LÚ}SANGA ^{URU}Z[i-
7 ^{URU}Zi-ḫa-lu-uk
9 ^{LÚMEŠ} ^{URU}Zi-ḫa-lu-ka

KUB LIII 13 III 16 ^{LÚ}SANGA ^{D}U ^{URU}Za-ḫa-lu-uq-qa

KUB LIV 64 Ro 10 — $^{LÚ MEŠ}$ ^{URU}Za-ḫa-lu-uq-qa
14 — $^{LÚ MEŠ}$ ^{URU}Zi-ḫa-lu-uq
19 — ^{LÚ}SANGA ^{URU}Za-ḫa-lu-uq-qa

Bo 1580 + 3084 = KUB LIV 64

ZALLARA — KBo XXIII 91 IV 10 — ^{URU}Za-al-la-ra[

KUB XLIX 70 Vo 13 — $^{UR]U}$Za-al-la-ra[

KUB L 23 II 10 — ^{URU}Za-al-la-ra

KUB LVII 87 II 10 — ^{URU}Za]-al-la-ra-aš

J. Mellaart, AfO, Beiheft 19 (1982) 372 sqq.; J. Freu, Hethitica VIII (1987) 135 sqq.

ZALMATḪI* — KBo XXXIII 181 Ro 10; 215 V 22[— ^{D}Nu-pa-ti-ik Za-al-ma-at-ḫi

KUB XLVI 48 Ro 14 — ^{D}Nu-pa-ti-ik ^{URU}Za-al-ma-at-ḫi

KUB XLVII 72 I 10 — [^{D}Nu-p]a-ti-ik [$^{U]RU}$Za-al-ma-a[t-ḫi]

KUB LI 73 Vo 16 — ^{D}Nu-pa-t]i-ik ^{URU}Za-al-ma-at-ḫi

ZALPA — KUB LII 102 I 5 — $^{URU]}$Za-al-pa
II 17 — *A-NA* DINGIR^{MEŠ} ^{URU}Za-al-pa
24 — ^{URU}Za-al-pa

M. Forlanini, Studia Mediterranea... (1979) 165 sq.; pour Zalpa du Sud, M. Forlanini, Hethitica VI (1985) 54 sqq.; Hethitica VIII (1987) 105 sqq.

ZANNIŠ[-* — KUB LIII 16 V 24 — ^{URU}Za-an-ni-eš[-

ZAPATIŠKUWA — KUB LV 43 I 26, II 13, IV 6, 8 (2 x), 26, b. g. 5 — ^{D}KAL ^{URU}Za-pa-ti-iš-ku-wa

ZAPIŠḪUNA KBo XII 53 + KUB XLVIII 105 Vo 41
M. Forlanini, Studia Mediterranea... (1979) 174.

ZARMATENI* KUB XLVII 11 II 9 ^{URU}Za-ar-ma-te-ni-in

ZARUNA M. Forlanini, Studia Mediterranea... (1979) 170.

ZATARZIYA KBo XXX 157 I 6 Ethn. ^{URU}Z]a-tar-zi-ya-il

ZAZIŠA M. Forlanini, Studia Mediterranea... (1979) 173; J. Freu, Les Archives... (1983) 171 sqq.

ZAZLIPPA J. Freu, Luwiya... (1980) 215 sqq.

ZI-
KBo XXIV 12 Vo 3 ^{URU}Zi[-
131 Vo 4 ^{URU}Zi-i?[-

KUB XLVI 26 Ro 10 ^{URU}Zi-x[

KUB XLVII 101 IV 4 ^{URU}Zi[-

KUB XLVIII 48 Vo 13 ^{URU}Z[i

KUB LI 33 I 10 ^{URU}Zi[-

ZIḪALLUŠŠA* KUB XLVIII 48 Ro 4 ^{URU}Zi-ḫal-lu-u[š-ša
complété grâce à Ziḫluša de KBo XXII 218 Ro 7, cf. M. Forlanini, Studia Mediterranea... (1979) 167 sq.

ZIḪARZIYA Bo 2525, 9 = KUB XLVIII 107 I 9

ZIḪḪAŠMA KUB XLVIII 48 Vo 7 ^{URU}Zi-]iḫ-ḫa-aš-ma
M. Forlanini, Studia Mediterranea... (1979) 167 sq.

ZIḪNUWA*	KBo XXIII 58 col. dr. 4	URUZi-iḫ-nu-w[a
	KUB LII 102 II 3	DUTU URUZi-iḫ-nu[-wa
	KUB LVII 84 III 14 = 82, 1 82, 11	LÚMEŠ URUZi-iḫ-nu-wa URUZi-i]ḫ-nu-wa
ZIKAPALA	KUB XLIX 88 II 15	KASKAL URUZi-iq-qa-pal-la
ZIKMAR		M. Forlanini, Hethitica VIII (1987) 105 sqq.
ZIKKURIK		M. Forlanini, Hethitica VIII (1987) 105 sqq.
ZILA/ZILIYA		J. Freu, Les Archives... (1983) 160.
ZILUNA	KBo XXIX 3 Ro 1	URUZi-lu-na
ZIN[	KUB LI 54 Vo 8	*I-NA* URUZi-in[-
ZINIŠ[	KUB XLIV 18 Vo 13	cf. RGTC 6 (1978) s. v. à compléter URUZi-ni-iš-ḫa[-pa, selon V. Haas, OLZ 77 (1982) 855, n. 1.
ZINIŠḪAPA*	KUB XLIX 26 II 3	UR]UZi-in-ni-iš-ḫa-pa-an
ZINT[A-*	KUB XLVIII 48 Ro 8	URUZi-in-t[a
ZINZILUWA		J. Freu, Luwiya... (1980) 199 sqq.
ZIP[-	KUB XLVIII 105 Ro 22	URUZi-ip[-]x[
ZIPPAL(AN)DA/ZIPLANTI	KBo XXIII 80 Vo 5 89, 2 96, 1	URUZi-ip-pa-la-an-da[URUZi-pal-da[URUZi-ip-pa-la[-

103 I 5, IV 15	URUZi-ip-la-an-ti
II 6	URUZ[i-
KBo XXIV 112 Vo 10	URUZi-ip-p[a
116 Ro 18	URUZi-pa-la-an-ta-az
KBo XXV 13 Ro II 12	URUZi-ip-la-an-da
24 Ro 7	[URUZi-i]p-la-an-da
61 Vo 8	URUZi-ip-la-an-ti-i
76 Ro 12	[UR]UZi-ip-pa-la-an-da
103 Ro I 5	LÚMEŠ URUZi-ip-l[a-an-da
176 Vo 12	LÚMEŠ URUZi-pa-la-an-d[a
KBo XXVII 42 I 16	*ŠA* URUZi-ip-pa-la-an-da
II 39	LÚ URUZi-ip[-
61, 3	[UR]UZi-ip-pa-la-an-da[
KBo XXX 12 VI 5	DU URUZi-ip-la-an-ta
24, 7	URUZi-i]p-la-an-da
81 IV 5	DU URUZi-ip-pa-l[a-anda
96, 8	DU URUZi-ip-pa-la-a[n-da
103 Vo 6	DIM URUZi-ip-pa-la-an-da
155 Vo 4, 8	URUZi-pa-la-an-d[a
160, 4	URUZi-i]p-la-an-da
9	DIM URUZi-ip-la-an-ta
KUB XLVI 14 Vo 10	URUZi-ip-la-an-t[a
12	URUZi-i[p-
17 IV 1	URUZi-ip-la-an-da
26 Ro 7	URUZi-i[p-
29 Ro 15	URUZi-pa-la-an[
KUB XLVII 64 II 20	DU-up URUZi-ip[-la-a]n-d[a
KUB L 112 IV 6	URUZi-ip-pa-l[a-anda
KUB LI 23 Vo 13	URU]Zi-ip-la-an-da
33 I 18	*A-NA* DU URUZi-pa-la-an-da

	KUB LI 37 Ro 1	$^{URU]}$Zi-pa-la[-anda
	2	^{URU}Zi-pa-la-an[-da
	KUB LIII 11 III 26	^{D}IM ^{URU}Zi-ip-l[a-anda
	13 II 22	^{URU}Zi-]ip-la-an-ta
	57 V 5	*A-NA* ^{D}U ^{URU}Zi-p[a-landa
	9	^{URU}Zi-pa-la-an-da
	KUB LIV 63, 2	^{URU}Zi-ip-pa-la-da
	6	^{URU}Zi-ip-pa-la-an-da
	7	^{D}U ^{URU}Zi-ip[-palanda
	81 Ro 3	$^{UR]U}$Zi-ip-pa[-la-an-d]a
	KUB LV 1 I 21	^{D}U ^{URU}Zi-ip-la-an[-da
	5 I 11	^{URU}Zi-ip-pa-la-a[n-da
	14 Vo 2	^{D}U ^{URU}Z[i-iplanda
	21 I 5	*A-NA* ^{D}U ^{URU}Zi-pa-la-an-da
	39 IV 21	^{D}U ^{URU}Zi-ip-pa-la-an-[da
	KUB LVI 56 IV 1	*A-NA* ^{D}U ^{URU}Zi-ip-pa-la-an-da
	KUB LVII 29 II 11	*PA-NI* ^{D}U ^{URU}Zi-pa-la-an-da
	III 9	^{URU}Zi-pa-la[-an-d]a
	71, 4	^{URU}Zi-ip-la-an-[da
	105 IV 6	^{D}U ^{URU}Zi-pa-la-an-da
	118, 2, 5, 6, 11	^{D}U ^{URU}Zi-ip-la-an-da
	118, 9	^{D}U ^{URU}Zi-ip-la-an-t[a
		M. Forlanini, Studia Mediterranea... (1979) 182 sq.
ZIPAŠNA		J. Freu, Les Archives... (1983) 201 sqq. (Zapasna).
ZIPATTA		M. Forlanini, Hethitica VIII (1987) 105 sqq.
ZIPIRA	KUB XLVII 19, 7	[$^{UR]U}$Zi-ip-pí-ir-ri ^{D}UTU-e
	KUB XLVII 40, 16	]Zi-pí-ir-ni

40, 17 D]INGIR^MEŠ-uḫ Zi-pí-ir-ni

ZIPPIŠ[- KBo XII 53 + KUB XLVIII 105 Ro 22 ^URU^Zi-ip-p[í-i]š[-

ZIPIŠḪUNA M. Forlanini, Hethitica VIII (1987) 105 sqq.

ZIPIŠNA J. Freu, Les Archives... (1983) 201 sqq.; M. Forlanini, Hethitica VIII (1987) 105 sqq.

ZIPIDA[KUB XLVI 26 Ro 11 ^URU^Zi-pí-d[a

ZIŠIA M. Forlanini, Studia Mediterranea... (1979) 170.

ZIŠPA* Mşt 75/113 Ro 7 *I-NA* ^URU^Zi-iš-pa

S. Alp, Florilegium Anatolicum (1979) 29 sqq.; M. Forlanini, Studia Mediterranea... (1979) 183 sq.; J. Freu, Les Archives... (1983) 163 sq.; M. Forlanini, Hethitica VIII (1987) 105 sqq.

ZIŠPINUWA M. Forlanini, Hethitica VIII (1987) 105 sqq.

ZITT[A- KBo XXIII 109 Ro 3 ^URU^Zi-it-t[a-

ZITAKAPIŠA M. Forlanini, SMEA 22 (1980) 71 sqq.

ZITḪARA KBo XXIII 6 Vo 9 ^URU^Zi-i[t-ḫara

114 Ro 7 ^URU^Zi-it-ḫ[ara

9, 10 ^URU^Zi-it-ḫa-ra

KUB XLVIII 123 I 8 ^URU^Zi-it-ḫa-ra

KUB L 61 col. g. 1 ^URU^Z]i-it-ḫa-ra

KUB LII 40 Vo 1 ^URU^Z]i-it-ḫa-ra

M. Forlanini, Hethitica VIII (1987) 105 sqq.

ZIZILIYAP[PA KUB XLIX 98 III 5 ^{URU}Zi-zi-li-ya-ap[-pa

ZULUZA* KUB LVII 84 III 20 ^{URU}Zu-lu-za

ZUMANTI J. Freu, Luwiya... (1980) 311 sqq.; Hethitica VIII (1987) 143 sqq.

ZUMARRI J. Freu, Luwiya... (1980) 311 sqq.

ZUNAḪARA M. Forlanini, Studia Mediterranea... (1979) 170.

ZUNTI* KUB XLIX 100 Vo 9 KUR Zu?-un-ti

X-]x-ḪA-x-TIYA KUB LVII 108 III 20 *INA* ^{URU}X-]x-ḫa-x-ti-ya

X-IGGATTAŠI[KUB XLIX 24 Vo 6 ^{URU}X-i]g-ga-at-t[a-ši-x[
Vo 19 ^{URU}X-i]g-ga-at-ta-ši-x[

X-]x-IPPURITAYA KUB LVII 1, 20 ^{URU}X-]x-ip-pu-ri-it-ta-ya

X]-IŠUŠŠARA KUB LVII 108 II 20 ^{URU}X]x-iš-uš-ša-ra

X-KINA KUB LII 53 II 5]x-ki-na-aš

X-NIRPA KUB XLIX 88 III 5]x-ni-ir-pa

X-PI-x KUB LV 29, 7 : lire ^{URU}Pipitḫi

-]X-PI-U-WA KUB L 108, 7 -] -pí-u-wa

X-RATTA KBo XII 53 + KUB XLVIII 105 Vo 12 [*INA* ^{URU} x]-ra-at-ta

X-RUMAŠŠIŠ KUB LVII 106 II 32 $^{U[RU}$]-ru-ma-aš-ši-iš

X]-ŠAMNA	KUB LVII 111, 13	^{URU}X]-ša-am-na
X-ŠAŠ	KUB LVI 51 I 11	^{URU}X-ša-aš
X-ŠAŠ *PANI* ZAG-aš	KUB XLVIII 82, 7	^{URU}X-ša-aš *PA-NI* ZAG-aš
X-ŠINA	KBo XII 53 + KUB XLVIII 105 Ro 19	*INA* ^{URU}X-x-ši-na
		A. Archi - H. Klengel, AoF 7 (1980) 157 proposent la lecture Liḫšina (?).
X-TAMPIŠA	KUB LIII 3 VI 21	$^{U]RU}$X-ta-am-pí-ša
X-DATAN[-	KUB LII 79 I 6	*I-NA* ^{URU}X-da-ta-an[-

MONTAGNES

AKUDDARIYAŠŠ[A*	KUB L 112 IV 5	$^{ḪUR.SAG}$A-ku-ud-da-ri-ya-aš-š[a
	KUB LI 88, 7	$^{ḪUR.SAG}$A-ku-ut-ta-ri-ya[
AMMANA	KUB XLV 58 III 8	$^{ḪUR.SAG}$Am-ma-na
	41 II 15	^{D}Am-ma-na-ḫi
		E. Laroche, GLH, RHA 34-35 (1976-77) s. v. Amanaḫi.
AMMARI-[		V. Haas, SMEA 22 (1980) 107 sqq.
ARGAPA*	KBo XXV 86 Ro 6	[$^{ḪUR]. SAG}$Ar-ga-pa
ARNUWANDA	KBo XXVI 182 IV 9	$^{ḪUR.SAG}$Ar-nu-wa-an-da
ARŠA*	KBo XXV 162, 2	$^{ḪUR.SAG}$Ar-ša-aš
AŠḪARPAYA	KUB XLIX 103 Vo 9	$^{ḪUR.SAG}$Aš-ḫar-pa-ya-an

J. Freu, Les Archives... (1983) 202 sqq.

AŠKAŠIPA — KBo XXV 164 col. dr. 3 — *IŠ-TU* [ḪUR.SAG]A-aš-ka[-ši-pa

AŠLAPTA* — KUB XLVI 54 Ro 14 — [ḪUR.SAG]Aš-la-ap-ta
16 — [[ḪUR.SAG]Aš-]la-ap-ta

AT(?)TALMAŠ — KBo XXVI 151 III 10 — [ḪUR.SAG]At?-tal-ma-aš

ADALUR — M. Forlanini, Studia Mediterranea... (1979) 171 sq.

ḪAḪAYA — KBo XXVI 191, 16 — [[ḪU]R.SAG]Ḫa-ḫa-ya

KUB LIV 98, 12 — Ḫ][UR.SAG]Ḫa-ḫa-ya-an

ḪAḪARWA — KUB LI 40 III 6 — [ḪUR.SAG]Ḫ]a-aḫ-ḫar-ma-an
J. Freu, Les Archives... (1983) 198 sqq.

ḪAPITUINI — Mşt 75/113 Vo 20 — [ḪUR.SAG]Ha-píd-du-i-ni
S. Alp, Florilegium Anatolicum (1979) 29 sqq.; M. Forlanini, Studia Mediterranea... (1979) 182 sq.; J. Freu, Les Archives... (1983) 163.

ḪARANA — J. Freu, Les Archives... (1983) 167 sqq.

ḪAZZI — KBo XXIII 71, 2 — *A-NA* [ḪUR.SAG]Ḫa-az[-zi
4 — [ḪUR.SAG]Ḫa-az-zi

KBo XXVII 160, 8 — Ḫa-az[-zi

KBo XXXIII 107 + KBo XXV 190 Ro 10 — Ḫa-zi(-ta)
133 Vo 2 — [ḪUR.S]AG]Ḫa-az-zi

KUB XLVII 78 I 3 — Ḫa-zi(-ra-am)

KUB XLVIII 84 I 8 ḪUR.SAGḪa-az-zi
86 I 14 [ḪUR.]SAGḪa-az[-zi
16 [ḪUR.]SAGḪa-az-zi

KUB XLIX 74, 4 ḪUR.SAGḪa-zi

ḪEYA[-* KUB XLVI 45 Vo 14 ḪUR.SAGḪé-i-ya-x[

ḪULLA KBo XXIII 60, 8 ḪUR.SAGḪu-ul-la

ḪULLUŠIWANDA J. Freu, Luwiya... (1980) 275 sqq.; Hethitica VIII (1987) 135 sqq.

ḪUR.SAG GE₆* KUB LVII 106 II 19 ḪUR.SAG GE₆

ḪURŠANA KBo XXVI 79, 16 ḪUR.SAGḪu-u-ur-ša-na-z(a-kán)

ḪUWATNUWANDA KBo XXV 162, 5 ḪUR.SAGḪu-u-wa-at-n[u-wa-an-da

IYALI[-* KUB LIII 42 col. dr. 8 ḪUR.SAGI-ya-li-x[

IKU-kán KUB XLVI 54 Ro 14 ḪUR.SAGI-ku-kán

ILURIYA J. Freu, Les Archives... (1983) 186 sqq.

INATARZIYA H. Otten, RlA V (1976-80) 90.

IRRANA* KBo XXIII 7 I 4 ḪUR.SAGIr-ra-a-na

IŠU[- KUB XLVI 28 Vo 24 [ḪUR].SAGI-šu[-

KA[- KUB XLV 77 I 10 ḪUR.SAGKa[-

KALLIŠTAPA H. Otten, RlA V (1976-80) 327; M. Forlanini, Studia Mediterranea... (1979) 171.

KALZATAPIYARI KUB XLV 76 Ro 15 ḪUR.SAGKal-za-ta-[piyari

KAMMAḪU*	KUB LV 15 II 1	ḪUR.SA]GKam-ma-ḫu-u
	4	ḪUR.SAGKam-ma-ḫu-u
KAMMALIYA	KBo XXVI 147, 12	ḪUR.SAGKam-ma-li-ya
	KUB LIII 42 col. dr. 10	ḪUR.SAGKam-ma[-liya
GANDUR[NA]	KBo XXVI 65 II 14	ḪUR.SAGGa-an-du-ur[-na H. Otten, RlA V (1976-80) 369.
KAR[-	KUB LVII 102 I 4	ḪUR.SAGKar[-na?
KARNA		J. Freu, Les Archives... (1983) 167.
GAŠIYARI	KBo XXVII 100 + I 51	[ḪUR.SAGGa-ši-ya]-ar-el
	KBo XXVIII 82,21	KUR Ka-ši-a-ri V. Haas, SMEA 22 (1980) 107 sqq.
KAŠŠU		A. Ünal, RlA V (1976-80) 474.
KUNKUMUŠŠA	KBo XXIV 117 col. dr. 10	ḪUR.SAGKu-un-ku-mu[-
	KBo XXVI 227 III 9	ḪUR.SAGKu-ku-mu-uš-na H. Otten, RlA VI (1983) 341.
KUR[-	KUB XLVI 22 Vo 12	ḪUR.SAGKur[-
KURIWANDA		J. Freu, Hethitica VIII (1987) 126 sqq.
KUŠLU[(-)*	KBo XXIV 117 col. dr. 12	ḪUR.SAGKu-uš-lu[
KUWALANA*	KBo XXVI 193 I 4	ḪUR.SAGKu-wa-la-na
LALAPADUWA	KBo XXVI 65 II 15,22	ḪUR.SAGLa-la-pa-du-wa

LAPAŠUNUWA	KUB XLVIII 87, 4	ḪUR.SAGLa-pa-š[u-nu-wa
LAPLANNI	KBo XXVII 217 I 26	La-ap-la-an-n[i
MAḪḪARA*	KUB LVII 68 Vo 21	ḪUR.]SAGMaḫ-ḫa-ra
MANUZIYA	KBo XXVIII 138 Vo 3	ḪUR.SAGMa-nu-zi-ya
	4	ḪUR.SA]GMa-a-nu-zi-ya
	KUB XLV 77 I 18	ḪUR.SAGM[a-nu-zi-ya]
MATANA*	KUB L 23 III 4	ḪUR.SAGMa-ta-na-aš
MURIŠTA*	KUB LIV 60 Ro 3	ḪUR.SAGMu[-rišta
	5	ḪUR].SAGMu-ri-iš-ta
	11	ḪUR.SAGMu-ri-i[š-ta
	15	ḪUR.SA]GMu-ri-iš[-ta
MURTENI*	KUB XLVII 79 Vo 2	Mu-úr-ti-e-ni ḪUR.SAG
MU..WANDA		Restauration Mu[-za-]wa-an-da
	KBo XIV 20 + 44 I 25, proposée par J. Freu, Hethitica VIII (1987) 142.	
NANNI	KBo XXV 190 Ro 10	Na-an-ni
	KBo XXVII 160, 8	Na-an-ni-ta
	KBo XXXIII 84 Ro 2	ḪUR.SAGN]a-a-am-ni
	136 col. dr. 6	Na-am-ni[
	107 + KBo XXV 190 Ro 10	Na-an-ni-t]a Ha-zi-ta
	KUB XLVII 78 I 3	Nam-ni-ra(-am)
	KUB XLVIII 84 I 8	[ḪUR.SAGN]a-an-ni
	86 I 12	ḪUR.SAGN[a-an-ni
		E. Laroche, GLH, RHA 34-35 (1976-77) s. v. Namni.

NAPRI[(-)	KBo XXVII 100 I 54	ḪUR.SAGNa-ap-ri-i?[
		Lire Nabrih[i, selon V. Haas, SMEA 22 (1980) 107 sqq.
PAḪAŠUNUWA*	KUB LVII 102 IV 22	A-NA ḪUR.SAGPa-ḫa-šu-nu[-wa
PI-[	KUB LIV 1 III 19	ḪUR.SAGPí-x[
PIŠAIŠA	FHG 21 + devient KBo XX 129 + XXVII 100 +	
	KBo XXVI 103, 2	ḪUR.SAGPí-ša-i-š[a
	KUB LV 31 Ro3	Pí-ša-i[-ša
		V. Haas, SMEA 22 (1980) 107 sqq.
PIŠAIŠAPḪI*	KBo XXIV 66 III 7	[ḪUR.SAG]Pí-ša-i-ša-ap-ḫi
PIŠKURUNUWA	KBo XXIV 112 Vo 2	ḪUR.SAG[Piš-ku-r]u-nu-wa
	118 VI 16,21	ḪUR.SAGPiš-ku-ru-nu-wa
	KUB L 82, 11	*I-NA* ḪUR.SAGPiš-ku<-ru>-nu-wa
	15	ḪUR.SAGPiš-ku<-ru>-nu-wa
	KUB LV 1 IV 16	ḪUR.SAGPu]š-ku-ru-nu-wa
	6 I 5	ḪUR.SAGPuš-k]u-ru-nu-wa
PU-X[	KUB XLVI 22 Vo 16	ḪUR.SAGPu-x[-
PUPARA*	KUB LVI 40 IV 9, 10	ḪUR.SAGPu-pa-ra
ŠAḪḪUPI[DD]AYA*	KUB LIV 1 I 30	*A-NA* ḪUR.SAGŠa-aḫ-ḫu-pí-i[d-d]a-ya
ŠAḪUWAR[(-)*	KBo XXV 162, 7	ḪUR.SAGŠa-ḫu-wa-ar[(-)
ŠAKTUNUWA	Mşt 75/113 Ro 8	*I-NA* KUR ḪUR.SAGŠa-kad-du-nu-wa

		S. Alp, Florilegium Anatolicum (1979) 29 sqq.; Belleten 44 (1980) 58; M. Forlanini, Studia Mediterranea... (1979) 182 sq.
ŠAKURYA[*	KUB LIII 4 Vo 33	ḪUR.SAGŠa-a-kur-ya[
ŠALITI		J. Freu, Les Archives... (1983) 172.
ŠALUWANDA		M. Forlanini, Hethitica VII (1987) 73 sqq.
ŠAPARA[ŠŠANA*	KUB LVII 87 II 10	ḪUR.SAGŠa-pa-ra-a[š-ša-na
ŠARLAIMA	KBo XXIV 36, 9	ḪUR.SAGŠar-la-a-i-ma-aš
ŠARPA	KBo XXIX 99 I 14	ḪUR.SAG DŠa-a-ar-p[a-a]n
	KUB LVII 108 II 13	ḪUR.SAGŠa-ar-pa
	14	ḪUR.SAGŠar-pa
	16	ḪUR.SAGŠa-a-ar-pa
		M. Forlanini, Hethitica VII (1987) 73 sqq.
ŠARPUNWA		S. Alp, Florilegium Anatolicum (1979) 34 sq.; Belleten 44 (1980) 58; M. Forlanini, Studia Mediterranea... (1979) 182 sq.
ŠIŠPINUWA		S. Alp, Florilegium Anatolicum (1979) 34 sq.; Belleten 44 (1980) 58; M. Forlanini, Studia Mediterranea... (1979) 182 sq.
ŠITTARA*	KBo XXV 162, 3	ḪUR.SAGŠi-it-ta-ra-aš
ŠITUWA	KUB LI 22 I 13	ḪUR.SAGŠi-id-du-wa-az
ŠULLAMMA*	KUB LIV 1 IV 21	ḪUR.SAGŠu-ul-la[-a]m-ma

ŠUNNARA	KBo XXV 162, 6	ḪUR.SAGŠu-un-na-ra
		M. Forlanini, Hethitica VII (1987)
	73 sqq.	
DA[-	KUB LI 79 Ro 5	ḪUR.SAGDa-a-x[
DAḪA	KBo XXVI 197, 2	ḪUR.]SAGDa-ḫa
	KUB XLVIII 21, 2	ḪUR.SA]GDa-ḫa
	6	ḪUR.S]AGDa-ḫa
	KUB LI 40 III 8	ḪUR.SAGDa-a-ḫa-an
	9	ḪUR.S]AGDa-a-ḫa
	87 col. g. 12	ḪUR.]SAGDa-a-ḫa
	KUB LIV 82 Vo 3	ḪUR.SAGDa-a-ḫa-an
	KUB LV 1 IV 13	*A-NA* ḪUR.SAGDa-a-ḫa
	15 III 3	ḪUR.SAGD]a-a-ḫa-an?
		(peut-être aussi 15 III 1 Da-a]-ḫa
	parall. à 15 II 1).	
	KUB LVI 56 IV 10	ḪUR.SAGDa-a-ḫa
		M. Forlanini, Studia Mediterra-
	nea... (1979) 182 sq.	
TAGNIYARI	KUB XLV 1, 11	Tág-ni-ya-ar-ri
TAKURGA	KBo XXIII 89, 10	ḪUR.SAGTa-kur-ga
	KBo XXV 68 I 9	ḪUR.SAGTa-kur-ka
TAMMURI[(-)*	KBo XXV 162, 4	ḪUR.SAGTa-am-mu-ri[
TAPALA	KBo XXX 69 III 23	ḪUR.SAGTa-a-pa-la
	32	ḪUR.SAGTa-pa-a-la
TATTA	KBo XXVI 156 Vo 4	ḪUR.SAGTa-at-t[a

TE[	KBo XXVI 167 II 7	$^{\text{ḪUR.SAG}}$Te-x[
TIḪŠINA		J. Freu, Les Archives... (1983) 185 sq.
TIPPUWA	KUB LV 1 IV 10	*A-NA* $^{\text{ḪUR.SAG}}$Ti-ip-pu-wa
TIWATAŠŠA		J. Freu, Hethitica VIII (1987) 126 sqq.
TUWAYAN[-*	KUB LVII 88 I 6	$^{\text{ḪUR.SAG}}$Tu-wa-ya-an[
URAUNA*	KUB LVII 68 Vo 21	$^{\text{ḪUR.SAG}}$U-ra-u-na
WANZAPANDA*	KUB LVI 40 III 5	$^{\text{ḪUR.SAG}}$Wa-an-za-pa-an-da-an
WAŠUŠU*	KUB XLVI 22 Ro 15	$^{\text{ḪUR.SAG}}$Wa-šu-šu[
	21	[$^{\text{ḪUR.SAG}}$]Wa-šu-šu
ZALIAYNU	KBo XXVI 188 I 5	$^{\text{ḪUR.SAG}}$Za-li-ya-nu-uš
ZARA	KUB LIV 47, 6	$^{\text{ḪUR.SAG}}$Za-a-ra
ZINU[-	KUB L 23 III 4	$^{\text{ḪUR.SAG}}$Zi-nu[-
ZITḪARUNUWA	KBo XXX 64 Ro 2, Vo 4	^{D}IM $^{\text{ḪUR.SAG}}$Zi-i[t-ḫarunuwa M. Forlanini, Hethitica VIII (1987) 105 sqq.
ZU[	KBo XXVI 141, 3	$^{\text{ḪUR.SAG}}$Zu[-
ZUKUKKI		J. Freu, Les Archives... (1983) 197 sqq.
X[	KBo XXX 14 V 6; 38 Vo 4	
X-RUNANNIGA	KUB LV 1 IV 8	*A-NA* $^{\text{ḪUR.SAG}}$X]ru-na-an-ni-ga-wa?

X-X-LA KUB LIII 8 Ro 11 ḪUR.SAGX-x-la

FLEUVES ET SOURCES

AKUWANIGAN* KUB LVI 37 I 4 TÚLA-ku-wa-ni-ga-an

ALDA KBo XXIV 13 IV 17 *I-NA* ÍDA-al[-da
M. Forlanini, Studia Mediterranea... (1979) 171.

ALWARUNNA 602/f = KBo XXXIII 197

ANAḪDUPA 608/f = KBo XXX 74 Vo 14 TÚLAn-aḫ-du-pa-aš

ARANZAḪ KBo XXVII 110 Ro 9 ÍDA-ra-an-zi-pa
10 ÍDA-ra-an[-
E. Laroche, GLH, RHA 34-35 (1976-77) s. v.

AŠTAYANTA KBo XXXIII 197 Ro 14 Aš-t]a-ya-an-da

AŠTARPA T.R. Bryce, AnatS 24 (1974) 103 sqq.

ELLA/I 190/w = KBo XXXIII 8 Ro II 24 ÍDEl-la-a-i
8 Ro II 15 ÍDEl-li-ni-pa-a-al

ḪARIMARA KBo XXXIII 197 Ro 2 ši-e-na Ḫa-ri-ma-ra

ḪILA Bo 979 = KUB LVII 58, 10 TÚLḪi-la-aš
106 II 18 TÚLḪi-la-aš

ḪU[- KBo XXVII 100 I 57 ÍDḪu[-

ḪULAYA Pour KUR ÍDḪULAYA KBo IX 99, 3 et KBo IV 10 Ro 25 sq., chaque fois ensemble avec URUŠinuwanda. E. Laroche, Festschrift H. Otten (1973) 182 n. 9; H. Otten, RlA IV (1972-75) 489 s. v. Ḫulaya; T.R. Bryce,

AnatS 24 (1974) 103 sqq.; J. Freu, Luwiya... (1980) 234 sqq.; S. Košak, Erls 15 (1981) 13; J. Freu, Hethitica VIII (1987) 126 sqq.

ḪULANA — J. Mellaart, AfO, Beiheft 19 (1982) 372 sqq.; J. Freu, Les Archives..; (1983) 209 sqq.

KAPŠALLA — 1900/u = KBo XXXIII 202

KARIPA — Bo 858 Vo 8 = KUB LI 79 Ro 8
H. Otten, RlA V (1976-80) 423.

KU/MA — KBo XXXIII 89, 6 — ^{TÚL}Ku/Ma - x[

KUINA[- — KBo XXIII 27 II 19 — ^{ÍD}Ku-i-na[

KUMMARA — H. Otten, RlA VI (1983) 336.

KUMMIŠMAḪA — KBo XXIII 27 II 19 — [^{ÍD}Kum-]mi-iš-ma-ḫa(-ya)
M. Forlanini, Studia Mediterranea... (1979) 183 sq.; H. Otten, RlA VI (1983) 337.

KUWANNANIYA — Bo 2712 = KUB LII 102

KUB XLIX 82 II 5 — ^{TÚL}Ku-wa-an-na-ni-ya

KUB LVII 97 I 5 — ^{TÚL}Ku-un-na-ni-ya
8 — ^{TÚL}Ku-wa-na-ni-ya
[2], 10 — ^{TÚL}K]u-wa-an-na-ni-ya
H. Otten, RlA VI (1980-83) 397.

MARAŠŠANDA — IBoT II 51 + KBo XXXIII 205 + I 16
ú-i-iš ÍD-ya Ma-ra-aš-ša-a[n-t]a

KBo XXIII 27 II 21 — ^{ÍD}Ma-ra-ša-an-da
22 — ^{ÍD}Ma-ra-ša-an-da-an
28 — ^{ÍD}Ma-ra-aš-ša-an-da
34 — ^{ÍD}Ma-ra-aš-ša-an-ti

KUB XLVI 17 III 2 ^{ÍD}Ma-ra-aš-ša-an-da
55 Ro 6 ^{ÍD}Ma-ra-aš-ša-an-ta

KUB LV 43 b. g. 1 ^{ÍD}Ma-ra-aš-ša-an-ta
E. Laroche, Hethitica VI (1985) 97 sq.

MARYA cf. ^{ÍD}TÚL-mar-ya

MULILI KBo XXV 158 I 10 ^{TÚL}Mu-li-li

MUNIŠGA Bo 3824 = KUB XLVIII 113 I 7

NAKKILIYA Bo 858 = KUB LI 79 Ro 12; Bo 983 = KUB LVII 32 III 1, 3

NAŠARUNNA lire Pinašarunna.

PINAŠARUNNA* KBo XXIV 75 Ro 4 Pí-na-ša-ru-un-na

KBo XXXIII 197 Ro 11 P]í-na-ša-ru-un-na

PINAT[- Bo 858 = KUB LI 79 Ro 7

PURANA* KBo XXXIII 215 V 5 ši-i-ya Pu-ra-na
E. Laroche, GLH, RHA 34-35 (1976-77) s. v.

PURATTI IBoT II 51 + KBo XXXIII 205 +

KBo XXIII 27 II 14 ^{ÍD}Pu-ra-at-ti

Idéogr. ^{ÍD}UD.KIB.NIN.ME 526/v = KBo XXVIII 141

KBo XXVII 110 Ro 13 ^{ÍD}Pu-ra[-at-ti

KBo XXVIII 111 Ro 7 ^{ÍD}UD.KIB.NUN.N[A

PURUNA M. Forlanini, Studia Mediterranea... (1979) 171 sq.

SA$_5$ KBo XXIII 27 II 28 ^{ID}SA$_5$
31 *A-NA* ^{ID}SA$_5$-ša-an
E. Laroche, Hethitica VI (1985) 97 sq.

ŠAMURA KBo XXXIII 166 Vo 1 Ša-a-mu-ra

ŠARIYA J. Freu, Les Archives... (1983) 186 sqq.

ŠARMAMMA 403/d = KBo XXIV 33 II 7 ^{ID}Šar-ma-ma-an

Bo 2411 b = KUB LIV 9 III 3

KUB LIV 20 III 7 ^{ID}Šar-]ma-ma-an

109/c = KBo XXIX 89 + XX 68 + XXIV 24 IV 16
^{ID}]Šar-ma-a-am-ma-an

991/c = KBo XXIX 93 + KUB XXXII 126 I 17
^{ID}Šar-ma-a-am-ma-an

KBo XXIX 99 Ro 1 ^{ID}Š]ar-[-ma-]ma-
12 ^{ID}Šarm]a-am-ma-an
130 Ro 17 ^{ID}Šarmamm]a-an
149, 2 ^{ID}Šar[-mamma
381/e = KBo XXIX 163

ŠEHA J. Freu, Luwiya... (1980) 286 sqq.

ŠEḪIRIYA ŠAḪIRIYA
366/c = KBo XXIII 113 III 9 ^{ID}Še-e-ḫi-ri-ya[
11 ^{ID}Ša-ḫi-ri-ya
J. Freu, Luwiya... (1980) 255 sqq.

ŠIYANDA (KUR) J. Freu, Hethitica VIII (1987) 126 sqq.

ŠINARAŠI J. Freu, Luwiya... (1980) 277 sqq.

ŠIPUŠ* KUB LVI 31 IV 14 ᴵᴰŠe-i-pu-uš
13 A-NA ᴵᴰŠi[-pu-uš?

ŠITARPU IBoT II 51 + KBo XXXIII 205 + E. Laroche, GLH, RHA 34-35 (1976-77) s. v. Sidarbu.

ŠUPPILULIYA M. Forlanini, Studia Mediterranea... (1979) 182 sq.

DAḪARA J. Freu, Les Archives... (1983) 186 sqq.

DAN[ ]ANNARA KUB XLVI 49 Vo 9 ᵀᵁᴸDan-x[ ]-an?-na?-ra

TARMANNA M. Forlanini, Studia Mediterranea... (1979) 171; R. Lebrun, Hethitica V (1983) 61 sq.: "Source", cf. E. Laroche, GLH, RHA 34-35 (1976-77) s. v.

TAŠAPAŠARA KBo XXXIII 196 + KBo XV 68 II 13 Ta-š]a-pa-ša-ra

TATARINNA KBo XXXIII 196 + KBo XV 68 II 15 Ta-a]t-ta-ri-in-na

TÚL-MAR(IYA) KBo XXIII 27 II 9 ᴵᴰTÚL-mar-ya[

KBo XXXIII 202 Ro 9 ᴵᴰTÚL-mar

Ú.BIL.PA.E.ŠE KBo XXIII 27 II 14 ᴵᴰÚ.BIL.PA.E.ŠE

IBoT II 51 + KBo XXXIII 205 + I 10
ú-i-iš ÍD-ya Ú.BIL.PA.E.ŠI

ULULUWA Bo 724 = KUB XLVI 27 Ro 11

WENAWA IBoT II 51 + KBo XXXIII 205 +

WULULI	KBo XXVII 110 Ro 8 ^{TÚL}Wu$_{u}$-u-lu-li, mentionné dans RGTC 6 (1978) s. v., Privat Wuppertal.
ZIYA*	KUB LIV 43 Ro 1 ^{ÍD}Zi-ya(-kán)
ZIYALUNA	602/f = KBo XXXIII 197
ZIRINARA	602/f = KBo XXXIII 197
ZITARPU	KBo XXIII 27 II 13 ^{ÍD}Zi-tar-pu
ZULA	KBo XXXIII 8 III 30 ši-i-e-na-ša Zu-u-la
ZULIYA	Bo 2531 = KUB LVI 37
	190/w = KBo XXXIII 8 III 30
	KBo XXIII 64 III 8 ^{ÍD}Zu-ú-li-ya-a-an M. Forlanini, Studia Mediterranea... (1979) 182 sq.; S. Alp, Florilegium Anatolicum (1979) 34 sq.; Belleten 44 (1980) 58; J. Freu, Les Archives... (1983) 161 sq.; M. Forlanini, Hethitica VIII (1987) 105 sqq.
ZUMMARI*	KUB XLVI 48 Vo 9 ^{TÚL}Zu-um-ma-ri
ZUWAḪḪU	IBoT II 51 + KBo XXXIII 205 +
	KBo XXXIII 27 II 13 ^{ÍD}Zu-ú-wa-aḫ-ḫu 202 Vo 20 ú-i-iš ^{ÍD}Zu-u[-wa-aḫ-ḫu

Adresse de l'auteur:

Avenue du Prince Héritier, 5
B - 1200 Bruxelles

BCILL 52: Hethitica X, 109-127

UDA, UN CAS PROBABLE D'HOMONYMIE

Massimo FORLANINI
Milano

Uda, l'un des centres du culte officiel hittite, est mentionné dans plusieurs documents de Boğazköy, mais les sources, par des indices géographiques apparemment contradictoires, ont amené à deux hypothèses de localisation différentes (1). Or, un nouveau témoignage, qui vient de s'ajouter, semble maintenant indiquer l'existence de deux villes d'Uda (presque) homonymes, dont l'emplacement correspondrait aux deux localisations envisagées autrefois.

Pour bien exploiter cette source il convient de reprendre l'examen de toute la documentation utile disponible, que je vais aborder par texte ou groupe de textes.

1. *CTH* 88, "décret royal relatif au *ḫekur pirwa*"

Introduction historique de ce décret, où Hattusili III résumait les années catastrophiques précédant l'avènement de Suppiluliuma I et les invasions du Hatti par tous les pays environnants (2). Voilà les mots qui se réfèrent aux ennemis de l'Arzawa:

(KBo VI 28+, Ro 8-9) *e-di-iz-ma IŠ-T[U* KU]R ^{URU}*ŠAP-LI-TI* ^{LÚ}KÚR ^{URU}*Ar-za-u-wa-aš ú-it nu a-pa-a-aš-ša* KUR.KUR^{MEŠ} *Ḫa-at-ti ḫar-ga-nu-ut nu-z[a* ^{URU}*T]u-u-wa-nu-an* ^{URU}*U-da-an-na* ZAG-*an i-ya-at.*

"D'au-delà du Pays Bas vint l'ennemi d'Arzawa, il dévasta les terres de Hatti et il fit de Tuwanua et Uda sa frontière".

Ce passage a été utilisé depuis longtemps pour prouver la

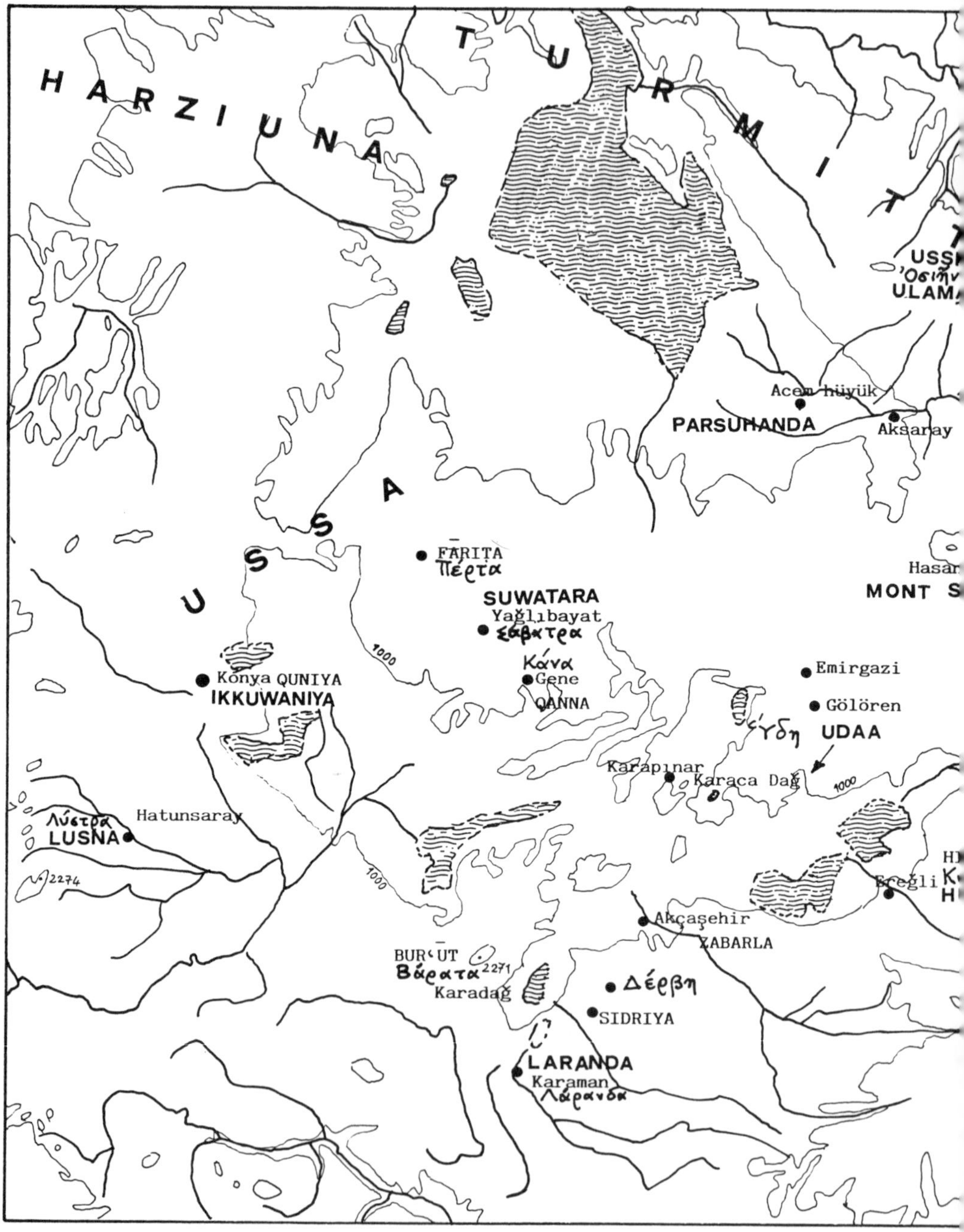
HARZIUNA
TURMITTA
USSA
USS
'Οσιῆν
ULAMA
Acem hüyük
PARSUHANDA
Aksaray
FARITA
Πέρτα
SUWATARA
Yağlıbayat
Σάβατρα
Κάνα
Gene
QANNA
Hasan
MONT S
Emirgazi
Gölören
ἔΥδη
UDAA
Karapınar
Karaca Dağ
1000
Konya QUNIYA
IKKUWANIYA
Λύστρα
LUSNA
Hatunsaray
2274
Ereğli
Akçaşehir
ZABARLA
BURʿUT
Βάρατα
2271
Karadağ
Δέρβη
SIDRIYA
LARANDA
Karaman
Λάρανδα

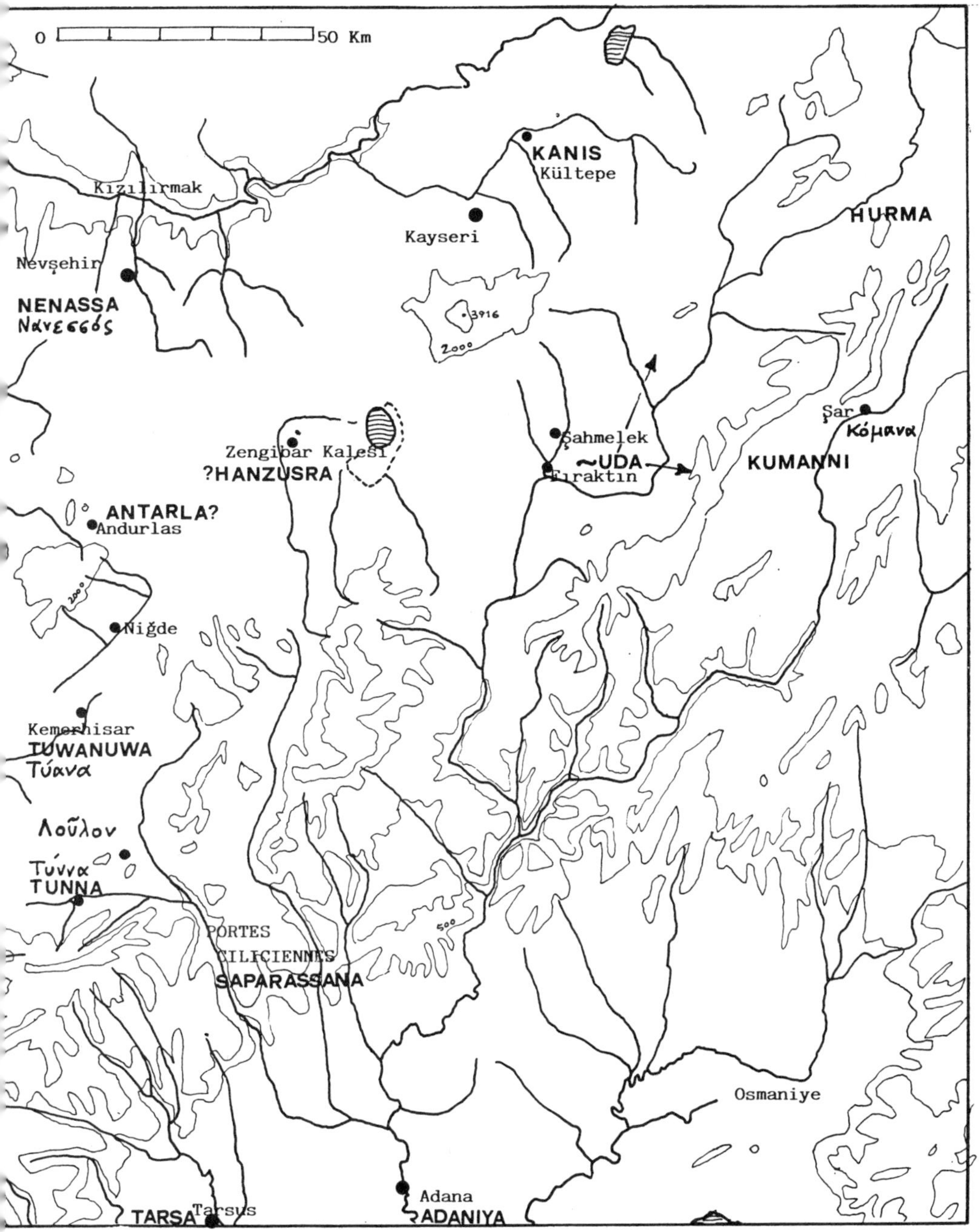
0
50 Km
KANIS
Kültepe
Kızılırmak
Kayseri
HURMA
Nevşehir
NENASSA
Νανεσσός
3916
2000
Şar
Κόμανα
Şahmelek
Zengibar Kalesi
?HANZUSRA
~UDA
Fıraktın
KUMANNI
ANTARLA?
Andurlas
2000
Niğde
Kemerhisar
TUWANUWA
Τύανα
Λοῦλον
Τύννα
TUNNA
PORTES
CILICIENNES
SAPARASSANA
500
Osmaniye
Adana
ADANIYA
TARSA
Tarsus

localisation d'Uda près de Tuwanuwa (Tyana/Kemerhisar) et son identité avec la ville de Hydé, connue à l'époque romaine et byzantine (3). A vrai dire il est difficile de comprendre si les deux villes sont nommées ici en tant qu'étapes successives de la poussée ennemie (et dans ce cas on pourrait plutôt pencher pour une localisation dans l'Antitaurus) ou en tant que buts de deux directrices divergentes

2. *CTH* 40, Annales de Suppiluliuma rédigées par Mursili II, VIIe tablette, fragment 28, A II, 10 sqq. (4):

nu-kán ^{LÚ}SANGA *nu-kán* ŠEŠ-*YA I-NA* KUR ^{URU}*Mur-mu-ri-ga* 6 *ME* ÉRIN^{MEŠ} ANŠE.KUR.RA^{MEŠ} ^{m}*Lu-pa-ak-ki-in-na* ^{LÚ}UGULA.10 *ŠA* KARAŠ *ta-a-le-eš-ta* ^{LÚ}SANGA-*ma* ^{URU}*Ḫa-at-tu-ši IT-TI A-BI-YA ú-it A-BU-YA-ma I-NA* ^{URU}*U-da e-eš-ta nu-za* EZEN$^{\text{ḪI.A}}$ *e-še-eš-ta na-an a-pí-ya an-da IK-ŠU-UD* (...)

"et le prêtre, mon frère, laissa au pays du Murmurik 600 hommes de troupe et des chars et Lupakki le chef des dix de l'armée et le prêtre vint à Hattusa chez mon père. Mais mon père était à Uda et célébrait les fêtes, (ainsi) il le rejoignit là".

Pour E. Laroche ce passage montre qu'Uda ne pouvait pas correspondre à Hydé, mais qu'elle devait se trouver près du haut Kizzuwatna (5). Mais, encore une fois, le texte se prête à plusieurs interprétations: il ne démontre pas qu'Uda était sur la route entre la Syrie et Hattusa et on y pourrait aussi bien lire que "le prêtre" (Telepinu) avait atteint Hattusa avant d'apprendre que Suppiluliuma était à Uda et d'y aller le rejoindre. Dans ce dernier cas, Uda aurait dû être suffisamment à l'écart de cette route. Que Suppiluliuma ait réuni par la suite son armée à Tegaramma n'a probablement rien à faire avec son séjour à Uda; Tegaramma était, en effet, un centre stratégique pour l'armée hittite engagée au sud en Syrie et au nord contre les Kaska (6).

3. *CTH* 197 "lettre de Masa à son seigneur"; KBo IX 82 4 sqq. (7):

4 ^{URU}*U-da-za-kán ku-wa-pí ar-ḫa i-ya-aḫ-ḫa-at*
5 *nu A-NA* EN-*YA UL kiš-an me-ma-aḫ-ḫu-un*
6 UKÙ-*aš-wa lu-uk-kat-ti* EGIR-*an-da ú-id-du*

7 *ku-it-ma-an-wa* LÚ^{MEŠ} KUR *Aš-šur ka-a*
8 *ki-nu-na-aš lu-uk-kat-ti* KASKAL-*aḫ-ta na-aš-kán tu-el* UKÙ-*aš*
9 *UL ta-ma-aš-ta nu* GAL ^{LÚ}DUB.SAR.GIŠ
10 *ka-a me-mi-iš-ta ḫa-at-ra-a-i-wa-aš-ši*
11 *nu-wa-mu* UKÙ-*aš I-NA* ^{URU}*Ta-pa-ru-qa* GAM-*an*
12 *i-ya-at-ta-ru an-da-ma-wa-aš-kán tu-uk*
13 [.... *-i*]*š-kan-za e-eš-du nu* EN-*YA ku-it ku-it*
(...)

"Quand je partis d'Uda, n'ai-je pas dit ainsi à Mon Seigneur: « que l'homme (me) suive demain, tant que les gens d'Assur (sont) ici »? Maintenant on les a fait partir à l'aube et ton homme n'a pas pu (les) empêcher. Le chef des scribes sur bois a dit ici: « écris-lui et que l'homme descende chez moi à Taparuka et qu'il te... »"...

Malheureusement la lettre ne nous apporte aucune donnée géographique certaine: Uda pourrait paraître ici uniquement comme résidence royale (liée à la célébration des fêtes?), Taparuka est hapax (8) et la présence des "gens" d'Assur (une armée, des messagers, des marchands?) n'est pas suffisante pour orienter le contexte géographique vers la frontière assyrienne (9).

4. *CTH* 582, "fragment d'oracle", KUB XVIII 23 IV 5' sqq. (10):

5' ITU.KAM *ka-a wa-aḫ-nu-wa-an-zi I-NA* ^{URU}*Kum-ma-an-ni-ma-an* ^{URU}*U-d*[*a*
6' [^{UR}]^{U}*U-ra-ú-na* ^{URU}*Az-pí-iš-na Ú-UL wa-aḫ-nu-an-zi*
7' [*I*]*Š-TU* ^{LÚ}ḪAL ^{SAL}ŠU.<GI>-*ya* SIG$_5$

8' [*ke*]*-da-aš A-NA* URU$^{DIDLI.ḪI.A}$ *Ú-UL wa-aḫ-nu-an-zi*
9' [*A-N*]*A* ^{URU}*Ḫal-pa-ma-an wa-aḫ-nu-an-zi IŠ-TU* ^{SAL}ŠU.GI SIG$_5$

Sans aborder les problèmes soulevés par la traduction, on peut remarquer que dans ce texte un groupe de villes (Kum̃manni, Uda, Urauna et Apzisna (11)) est opposé à Halep par rapport à quelque chose qu'on tourne, donc probablement en sens géographique. Qu'Uda par cela soit à situer dans la même région que les autres villes du groupe ou même le long d'une ligne où elles se disposeraient dans l'ordre dans lequel elles sont mentionnées, c'est possible mais pas sûr. La région pourrait être définie par la présence de Kummanni (Comana Cappadociae/Şar) et par celle de Apzisna, une ville qui apparaît dans la liste de la Prière de Muwatalli (CTH 381) après le panthéon de Kariuna (12), et dans la liste de CTH 238.1 (KBo I 58 3') après Nenisankuwa et Adunuwa et avant Sarissa et Samuha. Apzisna devrait donc être recherchée près du massif de l'Akdağ, au moins selon ma reconstruction de la géographie hittite (13). Par conséquent, Uda devrait être placée quelque part entre la Cilicie et le Akdağ.

5. *CTH* 582, "fragment d'oracle", KUB XL 98 (14):

Ro 1' [URU*Š*]*a-mu-ḫa-ma* DÙ[-*zi*]

2' *na-at-za* URU*Ḫur-ma-ma* DÙ[-*zi*]

3' *na-at-za* URU*U-ri-ki*[-*n*]*a* D[Ù-*zi*]

4' URU*U-ra-u-na-ma* [DÙ-*zi*]

5' URU*U-da* *ḌỤ̀-z*[*i*]

6' URU*El-la-ya-m*[*a* DÙ-*zi*]

7' URU*Ḫu-piš-na-m*[*a* DÙ-*zi*]

Il s'agit évidemment d'une liste de sanctuaires où le roi célébrait des fêtes. A mon avis l'ordre d'énumération correspond à la succession chronologique, et donc aussi géographique, des étapes d'un voyage. Cette affirmation, qui découle de la syntaxe même du texte (chaque section est liée par le *nu* de *n'at-za iyazi* : "et il le célèbre dans la ville de X"), doit être soutenue aussi par les données géographiques. Et il semble en être ainsi parce que, si Samuha et Hurma n'étaient pas éloignées (15), Urikina se trouvait au Pays Supérieur, dépendant de Samuha (16); Urauna et Uda apparaissent ensemble aussi dans KUB XVIII 23 et enfin Ellaya est nommée après Hupisna et Tuwanuwa dans la liste de CTH 381 (17). Si nous essayons maintenant de placer ces villes le long d'une ligne unissant Sivas et Ereğli, Uda va tomber dans la zone préconisée ci-dessus et ce résultat ne change pas, même si nous ne partons pas de Sivas mais du Haut Euphrate, en suivant la localisation orientale de Samuha, à mon avis périmée mais soutenue encore par plusieurs savants (18).

6. Les listes des divinités témoins dans les traités internationaux.

De la triade hourrite d'Uda apparaît dans les traités normalement Tešup; il s'agit ici des traités suivants: *CTH* 42 (Suppiluliuma-Hukkana), *CTH* 51/52 (Suppiluliuma-Sattiwaza), *CTH* 53 (Suppiluliuma-Tette), *CTH* 66 (Mursili-Niqmepa), *CTH* 69 (Mursili-ManapaTarhunt), *CTH* 62 (Mursili-DuppiTešup), *CTH* 76 (Muwatalli-Alaksandu), *CTH* 106 (Tuthaliya- UlmiTešup).

Le Tešup d'Uda est nommé toujours avec celui de Kummanni, souvent après ceux de Samuha, Hurma et Sarissa (*CTH* 53, 66, 62, 76); ces données ne peuvent pas constituer elles-mêmes une preuve pour la localisation d'Uda mais il faut remarquer qu'elles s'accordent parfaitement avec les sources déjà examinées (19).

7. *CTH* 584, "songes de la reine".

Dans KUB XV 1 est dressée une liste d'objets voués par la reine à des divinités à la suite de certains songes. Les divinités hourrites d'Uda, Hepat et Sarrumma, y apparaissent à côté de Sarrumma d'Urikina, Laiuna, etc. (20). Tous ces sanctuaires ne devaient pas être nécessairement dans la même région et le culte de Sarrumma sur la montagne se réfère au dieu de Laiuna plutôt qu'à celui d'Uda; cependant, l'observation de Laroche qui remarquait l'analogie avec ce contexte des monuments de Hanyeri/Gezbeli (Sarrumma sur la montagne) de Tasçı et Fıraktın (dont les inscriptions remontent à Hattusili III et Puduhepa), garde toute sa valeur (21). La petite plaine au sud de Develi, avec ses centres hittites de Fıraktın et Şahmelek, peut correspondre à la position d'Uda déduite des sources examinées (22).

D'autres sources du même genre confirment l'importance d'Uda pour le couple royal (23) et on peut souligner que *CTH* 590 (KUB XXXI 69) témoigne du culte d'Ištar de Lawazantiya à Uda (24), confirmant ainsi encore une fois l'hypothèse "orientale" pour la localisation de notre ville. Comme on a vu, on n'a pas de vraies preuves mais plutôt des indices concordants au soutien de cette hypothèse, tandis que l'autre (celle qui pose Uda = Hydé) ne peut être défendue que sur la base d'une des interprétations possibles de la première source étudiée.

Mais voilà qu'on vient de publier un document qui semble vouloir bouleverser ces résultats.

8. KUB LVII 108 (= Ro 936), inventaire relatif à des cultes locaux (25):

Ro II

1' [^{URU}*x*-]*x*-*ša*(-)^{D}/*a*[*n*-]*x*-[*x*] ^{D}*Pí-ir-*[*wa* (26)
2' 1 É ŠÀ-*ŠÚ* 40 NAM.RA 21 EN.TU_7 (27) *pa-r*[*a-a*
3' *ŠA* É.GAL ^{URU}*Ḫar-wa-ši-ya-aš*[
4' *I-NA* É.GAL-*LIM-at-kán pu-nu-uš-š*[*u-wa-an-zi*

5' ŠU.NIGIN.GAL 50 É-*TUM* ŠÀ-*ŠÚ* 6 *ME*+37 NAM.[RA
6' 10 NAM.RA É.GAL ^{LÚ}SANGA 1 *ME*+3 NAM.R[A
7' 40 NAM.RA LÚ^{MEŠ} UŠ.BAR ^{URU}*Ḫa-ri-ya-ši-y*[*a*
8' 8 GUD 2 *ME*+2 UDU 2 *ME*+95 *PA* 2 BÁN ZÍZ.ŠE[
9' *I-NA* É.GAL-*LIM-at-kán pu-nu-uš-šu-wa-an-z*[*i*
10' 3 *ME*+24 ALAM KUBABBAR GUŠKIN 1 *LI-IM* Ṣ̌Ạ̀?-*BA*[

11' ^{D}*Pi-ir-wa-a-aš* *QA-TI*

12' AŠ ^{URU}*Ú-da-a* ^{D}*Ša-aḫ-ḫa-ša-ra-a* ^{D}U [*x*]-*al*?-*x*[
13' 1 GUD *ŠA* $^{ḪUR.SAG}$*Ša-ar-pa* URU-*LUM pé-eš-ki-iz-zi*
14' 9 UDU ŠÀ-*BA* 3 UDU $^{ḪUR.SAG}$*Šar-pa* 6 UDU URU-*LUM pé-eš-ki-i*[*z-zi*
15' 18 *PA* 3 BÁN ZÍZ.ŠE ŠÀ-*BA* 13 *PA* ZÍZ.ŠE *ŠA* KISLAḪ *at-tal*?-[
16' [X]*PA* ZÍD.DA $^{ḪUR.SAG}$*Ša-a-ar-pa* *ku-i-e-eš* URU$^{DIDLI.ḪI.A}$*x*[
17' [*ku*?-]*u-uš pé-eš-kán-zi* 3 LÚ^{MEŠ} EN.T[U_7?

18' [AŠ ^{URU}]*U*?-*lu-ú-na* (28) ^{D}*Iš-ḫa-aš-ša-r*[*a*
19' [ ]3 *PA* ZÍZ.ŠE KUR-*e-za pé-eš-k*[*án-zi*

20' [AŠ ^{URU}*K*]*i*?-*iš-uš*!-*ša-ra* ^{D}U ^{D}[(29)
21' [*i*]*š-ga-aš-ši-iš* <*ar-ri-y*[*a*
22' [ ] *ŠA* ^{URU}*Te-du-um-na* *x*[

Vo III 1 ....

2 [NAM].RA? (-)x̣[

3 ⌜^{D}AMAR.UD⌝-*aš* ^{D}Ḫa-[

4 2 GUD 11 UDU ‹*a*[*r-ri-ya*

5 12 *PA* URU-*ri-ya-aš*[

---

6 AŠ ^{URU}*Šụ-u-wa-an-za-na*[

7 ^{D}*Šu-ú-wa-an-zi-pa*[

8 4 GUD ŠÀ-*BA* 1 GUD URU-*LI*[*M*

9 26 UDU ŠÀ-*BA* 12 UDU x̣[

10 20 *PA* ZÍZ.ŠE ŠÀ-*BA* 20 PA URU[-*LUM pé-eš-ki-iz-zi*

---

11 AŠ ^{URU}*A-na-še-pa* ^{D}SAL.LUGAL URU-*LIM*[

12 ^{D}UTU-*Ši-ma-kán ki-i da-a-iš* 3 UDU[

13 7 *PA* ZÍZ.ŠE URU-*LUM pé-eš-ki-iz-zi x*[

---

14 AŠ ^{URU}*Wa-an-na-da* ^{D}U ^{D}*I-ya-ya-aš*[

15 ^{D}UTU-*ŠI-ma-kán ki-i da-a-iš* EGIR-*a*[*n*

---

16 [AŠ]^{URU}*Ta-pa-ar-la-a* ^{D}U ^{D}*Pí-ir-w*[*a*

17 [x-]x-*kán* DINGIR-*LUM* KỊ.MIN ^{D}UTU-*ŠI k*[*i-i da-a-aiš*

18 [ ]x ‹*Ar-ri-ya*! x̣-x̣[

19 [ ]x 15 *PA* ZÍZ.ŠE URU-*L*[*UM pé-eš-ki-iz-zi*

---

20 [AŠ ^{URU}]*X-ga-at-ti-ya* (30) ^{D}[

21 [^{D}UTU-*ŠI-ma-ká*]*n ki-i* [*da-a-iš*

....

Le contexte dans lequel est nommée ici la ville d'Uda me semble déjà à première vue bien différent de celui qu'on pourrait attendre sur la base des sources examinées. Les divergences peuvent se résumer en trois points.

A. La graphie *Ú-da-a* est un hapax, partout ailleurs on trouve *U-da* avec l'exception de *Ú-ta* dans un texte accadien (31).

B. Il n'y a pas trace dans ce texte, qui devrait de toute façon remonter aux temps de Tuthaliya IV, de la triade hurrite (Tešup, Hepat, Sarruma) si bien témoignée par les autres sources. Au contraire, un nouveau panthéon, tout à fait anatolien occidental, nous apparaît avec la déesse Sahhassara, adorée à Tuwanuwa (Tyana/Kemerhisar), et le mont Sarpa, adoré à Hupisna

(Kybistra/Ereğli) et à Emirgazi (32). Ce panthéon nous oriente donc vers la limite de la Cappadoce et de la Lycaonie, certainement pas vers la région de Kummanni.

C. Le contexte géographique confirme cette orientation. Comme toujours, en effet, un inventaire local de ce genre ne peut se référer qu'à une région limitée, qui dans ce cas doit être comprise dans la sphère religieuse des cultes de Pirwa et Iyaya, c'est-à-dire approximativement le "pays de Kanis" (33); mais cette région peut être encore plus limitée par l'étude des autres toponymes cités dans KUB LVII 108.

Hary/wasiya est une localité connue par son palais, nommé dans des inventaires, dont un permet probablement de la localiser au nord d'Aksaray, près de la ville d'Ussuna et pas loin de Nenassa et Ullama (34).

Tedumna: apparaît aussi dans l'inventaire de KUB XXVI 67 II' 3' avec [K]apitat[tamna], ville de Washaniya.

Suwanzana, sanctuaire du dieu Suwanzipa, vient dans la liste de Muwatalli, *CTH* 381 (KUB VI 45 22 // 46 II 62), après Hupisna et Tuwanuwa et avant Hurniya, Zarwisa et Sahhaniya, un groupe de villes probablement à l'ouest de Hupisna (35); l'ordre de la liste nous amène donc encore une fois vers la Lycaonie et dans le voisinage de Kybistra/Ereğli.

Wannada: ce toponyme n'est probablement rien d'autre qu'une variante graphique de Wannanda, avec la chute de la nasale, typique, à l'époque impériale, des pays de Hulaya et de Lukka et, à l'époque classique, de la région des lacs pisidiens (36). La ville de Wannanda apparaît dans une "liste d'achats" (CTH 240 = KUB XXXI 65 b), qui nomme aussi un homme d'Arzawa et le roi de Tarhuntassa (seigneur du pays de Hulaya) (37).

Taparlaa: ce toponyme est un hapax; on peut quand même en observer la structure et y comparer Ishenparlaa (district de Salma, au centre) et Antarlaa, près de Niğde (38). Remarquons enfin le toponyme médiéval Zabarla, nom d'une étape entre Hiraqla (Ereğli) et Sidriya (Sidrova ?) dans un itinéraire d'Ibn Ḫurdaḏbih (39).

En résumé, cette *Ú-da-a* ne correspond pas par son nom, son panthéon et le contexte religieux et géographique de KUB LVII 108 au sanctuaire hourrite d'Uda et doit être évidemment identifiée, au point de vue de la continuité du toponyme, avec Hydé. Malheureusement, quand on en cherche l'emplacement exact, on va se heurter au problème de la localisation de Hydé, qui est toujours controversée (40). On peut alors se demander si les données hittites ne peuvent pas contribuer, avec les données classiques et byzantines, à la recherche d'une solution.

Je résume donc les sources principales qui se réfèrent à Hydé.

La première est un passage de Plinius, *Nat. Hist.* V 25: "... ipsius Lycaoniae celebrantur Thebasa in Tauro, Ide in confinio Galatiae atque Cappadociae...". A l'époque de l'auteur la Lycaonie faisait partie de la province romaine de Galatie (41), Ide (Hydé) était donc près de la frontière entre la Lycaonie et la Cappadoce, c'est-à-dire à l'ouest de la ligne Aksaray-Ereğli.

Les sources byzantines ne contredisent pas cette constatation: la position dans la liste de Hiérocle est en effet confirmée d'une façon plus claire par celle que la ville occupe dans les *Notitiae Episcopatuum* (42) et que la place entre un groupe de villes proches du Karadağ et un autre groupe situé au nord-ouest de Karapınar; là encore on tombe au nord-ouest d'Ereğli.

Depuis longtemps on localise Hydé dans le massif du Karacadağ, à Karapınar même ou dans l'un des nombreux sites byzantins de la montagne; K. Belke a encore récemment proposé le site de Gölören (43), seulement quatre km au sud d'Emirgazi (qu'on se souvienne du culte du mont Sarpa à Údaa et dans l'inscription d'Emirgazi !), mais cette solution a été refusée par Mme G. Lamminger-Pascher qui, moyennant la présence d'une divinité aquatique dans les monnaies de Hydé, se détourne de la région aride du Karacadağ pour proposer celle d'Akçaşehir (44). Je n'ose pas m'enfoncer dans un débat qui mènerait trop loin mais je n'écarterais pas la possibilité que cette divinité corresponde à un phénomène géographique "très limité", par exemple une source ou un *obruk* avec son petit lac (45), sans qu'il soit nécessaire de chercher une rivière de quelque importance; en fin de compte le témoignage de Pline reste le seul vraiment clair.

Un indice à l'appui de l'hypothèse traditionnelle nous vient encore d'une source difficile à exploiter: un itinéraire, des Portes Ciliciennes à Amorion, mentionné par Ibn Ḫurdaḏbih (46); pour l'évaluer correctement, il faut rappeler que toute une série de renseignements géographiques sur l'Anatolie byzantine remontait à la période de préparation et aux relations officielles de la grande campagne du calife Al Muʿtaṣim de 838, qui avait pour but la ville d'Amorion. Sa destruction frappa l'imagination des contemporains et son écho, amplifié par la propagande, se répercuta à travers la tradition des géographes et historiens arabes jusqu'à Idrisi, en faisant d'Amorion, qui gisait en ruines, pour des siècles la plus grande ville d'Anatolie (47). Notre itinéraire appartient à cette tradition.

Ses étapes sont: *Darb-as-Salāma, Luʾluʾa, nahr aṭ-Ṭarfāʾ, ḫirbat Fārıṭa, ḥiṣn Qanna, ʿAbqarsūn* ? (48), *ḥayr Qarīna* ? (49) *al-uʿlā, bilād al-Hidā*, X (50), *qariyat Fārıṭa, ʿibrat Kināṣ, Lāṭa, ʿAmmūriya.*

En dehors des points de départ et d'arrivée, quatre étapes peuvent être localisées: Luʾluʾa, identique au fort byzantin de Lulon (Gedelli Kale), Fārıṭa nommée deux fois et identifiée avec Perta, Qanna identifiée avec Kana (51), Lāṭa qui rappelle l'ethnique Λατηνός d'une inscription de Kurşunlu (52). Elles sont toutes échelonnées sur une ligne droite qui relie les Portes et Amorion mais leur ordre semble troublé (53); dans ce contexte, le pays de Hidā, dans laquelle on voit évidemment notre Hydé (54), doit être cherché près du Karacadağ plutôt qu'à Akçaşehir.

APPENDICE

Lentement la géographie de l'Anatolie occidentale hittite sort de l'obscurité. Dans l'attente des progrès considérables que devrait nous apporter la publication de la table de bronze de Yerkapı (55) et du monument d'Ilgın, je voudrais ajouter ici une contribution, dont le mérite revient à M. Popko. Le savant polonais vient de remarquer à propos de KUB LVII 111, que le toponyme lu par l'éditeur Atranta pourrait aussi bien se lire Laranta et nous donnerait ainsi la forme hittite du nom de la ville bien connue de Laranda (Larende/Karaman) (56). Ce rapprochement est évident et confirmé par la présence de la ville de Harziuna (à la ligne 8') et du/des pays de Lukka (ligne 18') dans un contexte qui montre bien des analogies avec celui des "Annales de Hattusili III" (57), qui décrivent des événements localisables dans le sud-ouest de l'Anatolie.

Voilà donc que cette nouvelle lecture empêche l'identification traditionnelle de la La(i)anda hittite avec Laranda, que j'avais encore récemment soutenue; on cherchera désormais La(i)anda près du Karadağ sans tenter des rapprochements toponymiques (58).

Adresse de l'auteur:

Via Monteverdi 5
I - 20131 Milano
Italie

NOTES

(1) En général: *RGTC* 6, 466-467, s.v. L'identification avec Hydé remonte à L.A. Mayer et J. Garstang, *Index of Hittite Names,* A I, British School of Archaeology in Jerusalem, Supplementary Papers I, 1923, s.v. La localisation dans l'Antitaurus est due à E. Forrer, *Klio* 30, 1937, 141 sqq.; elle a été reprise par E. Laroche, *Syria* 40, 1963, 293-294.

(2) Cf. surtout A. Götze, *Kizzuwatna and the Problem of the Hittite Geography,* New Haven 1940, 21 sqq.

(3) Mayer-Garstang, *op. cit.;* Garstang, *The Hittite Empire,* London 1929, 64, note 2. Cf. encore récemment J. Freu, *Hethitica* 8, 1987, 127.

(4) H.G. Güterbock, *JCS* 10, 1956, 92.

(5) Laroche, *op. cit.*

(6) Comme le montre par ex. le rendez-vous de Mursili II avec le général Nuwanza à Tegaramma, où le roi venant de Syrie décida de renoncer à la campagne prévue contre Hayasa pour se décider à une opération limitée en territoire Kaska (CTH 61, KBo IV 4 III

17 sqq.; A. Götze, *Die Annalen des Muršiliš*, Leipzig 1933, 124-125).

(7) Cf. pour la traduction *RGTC* 6, 399, s.v. Taparuka.

(8) Ou faut-il supposer une faute du scribe? La ville aurait pu être dans ce cas par ex. Tapalka (à l'ouest) ou Tapparuta (dans le centre).

(9) Les guerres entre le Hatti et l'Assyrie sont étudiées par A. Harrak, *Assyria and Hanigalbat*, Hildesheim 1987. Une pénétration assyrienne au-delà de l'Euphrate jusqu'à Malatya (hittite Malitiya) semble avoir eu lieu une fois (*op. cit.*, 173).

(10) Traduction: *RGTC* 6, 459, s.v. Urauna. Del Monte traduit: "In diesem Monat wendet man (ihn)..."; l'objet du verbe n'est pas clair et on peut se demander s'il ne s'agit pas du "mois", à interpréter plutôt comme "emblême du mois" (un symbole lunaire en métal), qu'on pouvait donc tourner en sens physique. Cf. Laroche, *RHA* 43, 1949, 67 sqq.

(11) Je considère Azpisna comme une faute de scribe ou une métathèse pour Apzisna, voir la note 13.

(12) Kariuna était près de Katapa selon l'itinéraire de KUB XL 106 (Bo 5607); la lecture (III?3') ^{GIŠ}TIR ^{URU}*Katapa* est confirmée par une copie, cf. H. Klengel, *MIO* 8, 1961, 16, note 8.

(13) Cf. *SMEA* 18, 1977, 210-211; *Studia mediterranea P. Meriggi dicata*, Pavie 1979, 182 sqq.

(14) Ce fragment n'a rien à faire avec KUB XXXI 29, une liste de frontières (*CTH* 214.16), comme avait proposé l'éditeur; cf. aussi R. Lebrun, *Samuha foyer religieux de l'empire hittite*, Louvain-la-Neuve 1976, 219 (n° 53).

(15) Hurama était une étape entre Luhuzatiya (Lawazantiya) et Kanis pour les marchands qui venaient d'Assyrie. Une des dernières étapes était aussi Salahsua (Sallahsuwa), qui dépendait directement de l'administration de Kanis tandis que Hurama était gouvernée par un prince vassal; j'ai déduit de cette situation que Salahsua devait être plus proche de Kanis (*Hethitica* 6, 1985, 54 et note 81 à la page 64). Kh. Nashef a repoussé cette hypothèse sur la base de l'inédit LB 1283 (*Rekonstruktion der Reiserouten zur Zeit der altassyrischen Handelsniederlassungen*, Wiesbaden 1987, 5, 39) qui donne une liste de frais de voyage par étapes selon la séquence Hahhum-Timilkia-Salahsua-Hurama. Il faut remarquer qu'il n'y a pas d'étape Hurama-Kanis; de toute

façon, on peut penser qu'il y avait plusieurs routes qui traversaient l'Antitaurus et on pouvait peut-être atteindre les deux villes séparément ou l'une après l'autre indifféremment, comme on voit par ex. dans ma reconstruction géographique (*StmedMeriggi*, 185, carte) où elles sont placées le long de la vallée du Zamantı qui coule perpendiculairement à la route Assur-Kanis.

De toute façon la position de Hurama dans cette région n'est pas mise en doute; on n'est ainsi pas trop loin du haut et moyen Kızılırmak près duquel il faut désormais chercher Samuha (la position de Samuha est liée à celle de Karahna, cf. *StmedMeriggi*, 181-182 et note 84; *Hethitica* 6, 62-63, notes 67 et 69). Documentation sur Samuha: Lebrun, *op. cit.*

(16) Cf. *RGTC* 6, 460-461, s.v. A mes observations en *ASVOA* 4, 3 (commentaire à la table XVI, 3), à propos d'Urikina, on peut ajouter un rapprochement au toponyme byzantin Ἀράγενα, un évêché qu'on cherche au nord-ouest de Kayseri, localisé à Ağırnas par F. Hild et M. Restle, *T.I.B. 2, Kappadokien*, Vienne 1981, 146. Cette localisation est refusée par I. Beldiceanu-Steinherr, *Académie des Inscriptions & Belles-Lettres*, comptes rendus 1982 juillet-octobre, 1982, 475 (dans un registre ottoman de 1500 ce nom est écrit Aġranos).

(17) Edition chez R. Lebrun, *Hymnes et Prières Hittites*, Louvain-la-Neuve 1980, 256 sqq.; pour Ellaya cf. aussi *RGTC* 6, 138 s.v.

(18) Voir supra note 15.

(19) En soi la présence d'un panthéon hourrite ne pourrait pas démontrer une localisation "orientale", comme le voulait E. Forrer, *Klio* 30, 141 sqq.; la présence d'un culte pouvait dépendre aussi d'une décision royale et nous trouvons en outre des divinités étrangères comme Ištar de Nenuwa ou Adad d'Assur dans des villages cappadociens (*CTH* 510) et un culte hourrite à Sapinuwa dans les environs de Hattusa.

(20) Cf. surtout Laroche, *Syria* 40, 288 sqq.; pour ce type de textes cf. aussi J. de Roos, *Anatolica* 14, 1987, 101 sqq.; S. Košak, *ZA* 78, 1988, 145-149.

(21) Laroche, *op. cit.*, remarque aussi que le culte de Santa (^{d}AMAR.UD) à Laiuna nous oriente pour cette ville vers le Kizzuwatna.

(22) Pour les sites de la région: G.H. Brown, *AnatSt* 17, 1967, 160.

(23) Voir surtout KUB XV 18 (un voeu, II 7' "*I-NA* ^{URU}*U-da*"), et KUB XLVIII 93 (cf. H. Klengel, *AoF* 2, 1975, 60 et note 76), qui, II 5'-7', mentionne un voeu de la reine à Uda et Pisanuhi, divinité de Kummanni; dans le paragraphe suivant la divinité concernée est le dieu U du mont Saparrassana (= Zabarasna), une montagne située au sud des Portes Ciliciennes.

(24) Vo$^{?}$6']x ^{URU}*U-da A-NA* ^{D}*IŠTAR* ^{URU}[...; Ištar de Lawazantiya apparaît ailleurs dans ce texte (Ro 4', 13', Vo 12').

(25) Pour le culte de Pirwa dans ce document, cf. H. Otten, *JKF* 2, 1953, 67.

(26) Faut-il lire ^{URU}*A*]*-ni-ša* ? Cette localité se trouvait sur la route de Tuwanuwa selon CTH 40 II F (Güterbock, *JCS* 10, 75, fragment 15, IV 6' sqq.); pour les rapports des villes de KUB LVII 108 avec la région de Tuwanuwa cf. infra mon commentaire.

(27) Lecture selon une suggestion de Mme Christel Rüster.

(28) On pourrait aussi proposer la lecture [^{URU}*Z*]*i-lu-ú-na* mais la place dans l'autographie ne semble pas convenir à un signe long comme ZI et de plus nous ne savons rien sur l'emplacement de cette ville, ni par les textes cappadociens (cf. E. Bilgiç, *AfO* 15, 1945-51, 35, s.v. (Si(t)luna), ni par les Annales de Mursili (*RGTC* 6, 502, s.v.: auf dem Wege nach Karkamis und Nuhasi zu suchen, ...").

(29) Le premier signe devrait être du type Ci, donc, à cause des traces, KI ou LI. Faut-il ajouter <ŠU> entre IŠ et UŠ ?

(30) Dans l'édition]*x-ḫa-at-ti-ya*. GA d'après collation sur photo.

(31) Graphies: *RGTC* 6, 466-467. Que l'on remarque aussi le couple *U-ra*, ville du Azzi dans le nord-est, *Ú-ra-(a)*, port hittite sur la Méditerranée (Silifke); cf. A. Kammenhuber, *Or* 39, 1970, 556-557. La "Pleneschreibung" pourrait cependant être ici seulement une caractéristique du scribe (suggestion de H. Otten).

(32) Forlanini, *Hethitica* 7, 1987, 73-87.

(33) Sur Pirwa cf. Otten, *JKF* 2, 62-73. La déesse Iyaya (cf. Laroche, *RHA* 46, 1946-47, 81) était adorée par ex. à Tiura (*CTH* 501, KUB XXXVIII 1 IV 8), une ville près de Washaniya, à Tapparuta (*CTH* 510, KUB XXXVIII 10 III 9'), dans les environs de Mallita à l'ouest de Kanis, à Karahna (*CTH* 517, III 10'; M.

Darga, *Karahna şehri kült-envanteri,* Istanbul 1973, 11).

(34) Cf. H. Otten, *RlA,* s.v.; *RGTC* 6, 87, s.v.; J. Siegelová, *Hethitische Verwaltungspraxis im Lichte der Wirtschafts- und Verwaltungsdokumente,* Prague 1986, I, 147). Dans KUB XLVIII 105 + KBo XII 53 (éd. A. Archi - H. Klengel, *AoF* 7, 1980, 143-147) Ro 22' on lit que 10 NAM.RA du palais Hariyasa (sans déterminatif de ville !) étaient mis à disposition du dieu U de X̣-x̣-*ši-na* (district de Turmitta) dans le village de Hat[...]nu. Les éditeurs (*op. cit.*, 147) ont proposé de lire Lihsina (?), mais les autographies permettent de lire seulement *Ú-iš-ši-na*. Je propose d'y voir la ville de Ussuna/Ussina, mentionnée après Kanis dans la liste de *CTH* 625, KBo IV 13 (I 39') et base des anthroponymes cappadociens Usunaman/Usinuman/Wasinuman/ Usunuman (cf. E. Laroche, *Les noms des Hittites,* Paris 1966, 200, 257); elle faisait partie, comme on a vu, du district de Turmitta avec Nenassa et Uwalma (capp. Ulama) et doit donc être cherchée au nord d'Aksaray (pour Turmitta cf. Forlanini, *StmedMeriggi,* 173 sqq.; *Hethitica* 6, 1985, 48-52). Pour une possible survivance de ce toponyme il faut noter la ville classique et byzantine de Ὀσιῆνα, qui correspond au site archéologique d'Eskişehir, une trentaine de km au nord-est d'Aksaray (F. Hild - M. Restle, *TIB 2, Kappadokien,* 250-251). Remarquez enfin que le scribe a confondu ici le toponyme Hariyas(iy)a avec le nom de la É *harwasiya* ("la maison secrète"). Si ce contexte géographique s'accorde bien avec celui du paragraphe suivant, il faut toutefois avouer qu'il pourrait bien s'agir de deux listes indépendantes copiées sur la même tablette (suggestion de H. Otten).

(35) Cf. mon article, *VO* 7, 1988, 135-140.

(36) Forlanini, *ibid.*, 164.

(37) Edition: Siegelová, *op. cit.*, 20,21; commentaire, 15. Les autres fragments du texte montrent des contextes géographiques différents.

(38) LS1 (= KBo V 7) Vo 39 (éd. K.K. Riemschneider, *MIO* 6, 1958, 338 sqq.) mentionne un vignoble près d'Antarlaa, faisant partie des propriétés d'un certain Hantapi, qui possédait aussi des terrains près de Hanzusra. Hanzusra se trouvait dans la région de Kanis (selon la tablette Kt.g/t 36 Vo 24, la ville de Hazusara dépendait de l'administration de Kanis; pour ce texte:

E. Bilgiç, *Anatolica* 8, 1964, 125 sqq.; la lecture Hassusara de Bilgiç doit être modifiée parce que le signe utilisé est un ZU et non pas un ŠU, cf. K. Balkan, *Letter of King Anum-hirbi of Mama to King Warshama of Kanish*, Ankara 1957, 53, note 87). Je pense pour Hanzusra à la ville classique et byzantine de Kyzistra (aujourd'hui Zengibar Kalesi, cf. F. Hild - M. Restle, *TIB 2, Kappadokien*, 219-220). En cherchant dans ses environs Antarlaa, on peut remarquer l'existence du toponyme d'origine ancienne Andurlas (= Haciabdullah, 22 km au nord de Niğde, 40 km sud-ouest de Zengibar Kalesi).

(39) *Kitāb al-masālik wa'l-mamālik*, éd. De Goeje, Leiden, 1889, ١١٣ (= 113) et 85 (traduction): "*min Lu'lu'a ilā wādī aṭ-Ṭarfā' ṯumma ilā Hiraqla ṯumma ilā Zabarla ṯumma ilā Sidriya ṯumma ilā Burġūṯ* (byz. Barata), *ṯumma ilā 'l-aḥsā', ṯumma ilā Qūniya* (Konya), ...". Cf. K. Belke, *TIB 4, Galatien und Lykaonien*, Vienne 1984, 157, s.v. Derbē.

(40) Belke, *op. cit.*, 174-175, s.v. Hyde.

(41) Pour la Galatie romaine: R.K. Sherk, *Roman Galatia*, dans *Aufstieg und Niedergang der römischen Welt*, VII-2, 1980, 954-1052; B. Remy, *L'évolution administrative de l'Anatolie aux trois premiers siècles de notre ère*, Lyon 1986.

(42) Edition: J. Darrouzés, *Notitiae Episcopatuum Ecclesiae Constantinopolitanae*, Paris 1981, 2,23; 3, 38; 4, 23. L'ordre des villes (au génitif) est toujours le même: Λαράνδων, Βαρέτης, Δέρβης, Ὕδης, Σαβάτρων, Κάνης...

(43) Belke, *op. cit.*

(44) *Das lykaonische koinon und die Lage der Stadt Barata, Dalisandos und Hyde, Anzeiger der phil.-hist. Klasse der ÖAW*, Vienne 1987, 252 sqq.

(45) Dans le monnayage de Savatra, une autre ville lycaonienne, apparaît par ex. une divinité caractérisée par le roseau et les poissons, qui ne peut pas correspondre à un fleuve dans cette zone aride; cf. H. von Aulock, *Münzen und Städte Lykaoniens*, Tübingen 1976, 75 (Tafel 6): "Lokalgott der Seen?".

(46) *Op. cit.* ١١٣, 86 (traduction).

(47) Sur cette campagne: A.A. Vasiliev, *Byzance et les Arabes*, Tome I, *La dynastie d'Amorium*, Bruxelles 1935, 144 sqq.

(48) عنقرسون. Une autre lecture possible est: ʿAnqarsūn. S'agit-il d'un toponyme en -(as)sos passé en arabe à l'accusatif ?

(49) ڡرسه . La lecture est très incertaine à cause du manque des points.

(50) ڡىلٯ . Certainement le texte est ici très corrompu et la lecture de l'éditeur (Fylak?) ne peut rien nous dire.

(51) Ces identifications remontent selon De Goeje à Mannert.

(52) Cf. W. M. Calder, *Monumenta Asiae Minoris Antiqua*, VII, Manchester 1956, XX, 44.

(53) D'un côté Perta apparaît deux fois, de l'autre elle devrait suivre et non pas précéder Kana; peut-on en déduire que le texte d'Ibn Ḫurdaḏbih résulte de l'interpolation de deux itinéraires en sens opposé?

(54) Voir note 51.

(55) H. Otten, *AA* 1987, 410-412 a anticipé quelques résultats importants de son étude, comme l'identification du fleuve Kastaraya avec le Kestron de Pamphylie (qui amène comme conséquence celle de Parha avec Perge !).

(56) *Or* 57, 1988, 92.

(57) La ligne 18' (KUR/KUR.KUR^{MEŠ} ^{URU}*L]u-uq-qa* ^{GIŠ}TUKUL[ ) rappelle KUB XXI 6a Vo?9' (KUR ^{URU}*Inaššara* ^{GIŠ}TUKUL-*išši pa*[..) et la ligne 11' (...]^{MEŠ} *ka-ir-nu-wa-an-na-aš ú-*[.. avec métathèse) rappelle KUB XXXI 19 Vo 8' ( ]x *ka-ni-ri-wa-an ku-it e*?-..,). Cf. aussi Forlanini, *VO* 7, 1988, 157-158.

(58) Cf. Forlanini, *op. cit.*, 136.

Je dois remercier Monsieur le Professeur Heinrich Otten pour les corrections et les critiques qu'il a bien voulu me communiquer à propos de ce travail, ainsi que pour la possibilité de collationner le verso de KUB LVII 108 sur la photo du Boğazköy Archiv à Mainz.

ABREVIATIONS

ASVOA — *Atlante storico del Vicino Oriente Antico*, Roma 1986.

CTH — E. Laroche, *Catalogue des textes hittites*, Paris 1971; premier supplément, *RHA* XXX, 1972, 94-133.

RGTC 6 — *Répertoire Géographique des Textes Cunéiformes*, Band 6, G.F. del Monte und J. Tischler, *Die Orts- und Gewässernamen der hethitischen Texte*, Wiesbaden 1978.

TIB — *Tabula Imperii Byzantini*, Vienne 1976 sqq.

BCILL 52: Hethitica X, 129-133

LES HIÉROGLYPHES DE SAMSAT

H. GONNET
CNRS, Paris

Dans le cadre des fouilles de sauvetage sur l'Euphrate Inférieur, avant la mise en eau du barrage de Karakaya/Karababa, des travaux archéologiques ont été effectués à Samsat en 1978 et 1986 sous la direction de Nimet Özgüç, professeur à l'Université d'Ankara.

La capitale du royaume de Kummuh, qui deviendra la Samosate de la Commagène hellénistique, a été occupée sans interruption depuis au moins 4000 avant J-C. jusqu'au XIIIe s. après J-C. car le site a gardé à toutes les époques, en raison de sa situation entre la Mésopotamie et l'Anatolie, une grande importance stratégique.

Samsat se trouve sur la rive droite de l'Euphrate. Pour les hittitologues, le site était essentiellement connu par une stèle hiéroglyphique fragmentaire (***Samsat 1***) et deux fragments d'inscription (***Samsat 2*** et ***3***; pour ***Samsat 1*** et ***2***, cf. P. Meriggi, *Manuale di Eteo geroglifico*, II, 1975, pl. XI, n° 126-27; pour ***Samsat 3***, cf. Fr. Steinherr, *Revue Hittite et Asianique*, 30, 1972, 81-84).

Les cinq petits fragments découverts lors des fouilles de 1983 et 1984 que nous présentons ici, enrichissent le groupe des inscriptions de Samsat (pl. I et II). D'autres inscriptions hiéroglyphiques sont connues en Commagène (Boybeypinari, Malpinar, Adiyaman et Ancoz; pour ces inscriptions sauf pour Malpinar, inscription rupestre surplombant la rivière de Göksun, récemment découverte, cf. J.D. Hawkins, *Anatolian Studies*, 20, 1970, 69-109 et P. Meriggi, *op. cit.*,

Samsat 4

Samsat 5

Samsat 6 et 7

Samsat 8

Pl. II

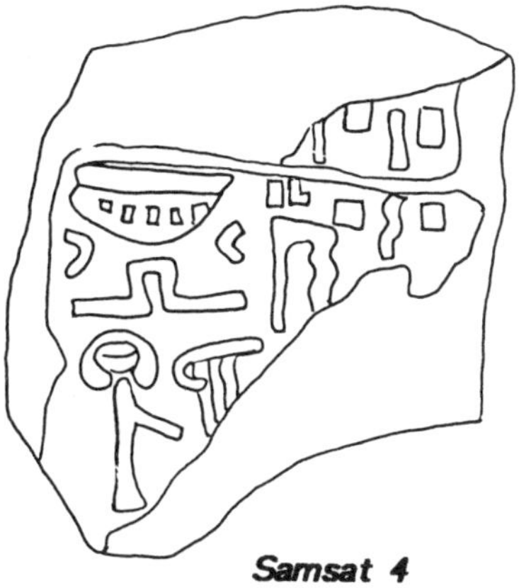

Samsat 4

Samsat 5

Samsat 6

Samsat 7

Samsat 8

n° 122-125; 128-131). Les cinq fragments que nous présentons sont inscrits en relief, comme ***Samsat 2.*** Quatre de ces fragments ont été réutilisés dans un mur; comme toutes les inscriptions hiéroglyphiques de Commagène, l'ensemble appartient à l'Age du fer.

Samsat 4

Découvert en 1986; réutilisé dans un mur du niveau III (i/17). Calcaire. 29 x 23 x 12 cm. (inv. St. 86-298). Comporte deux lignes:

] *wa x*[

] *410*-CIEL-TERRE-410 REL-ra/i-sà 386-sá-x-x?-wa* [

Remarques: la position verticale des signes CIEL-TERRE (182-201) est rare; à ma connaissance elle se rencontre seulement sur la stèle d'Adiyaman I, 4'/8 (J.D. Hawkins, *loc. cit.*, 102-103; P. Meriggi, *op. cit.*, n° 122). En général ces deux signes sont l'un à côté de l'autre comme par exemple sur l'inscription de Boybeypinari III C 3' (J.D. Hawkins, *loc. cit.* 85, fig. 9).

Samsat 5

Découvert en 1983; réutilisé dans un mur du niveau V (E/16). Calcaire. 16 x 11 x 4 cm (inv. St. 83-389).

On trouve successivement les signes suivants:

ia, sa, AV]EC (? 58), ia [

Samsat 6 et ***7*** (appartiennent probablement à une même inscription):

Découverts en 1983; réutilisés dans un mur du nivaeu V (E/16). Deux fragments. Calcaire. La surface travaillée du grand fragment (6) mesure 17,5 x 8,6 cm. (inv. St. 83-400). Quatre signes complets et un incomplet sont visibles:

6) *240(?)/431(?)- [x], ti-tara/i, a-wa [*

7) *pu-s[à (104), s[a (415)*

---

* Les numéros remplaçant les valeurs phonétiques, et les numéros entre parenthèses sont ceux du livre d'E. Laroche, *Les hiéroglyphes hittites* I, Paris 1960.

pu (430) est le signe qui remplace 328 dans le nom de *Ha+r-ta-pu-s(a)* de Kizildağ sur l'inscription n° 3; il apparaît trois fois sur l'inscription n° 4, dans un contexte différent, et une fois il est lié au signe PAYS (228): "*PAYS pu(nati)*" donnant probablement par acrophonie le sens de "tout (le) pays" (communication J.D. Hawkins).

Samsat 8

Découvert en 1983 dans le niveau VI (B/15). Basalte. 22 x 23 x 15 cm. (inv. St. 83-344). C'est probablement la dernière ligne d'une inscription comportant six hiéroglyphes:
w]a, REL(?) zi(?)-ia, su(?), ha[.

CONCLUSION

Ces 5 fragments nous indiquent l'existence de quatre inscriptions différentes l'une de l'autre: ***Samsat 8*** est en basalte et ne fait donc partie d'aucune des trois autres. ***Samsat 5*** ne peut pas être un fragment de la même inscription que ***Samsat 6*** et ***7*** en raison de la différence de la forme des signes, en particulier de la forme de *sa* (415); de même que ***Samsat 4*** ne provient pas de la même inscription que ***Samsat 7*** (et ***6***), puisque la forme du signe *sà* (104) n'est pas la même sur les deux fragments.

Une fouille de plus longue durée aurait peut-être permis de découvrir les inscriptions auxquelles appartiennent ces fragments qui sont trop petits pour qu'on puisse en tirer davantage d'informations.*

Adresse de l'auteur:

22, rue Beautreillis
F - 75004 - Paris
France

*Alors que ce texte est sur épreuves j'apprends que deux autres inscriptions fragmentaires ont été trouvées à Samsat. Madame N. Özgüç en a confié la publication à J.D. Hawkins.

BCILL 52: Hethitica X, 135-160

WAR DIE ERSTE COMPUTER-ANALYSE DES HETHITISCHEN VERFEHLT ?

Jörg KLINGER - Erich NEU

Im Jahre 1970 erschien Ph.H.J. Houwink ten Cates Buch "The Records of the Early Hittite Empire (c. 1450-1380 B.C.)" (1), das aus einem "Computer Project" (2) unter der Leitung H.G. Güterbocks am Orient-Institut der Universität von Chicago hervorgegangen war. Die Untersuchung hatte "the preparation of a concordance for lexicographical research on parts of the corpus of Hittite texts" (3) zum Ziel.

In seinem Vorwort beschreibt Houwink ten Cate kurz, wie hierbei versucht wurde, die Möglichkeiten elektronischer Datenspeicherung und -verarbeitung zu nützen, was seiner Arbeit den Ruf einbrachte, "erste Computeranalyse des Hethitischen" (4) zu sein. Man hat damit aber u. E. gelegentlich falsche Vorstellungen verbunden (5). Eine "Computeranalyse" im eigentlichen Sinne war nicht beabsichtigt, sondern der Computer wurde lediglich als Instrument eingesetzt, um Texte z.B. nach bestimmten Graphien wie Pleneschreibungen oder Verwendung von Gleitlauten u. ä. zu untersuchen, nicht aber, die Daten philologisch auszuwerten; diese Arbeit hat auch bei diesem "Computer Project" der Philologe selbst zu leisten. Eine computergerechte Aufbereitung und Speicherung des Materials, wie sie Houwink ten Cate beschreibt (oder ähnliche Verfahren), bieten den wesentlichen Vorteil, einen einmal eingegebenen Text nach den unterschiedlichsten Kriterien und auf verschiedenen Ebenen analysieren zu können oder Phänomene nach bestimmten Kriterien ordnen zu lassen, wozu nach der herkömmlichen Methode der Verzettelung oft mehrere ganz unterschiedlich aufgebaute Karteien notwendig sind, die letztlich aber auch nur immer wieder dasselbe Material, nur anders angeordnet, enthalten (6) - ganz abgesehen von der simplen Tatsache, daß der Computer einen Such- oder Sortiervorgang in unvergleichlich kürzerer Zeit erledigen kann als der Mensch.

Houwink ten Cate konzentrierte sich zunächst auf das Mittelhethitische, dessen Textkorpus relativ begrenzt und historisch von großer Bedeutung ist. Dazu ging er von vier Textgruppen aus:

A. Althethitische Texte
B. unzweifelhaft mittelhethitische Texte
C. möglicherweise mittelhethitische Texte
D. Texte aus der Zeit Šuppiluliumas I.,

um auf der Basis von "strictly grammatical and philological evidence together with prosopographical and geographical indications" (7) verläßliche Kriterien für die Bestimmung mittelhethitischer Texte zu gewinnen, wobei als Arbeitshypothese die Annahme zugrunde lag, daß, wenn Gruppe C mittelhethitische Texte enthalte, diese die gleichen Charakteristika wie Gruppe B aufweisen und mit dieser eine Zwischenstellung zwischen A und D einnehmen müßte - vom methodischen Ansatz ein sicher vertretbares Vorgehen.

Kapitel I "Linguistical Evidence" bietet eine Zusammenstellung relevanter Datierungskriterien aus der vorangehenden Diskussion, Kapitel II "The Linguistical Interpretation of Textual Variants" eine weitere Untersuchung dieser und ähnlicher Kriterien und Kapitel III "Philological Evidence" deren Auswertung; Kapitel IV "Historical Considerations" beschließt die Arbeit, der im Anhang noch ein Korpus mittelhethitischer Texte (nach Cat.-Nummern geordnet), gewissermaßen als Zusammenfassung der Ergebnisse, beigegeben ist.

Die Reaktion auf Houwink ten Cates Arbeit war unterschiedlich; während z. B. H. Otten und E. Neu die Ergebnisse durchaus positiv beurteilten (8), jedoch mit der gewichtigen Einschränkung, daß durch Einbeziehung paläographischer Datierungskriterien noch ein eindeutigeres Urteil, insbesondere was die Frage "Original" oder junge Abschrift betrifft, möglich gewesen wäre, reagierte A. Kammenhuber gänzlich ablehnend.

Sie setzte damit ihre bereits vorher geäußerte grundsätzliche Kritik an der Datierung nach sprachlich-"ortho"graphischen Kriterien fort (9). Ihrer Meinung nach ist der ganze Ansatz methodisch verfehlt, da -wie sie es immer wieder bezeichnet hat- "mechanische Datierungskriterien" absolute Gültigkeit fordern würden, diese aber, wie sie an verschiedenen Beispielen zu zeigen versuchte, nicht gegeben sei. Die Forderung der "ausnahmslosen Gültigkeit" sogenannter "mechanischer Datierungskriterien" (10), von A. Kammenhuber zuletzt 1985 in der Festschrift Winter wiederholt (11), wurde bisher nie ausreichend begründet. Das vereinzelte Auftreten eines ansonsten für ältere Sprache typischen Kriteriums in jüngeren Abschriften oder auch in jungen "Originalen", wie z. B. syllabisch geschriebenes *na-at-ta* im Šaušgamuwa-Vertrag Tutḫalijas IV., entwertet das Kriterium an sich keineswegs. Hinzu kommt, daß man sich in der bisherigen Datierungsdiskussion ja niemals auf ein einzelnes isoliertes Indiz verlassen hat, sondern immer mehrere Kriterien zusammen -kumulativ (12)- zur Datierung eines Textes herangezogen hat.

Die hethitische Keilschriftpaläographie ist in den letzten Jahren zu einer verläßlichen Methode der Textdatierung entwickelt worden (13). Selbst nur wenige Wörter enthaltende Tafeletiketten bzw. etikettähnliche Täfelchen lassen sich heute bei Vorliegen charakteristischer Zeichenformen einer bestimmten Schriftperiode zuweisen. So liegt z. B. mit KUB XXX 71 eine mittelhethitische, mit KUB XXX 75 hingegen eine junghethitische (13. Jh. v. Chr.) Niederschrift vor (14).

Dies ist nicht der Ort einer prinzipiellen Kritik an der in THeth 9 angewandten Methode und ihren Ergebnissen; es liegen dazu ja auch bereits entsprechende Rezensionen vor (15). Nur soviel sei gesagt: Kapitel III 1.3 bringt eine Liste der Zeichen und ihres Auftretens auf der Basis "gesicherter" Texte, die als Grundlage für die Einordnung anderer Fragmente und ihrer paläographischen Datierung dient. Die Liste selbst ist aber bestenfalls geeignet, ältere von jüngeren Niederschriften zu trennen, nicht aber, gerade mittelhethitische Texte zu datieren, da einige der charakteristischsten Zeichenformen überhaupt nicht berücksichtigt werden. Darüber hinaus enthält gerade die Gruppe der Zeichen, die ab Arnuwanda I. belegt sein sollen, einige gravierende Irrtümer, die zu abweichenden Datierungen führten. Der nicht korrekte Textzusammenschluß von KUB XVII 21 mit KUB XLVIII 110 (16) führte dazu, daß die "jüngeren" Varianten von SAR, DU und URU (17) mit aufgenommen wurden, tatsächlich jedoch nur in dem eine junge Abschrift darstellenden Fragment KUB XLVIII 110 auftreten. Ebenso ist die Angabe falsch, daß KBo V 7 und IBoT II 39 die "jüngere" Variante des Zeichens TAR enthalten. Damit entfallen von den angeblich bereits ab Arnuwanda I. belegten "jüngeren" Zeichenformen (18) TAR, DU und URU, die übrigens auch nach THeth 9 erst wieder in Texten Muršilis II. auftreten.

Ausgehend von dem von Houwink ten Cate zusammengestellten Korpus mittelhethitischer Texte, ergänzt durch die inzwischen hinzugekommenen Fragmente und die dort nicht berücksichtigten CTH-Nummern aus Laroches "époque incertaine", soll hier Textgruppe für Textgruppe vor allem nach paläographischen, aber, wenn für erforderlich gehalten, auch nach sprachlich-"ortho"graphischen und -gegebenenfalls- inhaltlich-historischen Gesichtspunkten analysiert werden. Da Houwink ten Cates mittelhethitisches Textkorpus vorwiegend auf der Basis sprachlich-"ortho"graphischer Kriterien gewonnen wurde, soll dabei vor allem der Frage der Unterscheidung von "Original" und Abschrift mehr Bedeutung beigemessen werden. Auf die Datierung in THeth 9 wird jeweils bei den entsprechenden Texten eingegangen, wenn das erforderlich erscheint. Um den äußeren Rahmen eines Aufsatzes nicht zu sprengen, erfolgt hier die Dokumentation in der notwendigen Kürze. Liegt in der Sekundärliteratur zu einem Text bereits eine überzeugende Datierungsangabe vor, begnügen wir uns in der Regel mit einem Hinweis darauf.

CTH 28: KBo XVI 47

Bereits H. Otten hat bei seiner Bearbeitung des Textes (19) darauf hingewiesen, daß sowohl Duktus als auch sprachlich-"ortho"-graphische Eigenheiten den Text auf die Zeit vor Šuppiluliuma I. datieren (20); seitdem wurde das mittelhethitische (mh.) Alter des Textes mehrfach festgestellt (21). Dem widerspricht auch nicht der paläographische Befund in THeth 9 (ebd., 138). Eine Datierung auf Šuppiluliuma I. wird dort (ebd., 245) nur wegen des Auftretens von

^{d}UTU^{ŠI} erwogen, die Majestätsbezeichnung ist jedoch bereits früher belegt (22).

CTH 41 II: KUB VIII 81 + KBo XIX 39

Der paläographische Befund weist eindeutig auf mh. Alter des Textes; vgl. die Zeichenformen von u.a. AK, AZ, DU, E, IK, LI, SAR, ZU; dies wird durch die Sprachform gestützt. Auch die dazugehörige akkadische Version des Vertrages KBo I 5 ist sicher in mh. Zeit entstanden; neben den entsprechenden Zeichenformen sei besonders auf das häufige ligaturartig geschriebene *A+NA* verwiesen (23).

CTH 131: KUB XXXVI 127

Durch seine Zeichenformen läßt sich der Text eindeutig als mh. Niederschrift bestimmen; besonders charakteristisch sind die Formen von SAR, TAR und auch IT. Auffällig ist die einmalige Schreibung des Zeichens IK (Rs. 16') in der Form, die bisher als für das 13. Jh. typisch galt (24), neben mehrmaliger Schreibung entsprechend der älteren Variante. Zu nennen wäre auch die häufige ligaturartige Schreibung von *A+NA;* selbst innerhalb des Wortes *ma-a-an* kann das Zeichen A ohne gebrochenen zweiten Senkrechten geschrieben werden (Vs. 12').

Insgesamt ähnelt der Duktus des Textes KUB XXXVI 127 mehr KBo I 5 als KUB VIII 81, so daß heute eine Aufteilung auf zwei Textgruppen nicht mehr notwendig erscheint. Auch aus historischen Gründen besteht keinerlei Anlaß, mit zwei Šunaššuras zu rechnen (25), zumal sich jetzt durch die Datierung von KBo I 5 auf einen Tutḫalija und die mögliche Ergänzung ^{m}*Šau*[*štatar* (26) in KUB XXIII 14 Vs. II 1 (27) eine recht ansprechende Reihe an Synchronismen ergibt: Niqmepa-Šunaššura-Sauštatar (AT 14), Sauštatar-Tutḫalija (KUB XXIII 14), Šunaššura-Tutḫalija (KBo I 5).

CTH 132: KBo XII 31

Vom paläographischen Befund her kann kein Zweifel bestehen, daß es sich bei diesem Text um eine Niederschrift der 2. Hälfte des 13. Jh. handelt; dafür spricht vor allem die Zeichenform KI, wie sie in

Rs. IV 7', 16' belegt ist, aber auch die Varianten von z. B. DA, E, SAG und URU. Hinzu kommen Graphien wie URU*ḪAT-TI* (I 1', II 9'), UN-*aš* (I 2') oder GIM-*an* (I 4') (28).

Inhaltlich bietet die besser erhaltene Rückseite im wesentlichen eine Schwurgötterliste, die der des Šaušgamuwa-Vertrages Tutḫalijas IV. entspricht (29). Da auch kein Hinweis auf ältere Sprache vorhanden ist, können wir davon ausgehen, daß es sich bei KBo XII 31 um eine Textkomposition des 13 Jh. handelt.

CTH 133: KUB XXVI 41(+)XXIII 68 + ABoT 58

Der Text liegt in einer Bearbeitung vor (30). Zu dem Zeitpunkt ihrer Entstehung war eine Aussage zur Paläographie jedoch noch nicht möglich. Die Untersuchung machte aber deutlich, daß der Text sprachlich-"ortho"graphisch in die Phase vor Beginn der hethitischen Großreichszeit gehört (31), stilistisch auffallende Parallelen zum Ḫukkana-Vertrag zeigt und, was die Stellung der Schwurgötterliste anbetrifft, an die Kaškäer-Verträge Arnuwandas I. erinnert (32). Die Zeichenformen dagegen - vgl. besonders E, TAR und URU - weisen darauf hin, daß wir es mit einer jungen Abschrift zu tun haben, was auch der Grund für das Auftreten der älteren Zeichenformen von IK und LI sein dürfte. Offenbar neigen die hethitischen Schreiber dazu, bei den Zeichen, die ganz unterschiedliche Varianten der älteren und jüngeren Zeichenformen aufweisen, wie das z. B. bei AK und LI der Fall ist, auch in Abschriften die ältere Variante beizubehalten - ein Phänomen, das der Übernahme älterer "Ortho"graphien durchaus vergleichbar ist.

CTH 134: A. KBo VIII 37; B. KUB XXIII 7; C. KUB XL 28

Diese Textgruppe wurde von E. Laroche (CTH S. 20) bereits mit der Bemerkung "archaïsant" charakterisiert, was der sprachlich-"ortho"graphische Befund bestätigt. Einige wenige Beispiele mögen genügen: *pa-it-ta-a-ni* (A Rs. 6'), die Instrumentalform *ud-da-an-da* (A Rs. 5'), Tenuisschreibung bei *e-eš-tu* (A Rs. 10'), syllabisches *na-at-ta* (C 3') und]*ki-ir-šu-me-et* (C 2'). Paläographisch stellen A und B jedoch junge Abschriften dar (vgl. z. B. A: junges E, IK, LI, SAR, TAR, URU und bes. ḪA; B: junges DU, E, URU), während Text C eindeutig in mh. Niederschrift vorliegt (C: AḪ, E, EN, IK, LI). Die

Textgruppe insgesamt ist also als mh. Komposition anzusprechen.

CTH 136: KBo XIII 55

Nach den Zeichenformen liegt eine Niederschrift aus nach-mittelhethitischer Zeit vor; URU und LI zeigen noch die älteren Varianten, andererseits sind keine typisch mh. Zeichenformen vorhanden (33). Auch die Erwähnung von Kizzuwatna und Mukiš (34) legt es nahe, in diesem Text eine zeitgenössische Niederschrift wohl aus der Regierung Šuppiluliumas I. zu sehen.

Für die folgenden Textgruppen ist grundsätzlich auf den Beitrag von E. Neu in Fs Bittel zu verweisen (35).

CTH 137: KBo XVI 27; mh. Niederschrift (36)
CTH 138: 1. KUB XXIII 27a(+) XIII 27 + XXIII 77 + XXVI 40; mh. Niederschrift
2. KUB XXXI 105; mh. Niederschrift (37)
CTH 139: A. KBo VIII 35; mh. Niederschrift
B. KUB XL 36 + XXIII 78b + XXVI 6; mh. Niederschrift
C. KBo XVI 29(+)KUB XXXI 104; mh. Niederschrift (38)
CTH 140: 1. KUB XXVI 19; mh. Niederschrift (39)
2. A. KUB XXVI 20 + KBo XII 132; mh. Niederschrift (40)
B. KUB XL 14; junge Abschrift (41)
3. KUB XL 21; junge Abschrift (42).

CTH 141: KBo XII 39

Der paläographische Befund spricht eindeutig für eine junge Niederschrift; vgl. z. B. die Zeichenformen von E, DU, EN, KU oder LI. Besonders die Zeichenformen von ḪA und DI erlauben eine Datierung des Textes in die zweite Hälfte des 13. Jhs. Für ältere Sprache gibt es keinerlei Anzeichen; häufig sind dagegen ideographische Schreibungen wie PAP-*aḫ-ḫa-aš-tén* (Rs. 13'), SIG_5-*e-eš-du* (Vs. 6') oder GIM-*an* (Rs. 14'). Man kann den Text also ohne Bedenken als eine sehr späte zeitgenössische Niederschrift bezeichnen (43).

Auch bei der folgenden Textgruppe können wir uns kurz fassen, da bereits alles Notwendige zur Datierung gesagt wurde (44).

CTH 142: 1. KUB XXIII 27; Abschrift des 13. Jh.
2. A. KUB XXIII 11; Abschrift des 13. Jh.
B. KUB XXIII 12; mh. Niederschrift
3. KBo XII 35; Abschrift des 13. Jh.

CTH 143: KUB XXIII 21

O. Carruba hat dieses Annalen-Fragment der beiden Großkönige Tutḫalija und Arnuwanda bereits besprochen (45). Der paläographische Befund erweist den Text als eine junge Niederschrift (vgl. z. B. die Zeichenformen von E, EN, ḪA, IK, KU, LI, SAR und URU). Andererseits gibt es ebenso deutliche Hinweise auf ältere Sprache (46), und auch inhaltlich fügt sich der Text bestens in den historischen Kontext des Madduwatta-Textes oder der Tutḫalija-Annalen (47).

Daß es sich bei KUB XXIII 21 um eine Abschrift handelt, versucht I. Hoffmann in ihrem Aufsatz zum Madduwatta-Text (48) lediglich inhaltlich zu widerlegen (die sprachlich-"ortho"-graphischen Argumente, die von mitentscheidender Bedeutung sind, werden von der Verf.in überhaupt nicht berücksichtigt), indem sie die seit A. Götze (1928) vertretene Auffassung, die hier und im Madduwatta-Text berichtete Episode um einen Kupanta-^{d}LAMMA seien identisch, zurückweist, ohne jedoch schwerwiegende Argumente beizubringen. Daß das eine Mal von ^{d}UTU^{ŠI} und *ABI* ^{d}UTU^{ŠI} die Rede ist, das andere Mal aber Arnuwanda und Vater Tutḫalija genannt werden, ist kein Argument, gerade angesichts der Tatsache, daß überhaupt in beiden Texten Koregenz (49) vorliegt, die sonst nicht bekannt ist. Dasselbe gilt für das zweite Argument der Verfasserin, wonach in KUB XXIII 21 die Könige selbst als Handelnde genannt werden, während im Madduwatta-Text -der ja generell detaillierter gehalten ist als die straffer formulierten Annalen- die Generäle erwähnt werden, die ausgesandt wurden, um Madduwatta zu Hilfe zu kommen. Das erscheint doch zu dürftig, um "unbesorgt mit einem dritten Kupanta-^{d}KAL" [36] rechnen zu können.

CTH 144: KUB XXVI 29 + KUB XXXI 55

Der Text, der deutliche inhaltliche Übereinstimmungen mit CTH 146 aufweist (50), stellt eine junge Niederschrift (Abschrift) dar, wie insbesondere die jungen Zeichenformen von AK, E und IK deutlich machen.

CTH 145: KUB XIX 28

Bei diesem Text war die Datierung zu keiner Zeit umstritten (51). Sowohl paläographisch (junges AK, LI, SAR, ŠÚ) als auch sprachlich-"ortho"graphisch (vgl. *kiš-an*) stammt der Text eindeutig aus der hethitischen Spätzeit. Der Text bietet darüber hinaus die Genealogie m*Šuppiluliuma* DUMU m*Tutḫaliia* (IV 16) (52).

CTH 146: KUB XXIII 72 + XL 10 + 1684/u (53)

Vor allem die für eine mh. Niederschrift typischen Zeichenformen DA und IT (daneben wären noch zu nennen AḪ, E, TAR und URU) datieren den Text eindeutig als zeitgenössische Niederschrift (54). Dies wird gestützt durch den sprachlich-"ortho"graphischen Befund und die stilistischen Übereinstimmungen gerade zum Madduwatta-Text (55).

CTH 147: KUB XIV 1 + KBo XIX 28

Zu diesem, dem wohl meist diskutierten Text des gesamten "mittelhethitischen Textkorpus", ist eine in Details gehende Stellungnahme wohl nicht mehr nötig, besteht doch heute fast uneingeschränkt Einigkeit, was die lange heftig umstrittene Umdatierung dieses Textes betrifft. Anstelle eines Resümees sei auf die kurze Bemerkung von E. Neu in der Fs Oberhuber und auf das Stichwort Madduwatta im RIA verwiesen (56).

CTH 212: KBo XVI 46

Bereits in der Inhaltsübersicht von KBo XVI hatte H. Otten darauf hingewiesen, daß dieser Text "kleine Schrift, sonst Ähnlichkeit mit älterem Duktus" aufweist. Heute läßt sich das bei der fortgeschrittenen Kenntnis der Paläographie dahingehend präzisieren, daß es sich um eine mh. Niederschrift handelt (vgl. die Zeichen AḪ, E, IK, LI und SAG; weniger charakteristisch DA und IT).

CTH 214: KBo XVI 35

Die Zeichenformen von E, LI, URU und besonders ḪA erweisen den Text als Niederschrift der 2. Hälfte des 13. Jahrhunderts. Der sprachlich-"ortho"graphische Befund (vgl. *pe-eš-ta* Z. 9') stimmt damit bestens überein. Mit der Nennung Pijamaradus (57) und eines Ḫattušili *ABI ABI-I̯A* wird diese Datierung schließlich auch inhaltlich gestützt (58). Es liegt also eine spät-junghethitische Komposition und keine Abschrift vor (59).

CTH 223: KBo V 7

Bereits die Siegelung (60) macht deutlich, daß es sich um eine zeitgenössische Niederschrift von Arnuwanda I. und Ašmunikal handelt (61). Das paläographische Erscheinungsbild geht damit völlig konform; als besonders charakteristisch seien die Form DA (z. B. Rs. 17) und die ligaturartige Schreibung von *A+NA* (Rs. 47 u. ö.) hervorgehoben (62).

CTH 236.2: KUB XXXI 33

Das nur kleine Textfragment enthält lediglich eine Namensliste, so daß für eine sprachlich-"ortho"graphische Analyse keine Kriterien vorhanden sind, jedoch erlauben es die Zeichenformen (z. B. DU, ḪA, URU), den Text mit ausreichender Sicherheit als mh. Niederschrift zu datieren (63).

CTH 251: KBo XVI 24(+)25

Dieser Text (64) kann als geradezu idealtypisch für eine mh. Niederschrift bezeichnet werden. Besonders charakteristisch sind die Zeichenformen von DA, EN, IT und TAR, aber auch AḪ, AK, AZ, E, ḪAR, LI, SAR und URU könnte man nennen. Die Schreibungen von *A-NA* und *kat-ta* neigen zur Ligatur. Von den reichhaltigen Belegen für ältere Sprache nur einige wenige Beispiele: *šumenzan, antuu̯aḫḫaš*

(I 33), *laḫḫa*, *nu-un-tar-ri-it-ta-ni* (I 80). Inhaltlich haben sich durch den "Neufund" eines mh. Königs Muwatalli überraschend neue Erkenntnisse zur Geschichte des hethitischen Königshauses zwischen Telipinu und Šuppiluliuma I. ergeben (65).

CTH 252: KUB XIII 8

Daβ es sich hierbei um die junge Abschrift eines ursprünglich von Ašmunikal, der Gattin Arnuwandas I., stammenden Textes handelt, hat bereits H. Otten überzeugend nachgewiesen (66). Auch unter dem Gesichtspunkt der Paläographie läβt sich dem nichts mehr hinzufügen - die Zeichenformen sind alle eindeutig jung. Erwähnt sei noch *NAPŠĀTU* "Personal", das nach THeth 9 nur in Texten Arnuwandas I. auftritt (67).

CTH 257 (68)

Der Haupttext KBo XIII 58 (257 1.A) wurde von C. Rüster in StBoT 20 für die Spalte VIII verwertet, wobei der Ausgangspunkt die Datierung auf Arnuwanda I. war, ohne daβ eine endgültige Entscheidung - Original oder Abschrift - damals schon möglich gewesen wäre. Heute läβt sich der Text als späte Abschrift bestimmen (69); sicher jung sind z. B. die Zeichenformen von AḪ, AK, E, bes. ḪA, IK, TAR und URU. Auch alle anderen Fragmente der Textgruppe haben als junge Abschriften zu gelten; vgl. die Zeichenformen IK und URU in KUB XXIII 64 (1.B); EN, IK, KU, TAR und URU in KUB XXVI 9+ (1.C); AḪ, EN und ḪA (aber auch älteres AK, KU und URU) in KBo X 5 (1.D); DU, E und LI in KUB XXXI 112 (3.) (70).

Obwohl bisher die gesamte Textgruppe nur in junghethitischen Abschriften überliefert ist, lassen die sprachlich-"ortho"graphischen Gegebenheiten wie auch bestimmte Formulierungen keinen Zweifel daran, daβ es sich um eine ursprünglich mh. Komposition handelt.

CTH 258: 1. KUB XL 62 + XIII 9
2. KUB XIII 7

Auch zu dieser Textgruppe liegt bereits eine Untersuchung vor (71), die sie als junge Abschrift bestimmt hat: u. a. AḪ, E, LI, TAR, URU in beiden Texten und die ganz junge Variante des Zeichens DI in KUB XIII 7 I 1 sprechen eindeutig für junge Niederschriften. Diesem paläographischen Befund stehen jedoch Sprachformen wie *antuu̯aḫḫaš* (2. I 14), der alte Imperativ *a-ku* und syllabisches *na-at-ta* (2. I 24) gegenüber, so daß die Komposition des Textes aus mh. Zeit stammen dürfte (72).

CTH 259: Zum paläographischen Befund ergibt sich folgendes Bild:

1. KUB XXVI 11 junges URU, E;
2. A. KUB XIII 20 junges E, ḪA, SAR, TAR;
   B. KUB XIII 21+ junges E;
   C. KUB XXXI 107 junges TAR;
   D. KUB XXVI 17 älteres AḪ, DA, DU, E, ḪAR, IT, TAR.

Da mit KUB XXVI 17 eine mh. Niederschrift vorliegt, geht wohl die gesamte Textgruppe auf eine mh. Komposition zurück. Dies bestätigt auch der sprachlich-"ortho-"graphische Befund - soweit die Fragmente überhaupt genug Kontext dafür bieten; vgl. z. B. *da-a-la-aḫ-ḫi* (2.A I 24), *an-tu-u̯a-aḫ-ḫa-aš* (2.A I 4) (73).

CTH 260: 1. KUB XXXI 44
2. KUB XXXI 42
3. KUB XL 15 + XXVI 24

Auch hier können wir uns kurz fassen, da unbestritten ist, daß es sich bei allen drei Texten um junge Abschriften einer mh. Textvorlage handelt, die auf Arnuwanda I. zurückgeht (74). Die Indizien für ältere Sprache sind eindeutig, ebenso der paläographische Befund; einige Zeichenformen mögen genügen: ad 1. junges IK, LI, TAR, URU; ad 2. junges LI, TAR; ad 3. junges DU, SAG, TAR. Auch diese Texte haben auffallend häufig alte Zeichenvarianten (z.B. LI) bewahrt; auch das Zeichen EN in 3. IV 11' ist noch der mh. Form ähnlich.

CTH 261: 3. KUB XIII 1+
5. KUB XL 57

Da die unter 261.3 genannten Fragmente nicht immer direkt anschließen, wurden sie einzeln überprüft. Paläographisch spricht nichts gegen einen Zusammenschluß, alle Textstücke zeigen dieselben eindeutig mh. Zeichenformen, besonders ausgeprägt bei den dafür typischen Varianten von DA, EN, IT und TAR; das noch unpublizierte Fragment 1236/u enthält gar die charakteristische Form von UZ mit gebrochenem Waagrechten. Auch sprachlich-"ortho"graphisch spricht nichts gegen diese Datierung. Anders verhält es sich mit dem Fragment KUB XL 57; hier weisen die Zeichenformen AK, EN, LI und URU deutlich auf eine junge Abschrift hin.

CTH 270: KBo XVI 50

Nach der Form der Zeichen AḪ, AK, DA, E, IT, LI und URU und der ligaturartigen Schreibung von *A+NA* handelt es sich hier ebenfalls um eine mh. Niederschrift. Sprachlich besonders auffallend sind u. a. die noch der alten Sprache entsprechenden Verbalformen 1. Pl. Prs. auf *-u̯ani* und die Schreibung der Reflexivpartikel als *-az*, nicht *-za*, wie in jungen Texten üblich (vgl. C. Kühne, Fs Otten 1988, 203ff.).

CTH 271

Alle unter dieser Nummer zusammengestellten Fragmente zeigen die typisch mh. Zeichenformen. Im folgenden werden einige besonders charakteristische Varianten der einzelnen Texte aufgeführt: KUB XXXIV 40: AḪ, AK, AL, DA, EN, LI; KUB XXXIV 41: DA, E, TAR; KUB XXXVI 112: ligaturartiges *A+NA* (Z. 3'; zu beachten ist auch die alte Imperativform *a-ku*); KUB XXXVI 113: AK, DA, EN, IK, IT, LI, ligaturartiges *A+NA;* KUB XXXVI 114: AḪ, AK, E, EN, ḪAR, IK, LI, TAR, ligaturartiges *A+NA* und *kat+ta;* KUB XXXVI 116: E, IT, ligaturartiges *A+NA;* KUB XXXVI 118: AḪ, DU, E, LI, SAG. Inhaltlich gemeinsam haben die Texte die Nennung verschiedener, an den Thronwirren um den Usurpator Muwatalli I. beteiligter Personen (75).

CTH 275

KUB XXXI 103 zeigt einen eindeutigen paläographischen Befund: AḪ, E, LI, URU, besonders DA, IT, TAR und ligaturartiges *A+NA* datieren die Niederschrift als eine mittelhethitische (auffallende Variante von IK Z. 13; beachte die Graphie *NI-IŠ* statt *NÉ-EŠ*); auch die Sprache des Textes entspricht der Zeit seiner Niederschrift (76).

Der Text KUB XXXVI 119 wurde von O.R. Gurney behandelt (77); er gehört in die Zeit vor Šuppiluliuma I. Die Zeichenformen DU, E, LI und SAG sprechen sicher für eine zeitgenössische Niederschrift, vom Sprachlich-"Ortho"graphischen her ist wenig zu sagen, da das Fragment außer den Namen nur wenige ganze Wortformen enthält.

CTH 372

Diese Textgruppe wurde zuletzt von H.G. Güterbock neu zusammengestellt und auch datiert (78). Der Haupttext KUB XXXI 127+, den Houwink ten Cate nicht berücksichtigt hatte, ist danach eine junghethitische Niederschrift. Dies gilt auch für KUB XXXI 128 (wie die Zeichen E, EN und ḪA belegen; jünger auch der Vokativ LUGAL-*u-e* (79)) und für KUB XXXI 133 (junges AḪ, E, eigentümliche Form von TAR Z. 7') (80).

CTH 373: KUB XXX 10

Dieses Gebet des Kantuzzili gehört wieder zu den unumstrittenen mh. Texten (81). Dafür sprechen sowohl eindeutig die Zeichenformen (z. B. AḪ, DA, E, ḪAR, TAR) als auch der sprachlich-"ortho"-graphische Befund (z. B. *an-tu-u̯a-aḫ-ḫa-aš*, *ud-da-an-ta* und die Schreibung *ma-a-aḫ-ḫa-an*). Ob es sich beim Verfasser tatsächlich um den Bruder Šuppiluliumas I. handelt, muß aber bezweifelt werden. Vielmehr könnte es sich bei diesem "Prinzen" und Sohn eines Tutḫalija (82) um denselben handeln, der zusammen mit Ḫimuili den Usurpator Muwatalli I. ermordete (83).

CTH 374

Auch diese Textgruppe hat H.G. Güterbock neu zusammengestellt und dabei auch datiert (84). Alle drei von Houwink ten Cate berücksichtigten Texte dieser Gruppe zeigen den mh. Duktus (85). Für KUB XXXI 135+ sind die Zeichenformen von DU, E, LI, SAR und TAR zu nennen (vgl. auch EN in dem Fragment KUB XXX 11 Rs. 20 gegenüber der Zeichenform in Vs. 8); für KUB XXXVI 75 DA, SAR und TAR (typisch alt), UZ (mit gebrochenem Waagrechten) und ligaturartiges *A+NA;* hier ist auch in ^{d}UTU-*i* der alte *i*-Vokativ erhalten. KUB XXXI 109 zeigt dagegen schon den Vokativ LUGAL-*u-e* (86), wobei gerade dieses E-Zeichen noch die ältere Variante aufweist. Erwähnenswert auch noch (beschädigtes) SAR und altes AK und IK, die innerhalb der jungen Abschriften dieser Textgruppe häufiger belegt sind. Da auch keine sonstigen sprachlich-"ortho"-graphischen Indizien bzw. aussagekräftigen Zeichenformen erhalten blieben, ist die Frage nach dem Alter der Niederschrift nicht mit letzter Sicherheit zu entscheiden, obwohl alles Vorhandene für Mittelhethitisch spricht, auch die Ähnlichkeit mit dem Kantuzzili-Gebet (CTH 373).

CTH 375 wurde bereits von E. Neu in seiner Studie zur Datierung der Kaškäer-Verträge behandelt, worauf hier verwiesen sei (87). Das Ergebnis:

A. KUB XVII 21 + 545/u + 577/u + 1619/u + 768/v: mh. Niederschrift

B. KUB XXXI 124 + KUB XLVIII 28 + Bo 8617: mh. Niederschrift

C. "I. Tafel": KUB XXIII 17 + KUB XXIII 115 + KUB XXXI 117(+) 398/u + 1945/u(+)1241/u(+)766/v + Bo 69/484: Abschrift, 13. Jh.
"II. Tafel" (?): KUB XXXI 72 + KUB XLVIII 107(+)KUB XLVIII 110: Abschrift, 13. Jh.

CTH 376

KUB XXX 13(+)KBo VII 63 (376.B) gehört zu dem von Muršili II. an die Sonnengöttin von Arinna gerichteten Gebet. Die erhaltenen Passagen entsprechen 376.A, das von Muršili II. selbst stammt. Nach den Zeichenformen zu urteilen (E, ḪAR, TAR; Normalform von DA und IT), handelt es sich um eine junge Niederschrift. Auffallend ist, daß die älteren Varianten von AK und LI auftreten, so daß man geneigt ist, an eine Abschrift zu denken; allerdings spricht von der Sprachform her nichts dafür. Es liegt also mit ziemlicher Sicherheit ein zeitgenössischer Text Muršilis II. vor, dessen Gebete bekanntermaßen nach älteren Vorlagen konzipiert wurden.

KUB XXIV 4 + KUB XXX 12 (376.C) lag in StBoT 21 der Spalte I zugrunde und war bereits von O. Carruba auf seine Sprachform hin untersucht worden (88). Carruba stellte dabei fest, daß KUB XXIV 4+ innerhalb der Muršili-Gebete den relativ ältesten Text darstellt, aber gleichzeitig der einzige ist, der den Namen Muršilis II. nicht nennt; auch von anderer Seite wurde die Sonderstellung dieses Textes verschiedentlich festgestellt (89). Während in StBoT 21, 3 -also zu Beginn der intensiven Beschäftigung mit der hethitischen Keilschrift-paläographie- noch die Vermutung geäußert wurde, KUB XXIV 4+ könnte eine Abschrift des 14. Jh. der zu vermutenden mh. Vorlage sein, dürfen wir beim heutigen Wissensstand der hethitischen Schriftentwicklung KUB XXIV 4+ als mh. Niederschrift ansprechen (90). Als erstes wäre hinzuweisen auf das typische mh. Zeichen EN (Vs. 22 u. ö.) und das häufige "alte" TAR, das in Vs. 22 mit einer leichten Schrägstellung des gebrochenen Waagrechten, ähnlich der typisch mh. Form, auftritt; die Zeichen DA (Vs. 24, Photo!) und IT (Vs. 21) zeigen ebenfalls für das Mittelhethitische charakteristische Zeichenformen mit den ungleich nach vorn gezogenen Waagrechten. Hinzu kommen noch AḪ, DU, E (das im Photo gelegentlich noch deutlicher den tiefen ersten Senkrechten zeigt), URU usw. (91) und vor allem ligaturartiges *A+NA* (Vs. 14) und leichte Ligatur in *kat-ta-u̯a-tar*.

CTH 443: KBo XV 10 + KBo XX 42

Dieser in seiner Datierung unumstrittene Text (92) aus der Zeit Tutḫalijas und Nikalmatis wurde auch bereits in einer einschlägigen Arbeit von E. Masson untersucht, worauf hier verwiesen sei (93).

CTH 832: KBo XVI 31

Nach den Zeichenformen DA, DU und E eine mh. Niederschrift. Da kaum ein vollständiger Kontext erhalten ist, sind auch nur wenige relevante Sprachformen zu nennen; erwähnt seien aber immerhin *NI-IŠ* DINGIR^{MEŠ} (4') (94), *e-eš-tu* (9') und die Schreibung *ḫa-an-da-a-iz-zi* (7').

Am Ende unserer Untersuchung läßt sich zusammenfassend feststellen, daß auch unter Einbeziehung der in den letzten Jahren herausgearbeiteten paläographischen Datierungskriterien, die Houwink ten Cate zur Zeit der Abfassung seiner Arbeit so noch nicht zur Verfügung standen, das Ergebnis seiner Textanalysen Bestand hat. Somit wird im Nachhinein die Richtigkeit seiner Untersuchung durch eine ganz andere Textdatierungsmethode nachdrücklich bestätigt. Erst diese paläographischen Kriterien (Zeichenformen, Duktus, Schriftgröße usw.) ermöglichen -worauf schon hingewiesen wurde- eine klare Unterscheidung von zeitgenössischen Niederschriften und jüngeren Abschriften. Sieht man von diesem Umstand ab, bleibt festzuhalten, daß von den von Houwink ten Cate im Appendix A (S. 80-83) zusammengestellten mittelhethitischen Texten nach unserer Auffassung lediglich die Texte KBo XII 31 (CTH 132) und KBo XVI 35 (CTH 214.8) als eindeutig junge Textkompositionen auszuscheiden sind. Alle anderen dort aufgeführten Texte stellen entweder mittelhethitische "Originale" oder jüngere Abschriften älterer Textvorlagen dar. Eine überzeugendere Bestätigung der Arbeit Houwink ten Cates erscheint kaum denkbar. Die im Titel unserer Untersuchung gestellte Frage, ob die erste Computer-Analyse des Hethitischen verfehlt war, läßt sich daher abschließend mit einem entschiedenen Nein beantworten.

Adresse des auteurs:

Sprachwissenschaftliches Institut der Ruhr-Universität
Postfach 102148
D - 4630 Bochum 1
Allemagne

ANMERKUNGEN

(1) Philo H.J. Houwink ten Cate, The Records of the Early Hittite Empire (c. 1450-1380 B.C.), Istanbul 1970 (Uitgaven van het Nederlands Historisch-Archaeologisch Instituut te Istanbul, hrsg. von A.A. Kampman u. M. Mellink, Nr. XXVI).

(2) Ebd., S. IX.

(3) Ebd., S. IX.

(4) Vgl. A. Kammenhuber, Die erste Computer-Analyse des Hethitischen, MSS 28, 1970, 51ff. [Rez.-Aufsatz zu Houwink ten Cates Arbeit].

(5) Vgl. S. Heinhold-Krahmer, THeth 9, 1979, 46.

(6) Insofern ist die Kritik A. Kammenhubers, [Rez. zu Records] ZDMG 122, 1972, 279, ein "Computer-Experiment" erfordere eher mehr Zeit, keinesfalls gerechtfertigt.

(7) Ebd., S. X.

(8) H. Otten, [Rez. zu Records], BiOr 27, 1970, 234f.; E. Neu, [Rez. zu Records], IF 77, 1972, 279ff.; zu weiteren Rez. vgl. S. Heinhold-Krahmer, THeth 9, 43ff.

(9) Zu der unrichtigen Behauptung von A. Kammenhuber in MSS 28, 1970, 51, die Übereinstimmung in den Ergebnissen der Arbeiten O. Carrubas, H. Ottens und Ph.H.J. Houwink ten Cates beruhe auf einer ungeprüften Verwertung des von O. Carruba zusammengestellten Materials, vgl. S. Heinhold-Krahmer THeth 9, 44f.; die Arbeiten waren zeitlich parallel und unabhängig voneinander entstanden, was wiederum für die Resultate spricht. Zu der von A. Kammenhuber vertretenen Auffassung (HW^2 A, 433b), innerhalb des Bestandes der Boğazköy-Texte gäbe es eine Lücke in der Überlieferung von zeitgenössischen Tontafeln des 15. Jahrhunderts, besteht keine Veranlassung.

(10) Vgl. zu diesem Begriff und seiner Rolle in der bisherigen Diskussion E. Neu, Hethitica VI, 1986, 139ff. und bereits ders., IF 81, 1976 [1977], 323f. In gewisser Weise stellt die paläographische Datierung hier eine Ausnahme dar, wenn für Textniederschriften einer bestimmten Epoche als typisch erkannte Erscheinungen, wie z. B. der "alte Duktus", auftreten (vgl. E. Neu, Hethitica VI, 1985, 155).

(11) A. Kammenhuber, Fs Winter, 1985, 458 n. 4: "In späteren

Arbeiten stellt Neu meistens entweder mechanische Datierungskriterien auf, die er vorsichtshalber selbst nicht ausprobiert und bei denen ihm noch immer nicht einleuchtet, daß sie nur *gültig* sind, wenn sie *ausnahmslos* funktionieren[!]".

(12) Zur "kumulativen Datierungsmethode" vgl. bereits E. Neu, StBoT 12, 1970, 63f. und ders., Hethitica VI, 1985, 141f.: "Das Entscheidende ist die Tendenz, die sich aus der Häufung bzw. Spärlichkeit oder aus dem Fehlen bestimmter graphischer oder sprachlicher Phänomene ableiten läßt. Deshalb genügt meist ein einziges, eine derartige Tendenz zeigendes Kriterium für die Textdatierung nicht, sondern mehrere verschiedenartige Phänomene, die hinsichtlich ihres Auftretens eine Tendenz erkennen lassen, sollten zusammenwirken".

(13) Zu einem knappen Forschungsbericht über die Entwicklung der paläographischen Datierungsmethode vgl. THeth 9, 54ff. A. Kammenhuber, die inzwischen die hethitische Paläographie allein dem Gebiet der Graphologie zuweist, geht in ihren Arbeiten leider immer mehr dazu über, die ihr fehlenden Sachargumente durch Polemik zu ersetzen, wodurch eine sachliche Auseinandersetzung mit ihrer Auffassung kaum noch möglich ist (s. zuletzt ihren Beitrag in: F. Imparati (Hrsg.), Studi di storia e di filologia anatolica dedicati a Giovanni Pugliese Carratelli, 1988, 95ff.). Von einem "Datierungschaos in der Hethitologie" zu sprechen, ist völlig unbegründet angesichts der Tatsache, daß von den bei F. Starke in StBoT 30 nachzutragenden Joins die Datierungen nur geringfügig voneinander abweichen; vgl. F. Starke, StBoT 31, 1989, 592f.

(14) Auf die Bedeutung der richtigen Datierung von Tafelkatalogen hat jüngst H. Otten hingewiesen; vgl. H. Otten, Archive und Bibliotheken in Ḫattuša, in: Cuneiform Archives and Libraries, hrsg. v. Kl.R. Veenhof, 1986, 186ff.

(15) Darunter von H.C. Melchert, der seinerseits in größerem Umfange hethitische Texte auf ihr paläographisches Alter hin überprüft hat (H.C. Melchert, Ablative and Instrumental in Hittite [Diss. Harvard], 1977, 10ff. [Chap. 1 - Sec. 2]).

(16) Vgl. dazu E. Neu, in: Beiträge zur Altertumskunde Kleinasiens, Festschrift für K. Bittel, hrsg. von R.M. Boehmer und H. Hauptmann, 1983, 393f. n. 9.

(17) Zu der angeblich bereits im Althethitischen belegten "jüngeren" Variante von URU vgl. E. Neu, StBoT 26, 1983, X n. 7.

(18) Gerade beim Zeichen SAR ist zum jetzigen Zeitpunkt eine endgültige Aussage zur zeitlichen Verteilung der Varianten noch nicht möglich, insbesondere, was das Auftreten der Zeichenform mit zwei ungleich großen Senkrechten betrifft; vgl. HZL 353/4. Inzwischen läßt sich diese Variante mehrfach in mittelhethitischen Texten nachweisen (vgl. KUB XXIV 4+; XLIII 29; XLV 47). Die Zeichenform als solche ist bereits altbabylonisch existent (s. R. Borger, ABZ S. 21, Nr. 331e, Sp. 6), so daß prinzipiell nicht ausgeschlossen werden kann, daß sie in einem Text der mittelhethitischen Zeit belegt ist. Zur Variante HZL 353/B s. auch schon (spät-)mh. KUB VII 41 (Fs Otten 1973, 224). Man wird -das gilt für alle Zeichen- in Zukunft noch mehr darauf achten, wann welche Variante auftritt, wobei für jede Zeichenform mit einer individuellen Entwicklung zu rechnen ist. Dennoch bleibt auch beim Zeichen SAR die Tendenz eindeutig: die Varianten mit zwei Senkrechten in einem mittelhethitischen Text sind die Ausnahme, vergleichbar dem Zeichen UZ mit gebrochenem Waagrechten in KBo XXX 32 (dazu E. Neu, in: Kaniššuwar. A Tribute to Hans G. Güterbock on his 75th Birthday, May 27, 1983, hrsg. v. H.A. Hoffner und G.M. Beckman [AS 23], 1986, 155). Hier sei auch die Gelegenheit benützt, ein Mißverständnis aufzuklären, das I. Hoffmann zu folgender Bemerkung veranlaßte (HW^2 E, 1988, 130): "Schreibung *e-iz-za-zi/ e-iz-za-az-zi* nicht nur 'mheth.', wie Neu, Kaniššuwar 155, Anm. 17 angibt, sondern auch z. Zt. Tutḫ. IV., z. B. KUB XXIX 4 IV 41; XXXVI 83 IV 6". Tatsächlich war dort festgestellt worden, daß entsprechende Schreibungen **auch** in mittelhethitischen Texten auftreten können.

(19) H. Otten, Ein hethitischer Vertrag aus dem 15./14. Jahrhundert v. Chr., IstMitt 17, 1967, 55-62; der Text liegt auch der Spalte V in StBoT 20, 1972 zugrunde.

(20) Ebd., 62 c. n. 23.

(21) E. Neu, KZ 93, 1979, 76; ders., Hethitica VI, 1985, 146; CHD III/2, 100 (sub *maḫḫan*).

(22) Vgl. zuletzt E. Neu, Fs Bittel, 1983, 396f. n. 16; ebd., n. 18 auch zum Ausdruck ÉRIN^{MEŠ} ANŠE.KUR.RA^{MEŠ} als Datierungskriterium.

(23) An einer Zuweisung des Vertrages auf Šuppiluliuma I. sind auch

aus historischen Gründen bereits mehrfach Zweifel geäußert worden, und die sprachliche Analyse legte eine Revision dieser Auffassung ebenfalls nahe. Zur bisherigen Literatur und einem neuen Lösungsvorschlag - gestützt auf die Lesung des Namens des vertragschließenden hethitischen Königs als Tutḫalija - vgl. G. Wilhelm, Fs Otten, 1988, 359-370. Das Duplikat KUB III 4 stellt dagegen eine junge Abschrift wohl aus der 2. Hälfte des 13. Jh. dar.

(24) Vgl. zuletzt F. Starke, Or 50, 1981, 468f. Diese Zeichenform stellt in einem mh. Text keinesfalls einen Anachronismus dar; sie ist im Altbabylonischen bereits gut belegt; vgl. z. B. die Liste bei A. Goetze, YOS 10, 1947, Plate CXXVII, Spalte "Archaic Cursive".

(25) Vgl. R.H. Beal, The History of Kizzuwatna and the Date of the Šunaššura Treaty, Or 55, 1986, 432ff und M.C. Astour, Hittite History and Absolute Chronology of the Bronze Age, 1989, 54.

(26) Vgl. O. Carruba, SMEA 18, 1977, 172. Die folgenden Zeilen könnten durchaus auf dasselbe Ereignis um das Land Išuwa anspielen, das auch in KBo I 5 erwähnt wird.

(27) Bei KUB XXIII 14 handelt es sich um die junge Abschrift eines mh. Textes; vgl. besonders die junge Zeichenform MEŠ (Vs. II 10) gegenüber Verbalformen wie *ne-e-an-ta-ti* (Vs. II 2) oder *ḫu-ul-la-nu-un* (Rs. III 5').

(28) Zum jh. Alter der Dat.-Lok. Form *li-in-ga-i*, vgl. E. Neu, in: Sprachwissenschaftliche Forschungen. Fs. für Johannes Knobloch (IBK 23), 1985, 263 n. 13.

(29) Vgl. C. Kühne u. H. Otten, StBoT 16, 1971, 20, wo der vorliegende Text auch zu Textergänzungen verwendet wurde (Rs. 17ff.).

(30) A. Kempinski u. S. Košak, Der Išmeriga-Vertrag, WO 5, 1969/70, 191-217; der Text liegt auch der Spalte VII in StBoT 20, 1972 zugrunde.

(31) Vgl. ebd. das Resümee, 211.

(32) Ebd., 203.

(33) Erwähnenswert ist die Form *ú-i-da-a-ši* Rs. 2, die die ursprüngliche *mi*-Konjugation des Verbums *u̯eda-* "herbringen" zeigt; vgl. N. Oettinger, Die Stammbildung des hethitischen Verbums (Erlanger Beiträge zur Sprach- und Kunstwissenschaft 64), 1979 (ShV) 373f.

(34) Beachte die nur in diesem Text belegte Schreibung *Mu-ki-iš* ohne Verwendung des Zeichens *-kiš;* vgl. G.F. del Monte - J. Tischler, RGTC 6, 275 s. v.

(35) E. Neu, Überlieferung und Datierung der Kaškäer-Verträge, in: Fs Bittel, 1983, 391-399.

(36) Ebd., 396f. c. n. 16, 17. Zu dUTU*ŠI* als Datierungskriterium s. bereits oben S. 138-139. Nach THeth 9,251 sei *NAPŠĀTU* "Personal" nur in Texten Arnuwandas I. belegt; tatsächlich ist *NA-AP-ŠA-TE*MEŠ auch in KBo XVI 27 Rs. IV 30' zu lesen, d. h. in einem Text, der nach Ausweis der Zeile Vs. I 21 von dUTU*ŠI* m*Ar-nu-u̯a-an-da* LUGAL.GAL stammt - dennoch wird der Text in THeth 9, 245 wegen dUTU*ŠI* auf Arnuwanda II. datiert!

(37) Ebd., 397 c. n. 18.

(38) Ebd., 397 c. n. 20.

(39) Ebd., 398 c. n. 22.

(40) Ebd., 398 c. n. 24.

(41) Ebd., 398.

(42) Ebd., 398 c. n. 25.

(43) Vs. I 16' wird ein Tutḫalija und I 17' der assyrische König (LUGAL KUR URU*Aš-šur*) erwähnt; zum Inhaltlichen vgl. H. Otten, MDOG 94, 1963, 10ff., der vermutet, daß der Text von einem Nachfolger Tutḫalijas IV. stammen könnte (ebd., 13); P. Meriggi, SMEA 18, 1977, 325 und A. Harrak, Assyria und Hanigalbat (Texte und Studien zur Orientalistik, Bd. 4), 1987, 216.

(44) E. Neu, Zum mittelhethitischen Alter der Tutḫalija-Annalen (CTH 142), in: Im Bannkreis des Alten Orients. Studien zur Sprach- und Kulturgeschichte des Alten Orients und seines Ausstrahlungsraumes. Karl Oberhuber zum 70. Geburtstag gewidmet (IBK 24), 1986, 181-192.

(45) O. Carruba, SMEA 18, 1977, 166ff.; vgl. auch A. Götze, Madduwattaš (MVAeG 32.1), 1928, 157ff. und H. Otten, StBoT 11, 31.

(46) Genannt seien nur die Formen *ḫu-ul-la-nu-un* (1. Sg. Prt.) und *ḫu-ul-lu-mi-en* (1. Pl. Prt.) des thematischen Verbums *ḫulla-* "schlagen" statt des in jüngeren Texten üblichen *ḫullii̯anun* bzw. *ḫullii̯au̯en;* vgl. dazu N. Oettinger, ShV, 261ff. und E. Neu, StBoT 18, 73ff.

(47) Vgl. das kurze Resümee bei E. Neu, Fs Oberhuber, 1986, 191 n. 27, 28.

(48) Or 53, 1984, 35f.

(49) Vgl. zuletzt R.H. Beal, JCS 35, 1983, 115ff, ferner C. Kühne, Fs Otten, 1988, 218 Anm. 63.

(50) Zu einer Teilumschrift mit Übersetzung vgl. H. Klengel, ZA 57, 1965, 226ff.

(51) O. Carruba, SMEA 18, 1977, 105 n. 30: aus sprachlichen Gründen sicher von Šuppiluliuma II.; vgl. auch A. Kammenhuber, Or 39, 1970, 292ff.

(52) Zum Stammbaum der hethitischen Großkönige des 13. Jh. s. H. Otten, IBS-V 42, 1988, 27.

(53) Zu diesem Anschlußstück s. H. Otten - C. Rüster, ZA 67, 1979, 53f. und H.A. Hoffner, JCS 28, 1976, 60ff. mit der Literatur zur bisherigen Diskussion des Textes (gerade auch unter dem Gesichtspunkt der Datierung).

(54) Vgl. bereits E. Neu, KZ 93, 1979, 68.

(55) H. Otten, StBoT 11, 29, vgl. auch O. Carruba, SMEA 18, 1977, 155c.

(56) E. Neu, Fs Oberhuber, 1986, 191 n. 28 und H. Otten, RlA VII, 3./4. Lief., 1988, 194f. Stichwort "Madduwatta". Grundlegend noch immer die Arbeit von H. Otten, StBoT 11.

(57) Die Erwähnung von KUR ^{URU}*Mera* Z. 9' legt es nahe, den hier genannten Pijamaradu mit dem zusammen mit [Kupanta]-^{d}LAMMA, König von Mera, in KBo XIX 78 genannten Pijamaradu zu identifizieren. Zu Pijamaradu vgl. jetzt die ausführliche Untersuchung von S. Heinhold-Krahmer, Untersuchungen zu Piyamaradu (Teil I), Or 52 (Fs Kammenhuber), 1983, 81-97 und (Teil II), Or 55, 1986, 47-62.

(58) THeth 9, 245: "dem Inhalt nach (Z. 11) von einem Enkel Ḫattušilis III. (Arnuwanda III. oder Šuppiluliuma II.)"; vgl. auch ebd., mit dem Verweis auf die entsprechenden Ausführungen von A. Kammenhuber, Or 39, 1970, 553.

(59) Eine Datierung des Textes auf Muršili II., wie sie O. Carruba vorschlug, um damit sein Modell der mittelhethitischen Königsfolge zu stützen (SMEA 18, 1977, 147f.), ist nicht möglich.

(60) Zum Siegel und der Zeugenliste der Landschenkungsurkunde vgl. jetzt H. Otten, Das hethitische Königshaus im 15. Jh. v. Chr.,

ÖAW 123. Jahrgang 1986, So 2., passim und Abb. 6ff.

(61) Als solche auch in THeth 9, 93 anerkannt; Bearbeitung von K.K. Riemschneider, MIO 6, 1958, 338ff.

(62) Nach S. Košak, AnSt 30, 1980, 35 zeigt der Text denselben Duktus wie KBo XVI 47, KBo XVI 24 und KBo XV 10 - tatsächlich handelt es sich bei allen genannten Texten um eindeutig mittelhethitische Niederschriften.

(63) So bereits E. Neu, Fs Bittel, 1983, 393; dort auch zu weiteren Texten aus CTH 236.

(64) Eine Bearbeitung bietet A.M. Rizzi Mellini, Studia Mediterranea I, 1979, 509-53; vgl. auch F. Pecchioli Daddi, A proposito di KBo XVI 24(+)25, Atti della Academia Nazionale dei Lincei, Ser. 8, Rendiconti, Classe di Scienze morali, storiche e filologiche 34, 1979, 51-55; S. Košak, AnSt 30, 1980, 35ff.

(65) Vgl. V. Haas, AoF 12, 1985, 269ff. und H. Otten, Das hethitische Königshaus (...), 1986, bes. 29ff.

(66) H. Otten, in: Anatolian Studies Presented to Hans Gustav Güterbock on the Occasion of his 65th Birthday (Uitgaven van het Nederlands Historisch-Archaeologisch Instituut te Istanbul, hrsg. von A.A. Kampman u. M. Mellink, Nr. XXXV), 1974, 245ff.

(67) THeth 9, 155, 251 mit Verweis auf A. Kammenhuber, ZA 57, 1965, 181f.

(68) Zu weiteren Zusatzstücken vgl. H. Otten, Or 52 (Fs Kammenhuber), 1983, 133ff., eine Textbearbeitung legte F. Pecchioli Daddi, OA 14, 1975, 93-136 vor.

(69) Vgl. E. Neu, KZ 93, 1979, 77 und bereits H. Otten, Baghdader Mitteilungen 3, 1964, 92.

(70) Keine eindeutigen Kriterien liefert das Fragment des Kolophons einer zweiten Tafel der *ḪAZANNU*-Instruktionen mit nur wenigen Zeichen.

(71) H. Otten, Original oder Abschrift - Zur Datierung von CTH 258, Fs Laroche, 1979, 273-76.

(72) Zum Inhaltlichen vgl. noch H. Otten, Die hethitischen historischen Quellen und die altorientalische Chronologie (Akademie der Wissenschaften und Literatur zu Mainz, Abhandlungen der geistes- und sozialwissenschaftlichen Klasse, Jahrgang 1968 Nr. 3, 19 n. 4) und ders., Fs Laroche, 1979, 276.

(73) Die fast durchgängig falsche Datierung in THeth 9 beruht auf

dem nicht korrekten Inventar "mh." Zeichenformen (s. dazu bereits oben S. 137). Die Datierung von KUB XIII 21+ auf Hattušili III. basiert in THeth 9 auf der letztlich unbegründeten These zur Lesung *mat* des Zeichens KUR. Nach Zeichenformen wäre der Text in THeth 9 auf Arnuwanda I. zu datieren gewesen. Dieses Beispiel zeigt sehr gut - ähnlich wie auch die Datierung von KBo XVI 27: THeth 9, 245 (vgl. oben Anm. 36) -, wie paläographischer und sprachlich-"ortho"graphischer bzw. inhaltlicher Befund in jener Untersuchung sich häufig widersprechen, was die Autorinnen gegenüber der Voraussetzung und Methodik der dort angewandten Datierungsweise hätte eigentlich mißtrauisch machen müssen. Dennoch greift A. Kammenhuber gerade die paläographische Datierung von KUB XIII 20 aus THeth 9 nochmals auf und stellt demgegenüber - völlig zu Recht - fest, daß der Text sprachlich-"ortho"graphisch in die hethitische Spätzeit zu datieren ist, woraus sie den Schluß zieht: "In den erhaltenen 49 Z. hat ein Schreiber von Tutḫ. IV. demnach getreu ältere Zeichenformen benützt bzw. nachgeahmt" (HW^2 A, 430b). Gerade das ist aber nicht der Fall, denn der Text zeigt eben entgegen THeth 9 eindeutig die Zeichenformen des 13. Jh.

(74) E. von Schuler, RlA V, 1976-80, 115; Bearbeitung: ders., Or 25, 1956, 223ff.

(75) Vgl. S. Košak, AnSt 30, 1980, 35ff. und die bereits oben bei dem in denselben Kontext gehörenden KBo XVI 24(+)25 genannte Literatur.

(76) Zur Verbalform *da-at-ra-aḫ-ḫi* (Ausgang der *ḫi*-Konjugation) vgl. E. Neu, Fs Oberhuber, 1986, 185.

(77) O. Gurney, The Anointing of Tudhaliya, Studia Mediterranea I, 1979, 213-223, bes. 221ff.

(78) H.G. Güterbock, AnSt 30, 1980, 42; nach ihm zeichnen sich alle Texte dieser Gruppe durch "NS" (= New Script) aus.

(79) Vgl. E. Neu, Hul, 1979, 181; bei *u*-stämmigen Nomina bereits ab mh. Zeit *-e* statt *-i*.

(80) Zu KUB XXXI 129, das bisher als CTH 372.C eingeordnet war, siehe jetzt *CTH 374.3.

(81) THeth 9, 118.

(82) KUB XXIII 16 III 5, 7; vgl. KUB XVII 27 IV 1 und KUB XXX 50 III 7; allerdings zeigt keiner der Texte mh. Duktus (wie die

Texte aus CTH 271).

(83) KUB XXXIV 40 II 9' f.; vgl. die Literatur oben Anm. 65 sowie jetzt C. Kühne, Fs Otten 1988, 216 Anm. 51.

(84) H. G. Güterbock, AnSt 30, 1980, 42; hinzu kommt noch ein bisher unpubliziertes Anschlußstück zu *374.1; vgl. ZA 71, 1981, 122, wo der Text als "Niederschrift wohl aus dem Beginn des 14. Jahrhunderts" klassifiziert wird (ebd., 124).

(85) H.G. Güterbock ebd., "MS"; zur mittelhethitischen Datierung vgl. auch E. Neu, in: Serta Indogermanica, Festschrift für Günter Neumann, hrsg. von Johann Tischler, IBS 40, 1982, 206 (KUB XXXI 135+) bzw. Hethitica VI, 1985, 145, 151f. (KUB XXXVI 75).

(86) Vgl. dazu oben Anmerkung 79.

(87) E. Neu, Fs Bittel, 1983, 393f.

(88) O. Carruba, ZDMG Suppl. I/1, 1969, 237, 239ff.; E. Neu - C. Rüster, StBoT 21, 1975, 3 und Spalte I.

(89) O. Gurney, AAA 27, 1940 , 8; H.G. Güterbock, JAOS 78, 1958, 238, 243ff.

(90) In StBoT 21, Tafel I ist ein Photo des Fragments publiziert, so daß jeder sich selbst ein genaues Bild von dessen Aussehen machen kann; gelegentlich weichen die Zeichenformen aber leicht von der in den Autographien gebotenen Form ab.

(91) Zu SAR mit den zwei Senkrechten s. oben Anm. 18.

(92) THeth 9, 100.

(93) E. Masson, Le texte hittite KBo XV 10+: possibilités de datation, Fs Neumann, 1982, 155-69. Eine Bearbeitung liegt vor von G. Szabó, Ein hethitisches Entsühnungsritual für das Königspaar Tutḫaliịa und Nikalmati, THeth 1, 1971.

(94) Vgl. zu *NI-IŠ* DINGIR^MEŠ^ als Datierungskriterium N. Oettinger, StBoT 22, 1976, 76ff.

BCILL 52: Hethitica X, 161-170

NOTES DE LEXICOLOGIE LYCIENNE

René LEBRUN
Paris, Leuven

Les substantiels progrès accomplis durant ces dernières années dans la connaissance du louvite et du lycien imposent une synthèse des données parsemées, parfois sous forme de notes infra-paginales, dans diverses publications scientifiques, et ouvrent également la voie à de nouvelles suggestions. A ce titre, le vocabulaire relatif aux *res militares* mérite notre attention.

1. *zXXa-* et ses dérivés

Bien qu'à notre connaissance le thème lycien *zXXa-* n'ait pas encore de correspondant attesté en louvite cunéiforme et hiéroglyphique, le rapprochement avec le radical hittite *zaḫḫ-* paraît fondé. Le hittite possède un substantif *zaḫḫai-* équivalant au sumérogramme MÈ et traduit par l'akkadien *tāḫāzu* "bataille", de même que les verbes *zaḫ(ḫ)-* "battre" et *zaḫḫiya-* noté parfois MÈ-*ya-* = akkad. *mitḫuṣu* "combattre".

a. Il existe en lycien un thème verbal *zXXa-* "combattre" parfaitement représenté dans les inscriptions:

- *zXXãte:* 3ème p. pl. Ind. Prét.: TL 44 c 3: *trbbi atãnas zXXãte terñ:* "à nouveau?, ils ont combattu l'armée d'Athènes".
- *zXXãna:* forme attendue de l'infinitif: TL 44 a 54: *zXXãna terñ:* "combattre l'armée"(1), expression que l'on accordera avec TL 44 a 55: *tebãna terñ* "défaire l'armée".

b. Un *nomen actoris* présentant le suffixe caractéristique *-za-* *(zXXaza-)* s'observe en 44 b 57 et répondrait au sens de "guerrier": *se dewẽ zXXaza:* "et, en face, un guerrier", *zXXaza* ne pouvant être qu'un nom. s., ce qui entraîne la valeur adverbiale et non prépositionnelle de *dewẽ* (2).

En TL 44 c 6, nous rencontrons la forme *zXXazãi* qui, normalement, doit se comprendre comme le gén. pl. de *zXXaza-*, comme l'a souligné P. Meriggi (3); il faut en déduire que *ddewẽ* se construirait avec un gén. et non un dat.: 44 c 4-6: ... *se utãna : sttati : sttala : ẽti : malijahi : pddãti ddewẽ zXXazãi:* "et Otanès (ou Hytenna) élèvera une stèle dans le lieu de Malija face aux guerriers" (4).

c. La forme *zXXazije* attestée en TL 44 b 3: ... *Tere Tere tamade zXXazije,* doit correspondre à un dat. pl. d'un thème nominal en *-zij-*, comme on le déduira des observations de P. Meriggi, *Declinazione* II, 252-253. La valeur de ce suffixe reste à préciser. On le retrouve dans plusieurs thèmes nominaux tels que *a/erawazi* "μνῆμα", *isbazi* "sépulcre", *kumazi* "autel", *prnñezi* "οἰκεῖος", *telezi, tupelezi, urazi* et probablement *tezi* "sarcophage". Ce suffixe *-zi(j)-* continue certainement le hittite *-zzi-* pour la valeur duquel il y a toujours lieu de consulter les lignes que lui consacra E. Benveniste, *HIE,* 102-105. Le suffixe hittite *-zzi-* dérive de l'indo-européen **-tjo-* et aboutit ainsi à *-zziya-* qui peut se réduire à *-zzi-*. En hittite, *-zzi-* confère au terme une spatialité locale; en lycien, il indiquerait autant une spatialité locale que sociale. Le dérivé fonctionne comme adjectif ou substantif (éventuellement adjectif substantivé). Le suffixe *-zi-* rencontré dans des dérivés de toponymes tels que *surezi, atanazi, sppartazi* reflète l'état réduit de *-zziya-* et se réfère à la fois à la spatialité locale et sociale: "suréen, athénien, spartiate".

zXXazi- fonctionnerait avant tout comme adjectif répondant au sens de "guerrier". Dans le passage de TL 44 où il est attesté, il détermine *tamade,* datif pluriel de *tamada* ou *tamad,* déverbatif probable de *tama-* "construire", verbe étudié par J.D. Hawkins, *RHA* XXIX, 1971, 113 sqq., < **de/om-*, cf. aussi lyd. *tam-*. L'extrait pourrait donc se traduire: "partout pour des monuments guerriers".

Une autre solution consisterait à diviser *tamade* en *tama* (nom. s.) + *-de*, particule enclitique = louv. *-tar* et hitt. *-san*, particulièrement étudiée par G. Neumann, *Die Sprache* 30/2, 1984, 93-95 (notamment marque de futur, d'éventuel). Dans cette hypothèse, il existerait un substantif *tama-* (cf. aussi 44 b 50: . . . *(e)si tãma)* < *tam* + *a-* ou de *tam* + *ad* avec amuïssement de la dentale finale au nominatif s. Le passage 44 b 2 sqq. se traduirait dès lors: ... (il y aura) partout respectivement un monument pour les guerriers, *zXXazije* étant alors considéré comme substantif.

2. *telezi-*

Les travaux de O. Carruba concernant les relatifs et indéfinis en lycien (5) ont, au passage, démontré que le thème lycien *tele-* était issu du louvite (cunéiforme et hiéroglyphique) *ku(wa)la-* "armée"; sans suffixation, *ku(wa)la-* donna cependant le thème nominal *ter-* en raison du passage de *l* à *r* en finale thématique, la voyelle *-a-* s'étant amuie. Le savant italien faisait également observer judicieusement que le nom de ville lycien *Telebehi* grécisé en Τελμησσός renvoyait inévitablement au louvite *Kuwalapassi* retrouvé précisément dans les textes de Boğazköy-Hattusa en compagnie de Dalawa/Tlawa = lyc. Tlawa/Tla = Τλῶς. Il me paraît raisonnable de reconnaître dans la finale de *telezi* le même suffixe que dans *zXXazi-*, cf. § 1 c. *telezi-* se traduirait, dès lors, par "militaire, soldat" et pourrait servir de substantif et d'adjectif, ou par "camp". Ce sens me semble préférable à la traduction proposée par O. Carruba -"officier"- (6) et s'accorde parfaitement aux différents contextes:

TL 40 c 3: . . . *telẽzi[jehi]* 4 *qla:* "le téménos du soldat/camp".
TL 40 d 2: *pddẽ: telẽzi: epatte: trm̃mili se:...* "il enleva la place au camp/soldat lycien et..."
TL 104 b 4: 2 . . . *ẽke ese pericle* 3 *tebele arttum̃parã se m̃parahe* 4 *telẽzijẽ* "lorsque Périclès humilia Artumbarès et le soldat (= les soldats)/le camp d'Ambarès" (7).

3. *tebe-*

Le lycien connaît un thème verbal *tebe-* bien représenté dans les inscriptions en langue indigène. L'examen des différents contextes pousse à rattacher *tebe-* au radical hittite *teb-* < **dhebh-* retrouvé dans l'adjectif *tepu-* "peu, minime", et dans les verbes *tepawaḫ-* "amoindrir, humilier", *tepnu-* "diminuer" ou *tepawes-* "devenir petit", cf. E. Benveniste, *HIE*, 21-25 et pour la racine **dhebh-* H.J. Koch, in *Lautgeschichte u. Etymologie*, Wiesbaden, 1980, 223 sqq. Que l'on en juge par les passages suivants:

-tebete: 3ème p. s. Ind. prét. V.A.:

TL 44 a 44: *ese : trbbẽnimi : tebete : terñ se : 45 milasãñtrã :* "pendant que Terbenimi humiliait/réduisait l'armée et Milasandros = l'armée de Milasandros",

TL 44 a 48: *ese : Xerei : tebete : [t]er[ñ] :* "pendant que Kherei humiliait/réduisait l'[a]rm[ée]",

TL 104 b 1: *tebursseli : prñnawate : 2 gasabala : ẽke : ese : pericle : 3 tebete : arttum̃parã : se m̃parahe : 4 telẽzijẽ :* "Gasabala construisit (ceci) pour Teburseli lorsque Périclès humilia/réduisit Artambarès et le soldat/le camp d'Ambarès" (8).

-tebẽte: 3ème p. pl. Ind. prét. V.A. :

TL 29 10: *se tebẽtẽ* "et ils réduisirent/humilièrent".

-tebãna/tabãna: infinitif :

TL 44 a 52: *ese tabãna : terñ : ijãnã :* "pour réduire l'armée ionienne",

TL 44 a 55: . . . . *es- 55 e : humrXXã : tebãna terñ : hãtahe :* "pour réduire l'armée d'Amorgos?".

Le verbe *tebe-* illustre ainsi la "réduction de la résistance" de l'adversaire.

Une forme intensive par redoublement du radical paraît devoir être reconnue dans *tetbeti*, 3ème p. s. Ind. prés. < *tetbe-* = TL 44 d 33.

Il est enfin possible que la forme *tabahaza* (TL 44 d 53 = lyc. B) constitue un nom d'agent ou de fonction déverbatif de *tebe-*.

Au niveau lexical, les répondants louvites de *tebe-* font défaut jusqu'à présent. Toutefois, en tenant compte de l'harmonie vocalique, l'anthroponyme et oronyme *Tabala* pourrait s'y rattacher (9) de même que les toponymes gréco-asianiques Ταβαι, Ταβαρνις, Ταβειρα (10).

4. "victoire et défaite"

G. Neumann, *Die Sprache* 30/2, 1984, 89-91 a établi de façon convaincante les termes lyciens relatifs à la victoire et la défaite. Les faits peuvent se résumer ainsi:

a. *erbbe-* "malchance, défaite" continue le louvite **arpa-* attesté dans le thème verbal *arpasa-* "échouer" ou l'adjectif *arpuwan(n)i-* "malheureux", cf. E. Laroche, *DLL*, 32 (11). Le thème *erbbi-* "patrimoine" proposé par P. Meriggi, *Lincei Rendiconti morali*, 1978, Série VIII, vol. XXXIII, fasc. 5-6, 251-252, est à écarter. Les contextes sont significatifs:

- *erbbe-di:* abl./instr. s.:
TL 44 a 47: . . . *Xerẽi:qastte Terñ:tlahn:erbbedi:* "Kherei punit l'armée de Tlôs par la défaite",
TL 44 b 19: . . . *me nerbbedi:tubei[te:* "et il le frap[pa] de la défaite" (12),
TL 44 c 13: en contexte obscur.

- *erbbe:* dat. pl.:
TL 29 3: *se ñtemlẽ:qastte teli:erbbe:* "et quand il a puni la "*gens*" lors des défaites" (13),

- *erbbesi* (lyc. B.): gén. adjectival servant d'épiclèse à *Trqqñt:*
TL 44 d 13: ... *mepe* 12 *ne tubidi:urtu:mrssXã:trqq[i]z:esetesi-* 13 *[k]e er[b]besike:lusasi:esẽnẽ[m]la:* "et Tarchunt possesseur de la puissance relative à la victoire et la défaite le frappera pour la fourberie *urtu*" (14).

C'est cette dernière forme *erbbesi-* que l'on retrouve vraisemblablement dans le gréco-asianique Ἀρβασις, Ἀρβησ(σ)ις et plus particulièrement dans l'anthroponyme cilicien théophore Τροχοαρβασις correspondant exact du lycien *trqqiz erbbesi.*

b. Lyc. B *esete-* "victoire" = lyc. A *ehete;* synonyme *ahama-* (15).

Le thème nominal *esete-* (lyc. B) = *ehete-* (lyc. A) se déduit du dérivé adjectival *esetesi* (TL 44 d 13, cf. supra) épiclèse de Tarchunt et *ehetehe* (dat. pl.) rencontré en TL 44 b 48: *qlabi:ehetehi:se mahãna:ehete[he] arñna* "dans le sanctuaire d'ici de la victoire et aux dieux de la victoi[re] à Xanthos".

Le dérivé adjectival *ehetehi/esetesi* continue le louvite *assattassi* "victorieux" attesté comme épiclèse du dieu Ala, cf. E. Laroche, *DLL*, 33.

On en déduit aisément que le louvite possédait un thème nominal *assatt(a)-*, déverbatif d'action en *-at-* de *assa-*. Ainsi, *assatta-* "victoire" aboutit normalement au lycien *ehete-*, lyc. B *esete-*, cf. hitt./louv. *piyatt(a)-* > lyc. *piyata* d'après l'acc. s. *piyatu* de TL 57 5 (voir E. Laroche, *RHA* XXXI, 1973, 94-95). Le suffixe d'action peut se présenter sous la forme *-ata-* ou *-ete-*; en raison du flottement vocalique *a/e* souvent commandé par l'harmonie vocalique on peut aussi songer à une évolution du louv. *assatt(a)-* aboutissant au lycien *ahata-*, lyc. B *asata-*. Le radical verbal louvite *assa-* "triompher, vaincre" donnerait en lycien *ehe-*, *aha-* = lyc. B *ese-*, *asa-*. C'est peut-être ce radical louvite qu'il convient d'identifier dans les formes *a-aš-ša-at-ta* (KUB XXXV 88 III 9' = 89, 10'), soit un ind. prét. 3ème p. s. V.A., et *a-a-aš-ša-an-ta* (KUB XXXV 88 II 6), soit un ind. prét. 3ème p. pl. V.A., cf. E. Laroche, *DLL*, 33. Malheureusement, les contextes sont mutilés; tout au plus retiendra-t-on KUB XXXV 88 III 9' où pour le passage ^{d}*Kam-ru-ši-pa-aš a-aš-ša-at-ta* la traduction "Kamrusepa triompha" pourrait convenir. Je dois toutefois à l'amabilité du Professeur E. Neu le fait de m'avoir signalé que F. Starke considère ces formes louvites comme liées à la notion de "bouche", cf. *StBoT* 31, § 571, à paraître prochainement. Ceci étant posé, la forme *eseti* (lyc. B TL 44 c 45) serait un ind. prés. 3ème p. s. V.A. dont le sujet est à reconnaître dans *trqqiz* dernier mot de la ligne 44 "Tarchunt triomphera/vaincra".

Il me paraît également raisonnable de rejoindre l'opinion de F. Starke signalée par G. Neumann, *Die Sprache* 30/2, 1984, 91, reconnaissant dans *ahamadi* un abl./instr. d'un thème *ahama-*, dérivé déverbatif en *-man-* (ici au degré zéro, cf. *adama-* "nom" < *ata-mn-a*) de *aha-* = *ehe-*. Le passage attestant la forme (sarcophage de Pajawa = TL 40 c 7-10) est significatif: 7 *erawazija:ebe[ij-]* 8 *a:me prñnawaXã*. . . . . . *ah-* 10 *ãmadi:arñnadi* "j'ai bâti ces μνήματα en raison de la victoire de Xanthos" (16).

Quelques remarques s'imposent encore:

1. *ahata* "victoire", nom. s., me semble attesté en TL 29 4: *sejahata astte* "et la victoire fut" (17);

2. *ahatahi* = louv. *assattassi-* se retrouve en TL 118 4, toutefois en contexte mutilé;

3. *ahati* et non *asati*, TL 44 b 37, pourrait, plutôt qu'un substantif au dat. s., être la 3ème p. s. Ind. prés. V.A. (18);

4. *ahãmasi*, en TL 14 2, est un anthroponyme signifiant "victorieux" ou un sens voisin.

Adresse de l'auteur :

Avenue des Hêtres rouges, 65
B - 1970 Wezembeek-Oppem
Belgique

NOTES

(1) Pour *zXXãna*, cf. par exemple O. Carruba, *Die Sprache* 24/2, 1978, 170.

(2) *dewẽ* ou *ddewẽ* continue le louvite cun. *daweyan* = louv. hiér. *tawiyan* "en face de", avec donc amuïssement de la syllabe *-ya-*.

(3) Cf. P. Meriggi, *La declinazione del Licio, II, Lincei-Rendiconti morali*, Serie VIII, vol. XXXIII, fasc. 5-6, 1978, 259-261.

(4) *Utãna* peut aussi renvoyer au nom de ville Hytenna, cf. St. Byz. s. v.; morphologiquement, il est possible de reconnaître dans

zXXazai un nom. pl. mais ce cas se justifie difficilement du point de vue syntaxique.

(5) O. Carruba, *Il relativo e gli indefiniti in licio, Die Sprache* 24/2, 1978, 165-167.

(6) Cf. O. Carruba, *DieSprache* 24/2, 1978, 166.

(7) Dans cette traduction, *ese* est à considérer comme renforcement de la conjonction *ẽke*. Il est également possible d'y reconnaître une préposition régissant Périclès; la traduction serait dès lors: "lorsque avec? Périclès il humilia Artumbarès et le soldat/le camp d'Ambarès". En fait, la valeur de *ese* reste controversée. Suivant l'opinion de V. Thomsen, *Et. Lyc.*, 420-421 et de P. Meriggi, *Festschrift Hirt* II (1936), 276, Ph. Houwink ten Cate, *LPG*, 81, retient la traduction "avec" satisfaisante en de nombreux passages, bien que des difficultés subsistent parfois. N'est-il pas possible de se demander si, comme le latin *cum*, *ese* ne fonctionnerait pas aussi bien comme conjonction, préposition ou préverbe/adverbe? Ainsi, dans le verbe *esube* < *ese-ube* (cf. E. Laroche, *Fouilles de Xanthos* VI, 1979, 116) = lat. *conferre* (ou *afferre*), *ese* fonctionnerait comme préverbe. En TL 44 a 44, a 48, *ese*, d'après le contexte, reçoit un sens satisfaisant comme conjonction (alors que, tandis que) mais aussi comme préposition suivie du datif; en 104 b 2, la valeur prépositionnelle convient également ou, comme nous l'avons observé, *ese* ferait partie d'un groupe conjonctif temporel *ẽke ese*. Il y a enfin lieu de s'interroger sur l'emploi de *ese* + inf. (TL 44 a 52: *ese tabãna* ou probablement 44 a 55: *ese ... tebãna*); ne peut-on y reconnaître une construction finale: "*pour* humilier..."? Ou est-ce un préverbe lié à *tebana* ? Récemment encore, T.R. Bryce, *The Lycians* I, 1986, 111-112 n. 28, traduisant 104 b 2-5, hésitait entre un groupe conjonctif *ẽke ese* et la valeur prépositionnelle de *ese*.

(8) TL 44 a 44: autre traduction possible: "avec Terbenimi il humilia...",
TL 44 a 48: autre traduction possible: "avec Kherei il humilia...",
TL 104 b 1-4: cf. note 7.

(9) Cf. E. Laroche, *NH*, n° 1246-1248 et p. 276, 283; H. Gonnet, *RHA* 83, 1968, 141. La suggestion de O. Carruba, *SMEA* 11, 38, établissant une correspondance entre *ese* et le hittite *-asta* me paraît douteuse.

(10) Cf. L. Zgusta, *Klein. Ortsn.*, 1984, § 1277 1, 2, 3, 4.

(11) Voir aussi *arpa-* "Niederlage" dans J. Friedrich et A. Kammenhuber, *HWb*^{2}, Lief. 5, 1980, 339-340; l'étymologie jadis proposée par Sturtevant (lat. *orbus*) y est rejetée.

(12) *nerbbedi* < *ne* (= *eum*) + *erbbedi*.

(13) Pour *ñtemlẽ*, substantif composé de *ñte* (hitt. *anda*) + *mle-* (ici à l'acc. s.), je me rallie provisoirement aux idées de P. Meriggi, *Lincei-Rendiconti morali*, 1978, 264, voyant dans *mla-/mle-* une notion proche du latin *gens*.

(14) Il est tentant, comme le suggère O. Carruba, *SMEA* 22, 1980, 291, de rapprocher le hitite *marsaḫḫ-* "falsifier" d'un thème verbal lycien *mrsXX-* de sens analogue attesté en TL 44 d 24 (lyc. B) sous la forme *mrsXXati* "il falsifie". Par contre, en TL 44 d 12, la forme *mrsXXã*, en raison du contexte, ne peut être qu'un acc. s. (et non une 1ère p. s. ind. prét.) d'un thème nominal *mrsXXa-* "fourberie, mensonge?". Notons, à titre de rappel, l'existence en louvite de *marsa-* "fourberie, mensonge" déduit du génitif adjectival *marsassa-* ainsi que du verbe *marsa-* "être faux, mentir", cf. E. Laroche, *DLL*, 69. En hittite, nous rencontrons *marsa-* "désacralisé, faux, profane" et ses dérivés *marsaḫḫ-*, *marsanu-*, *marses-*, *marsant-*, *marse-*, *marsanassi-*, cf. *CHD* vol. 3, fasc. 2, 195-200. Pour *urtu*, on songera, provisoirement, à un sens voisin de "justement" (cf. O. Carruba, *ibid.*, 291); il s'agirait dès lors d'un accusatif adverbial d'un thème *urta-* "juste". Pour la traduction partielle de la phrase nous suivons G. Neumann, *Die Sprache* 30/2, 1984, 90.

(15) Le sens de *esete-/ehete-* résulte du groupe formant l'épiclèse du dieu de l'orage où *esete-* est manifestement, comme l'a souligné G. Neumann, opposé à *erbbe-*, antithèse constatée également à propos de Zeus dans la littérature grecque; celui-ci est maître du positif comme du négatif.

(16) *arñnadi*: la forme doit provenir de **arñnawanadi*, adjectif ethnique de *arñna* ici à l'abaltif, cf. G. Neumann, *Die Sprache* 30/2, 1984, 91 n. 9.

(17) *astte*: si, comme le pense O. Carruba, *Contr.* II, 290, *astte* (aussi en 44 b 50) est le prétérit de l'itératif-intensif-duratif de *a(i)-* "faire" (*astti* en étant la 3ème p. s. du présent), ce qui, hors contexte serait possible, il me semble que *ahata* serait à l'accusatif *ahata*. Avec un nom s., *astte* paraît venir plutôt d'un

radical *as-/es-* "être", possibilité retenue par P. Meriggi, *FsHirt,* 1936, 274-275.

(18) A la lumière des faits établis et le passage étant en lycien A et non B, il y a lieu de restaurer dans la lacune un *h* et non un *s* (*a[h]ati* et non *a[s]ati* comme noté par J. Friedrich, *Klein. Sprachd.*, 65 ou encore de corriger la graphie fautive *as[a]ti* pour *a[s]ati* dans E. Kalinka, *TAM* I, 42).

ADDENDUM

A titre informatif, je signale la parution, au moment de la mise sous presse du présent volume, de l'ouvrage de H.C. Melchert, *Lycian Lexicon,* série Lexica Anatolica: vol. 1, Chapel Hill, N.C., 1989, 122 p. Ce travail n'apporte pas de modifications ni d'éléments nouveaux pour cet article.

BCILL 52: Hethitica X, 171-184

MORE ABOUT THE HITTITE *TAKNAZ DA* RITUALS

Piotr Taracha

Since 1985 when I have for the first time attempted to identify and arrange the texts belonging, in light of their colophons, to this group of magical rituals (1), much more was published on this subject. First of all, H. Otten listed the texts of Ašdu (2), and M. Hutter described the ritual of Tunnawiya (3). Hutter's conclusions are relevant to this paper in that he is also attempted to interpret the term *taknaz da* 'to take somebody off the Earth'; yet his statement that it should mean not only figuratively the magical release from the influence of the chthonic powers but also in the literal sense of the words - to raise a suppliant lying on the ground (4) - appears controversial. In what follows we will seek to ascertain the purpose of the rituals in question and the ritual means applied in them, which might shed new light on the meaning of *taknaz da* itself.

The ritual of Tunnawiya, KBo 21.1 - KUB 9.34 - KBo 21.6, certainly belongs to one of the most interesting and informative among this group of ritual texts, which justifies our considering it in the first place. In his commentary on KBo 21.1 Hutter notes that obv. ii 30 ff. may be restored according to parallel KUB 55.45 obv. ii, but not that the latter is another fragment of the same ritual of Tunnawiya (5). Yet this can be proved now by KBo 21.5 obv.! which is a duplicate to KUB 55.45 and joins KBo 21.1 obv. ii (6):

33 *nu-za* GIM-*ạn* ARẠḪ$^{ḪI.A}$ *pẹ̀-dụ-mạ*[(*-an-zi ap-pa-an-zi*)]
34 [*k*]*u-ịn* ARÀḪ *pè-da-an-zi nu-ụš-k*[*án ḫi-in-kán-zi*?(7)] etc.

Thus, surviving fragments from the first tablet of the ritual of Tunnawiya must be arranged now as follows (8):

A. KBo 21.1 + 5
B. KBo 21.2 = A i 3 ff.
C. Bo 4045 = A i 10 ff.
D. KUB 55.45 + Bo 69/142 (9) = A ii 30 ff.
E. Bo 3916 + KUB 12.20 (10) = D ii 14 ff.
F. KBo 22.111 = D ii 18 ff.
G. Bo 3381; ii = D ii 19 ff.
H. KUB 7.44 = E: 10 ff.

It is unavoidable here to supply a minimum requisite of short observations on the structure of the ritual of Tunnawiya as a whole before the point we are building towards, is stated:

1. Two versions of the text, both with a number of copies, are recognizable: A, comprehensive and more adequately divided into paragraphs (= KBo 21.1+; KUB 7.44) and B, shortened, especially in the introduction (= KBo 21.2; KUB 55.45+). It holds also true for the fourth tablet: 313/w (11) (A) and KBo 21.6 (B).

2. The text of Tunnawiya, of which only the first, second and fourth tablets are identified, runs in part parallel to the 'Ritual of an Ox' (GUD-*aš aniur*), i.e. its second tablet KUB 9.34 (12), though it seems that also the fourth tablets (KBo 21.6 and HT 6 + KBo 9.125) are comparable to each other; moreover, we can attempt to define the relation between both rituals more exactly. KUB 9.4, the second tablet of the 'Ritual of an Ox', with columns of c. 55 lines each, parallels KUB 9.34 ii 22 ff. whose columns are longer (c. 65 lines), as presumably were these of the first tablet of the ritual of Tunnawiya (Version A) according to the possible restoration of KBo 21.1+ obv. ii, also c. 65 lines (the end of column being attested in KUB 7.44). Hence, if we assume that the first tablet (now missing) of the 'Ritual of an Ox' was as long as the second, i.e. c. 55 lines, and that it was as a whole quoted by Tunnawiya, we can reckon that it should begin in the first tablet of Tunnawiya (Version A) down rev. iii or, without the preamble and the initial list of sacrifices and cult paraphernalia, in the upper part of rev. iv. In fact, sacrifices of a sheep and a billy-goat to the Sun Goddess of the Earth, preparation of a ritual meal, and a call to the Sun Goddess of the Earth for protection, mentioned in KBo 21.1 iii (the lower part of column) (13),

seem to finish a relatively short ritual making the first part of the text of Tunnawiya.

To conclude, the latter consisted it seems of two different rituals, the second of which, apparently quoted there in extenso, was also written down on separate tablets, at least five (14), and named the 'Ritual of an Ox'. Thus, considering the fact that Tunnawiya, as she writes herself, aimed to 'take the Royal Couple off the Earth' (15), we should ask whether she accomplished this task partially by means of imitative magic applied in the 'Ritual of an Ox', or this was mainly the purpose of the ritual which was performed first and described as follows (16):

D ii

1 [*nu*] GỊM[-*an A-N*]*A*? ^{SAL}ŠU.GI *pí-rạ-*[*a*]*n k*[*i-*]*ị ḫa-an-da-a-an-zi lu-uk-kat*

2 2 ARÀḪ$^{\text{ḪI.A}}$ *pè-da-an-zi* 1 ARÀḪ *ták-na-aš* ^{D}UTU-*aš* 1 ARÀḪ-*ma*

3 *ták-na-aš* ^{D}UTU-*aš* DINGIR^{MEŠ} LÚ^{MEŠ}-*ya pè-da-an-zi nu-za* GIM-*an* ARÀḪ^{MEŠ}

4 *pè-tu-u-ma-an-zi ap-pa-an-zi* (17) *nu* 1 UDU *u-un-ni-ya-an-zi*

5 *na-an-kán* ^{SAL}ŠU.GI *ták-na-aš* ^{D}UTU-*i ši-pa-an-ti na-an-kán* ARÀḪ-*ni*

6 *kat-ta-an-ta* (18) *ḫa-at-ta-an-zi nu-kán e-eš-ḫar kat-ta-an-da tar-na-an-zi*

---

7 EGIR-*an-da-ma* 1 MÁŠ.GAL *u-un-ni-ya-an-zi na-an-kán* ^{SAL}ŠU.GI

8 *ták-na-aš* ^{D}UTU-*i* DINGIR^{MEŠ} LÚ^{MEŠ}-*ya ši-pa-an-ti na-an-kán* ARÀḪ-*ni*

9 *kat-ta-an-da ḫa-ad-da-an-zi* (19) *nu-kán e-eš-ḫar kat-ta-an-da* (20) *tar-na-an-zi*

---

10 *nam-ma-aš-kán QA-DU* SAG.DU^{MEŠ} (21) GÌR^{MEŠ} *mar-kán-zi ku-it-ma-an*

11 ^{UZU}Ì *zé-ya-ri* ERÍN^{MEŠ}-*az-ma* ARÀḪ (22) *pè-da-a-i na-aš-kán* GIM-*an*

12 *pè-du-ma-an-zi aš-ša-nu-wa-an-zi nam-ma* ARÀH-*an* 1-*an ta-pu-ú-ša*

13 [*pè-d*]*a-an-zi na-an-kán a-ri* ARÀḪ-*ni an-da-an ne-ya-an-zi*

14 [ ]x ^{UZU}Ì *zé-ya-ri na-at pa-an-ku-uš ar-ḫa e-ez-za-i*

15 [ ]x-*ša-an pí-ra-an* 2 *TA-PAL* ^{GIŠ}ZA.LAM.GAR$^{ḪI.A}$
16 [*i-ya-*]*a*[*n-zi nu*?(23)] 1^{NU-TIM} ^{GIŠ}ZA.LAM.GAR *ŠA* ^{D}UTU^{ŠI}
17 [^{GIŠ}ZA.LA]M.GAR$^{ḪI.A}$ *a-ni-ya-at-ta-aš ar-ḫa-ya-an* (24) *nam-ma*
18 [(2 *TA-P*)]*AL* ^{GIŠ}ZA.LAM.GAR$^{ḪI.A}$ *ŠA* GI *i-ya-an-zi* (25) LUGAL-*uš-za-kán*
19 [(SAL.LUGAL-*aš-ša ku*)]-*wa-pí an-da wa-ar-ap-pa-an-zi*

---

20 [(*na-aš-ta ták-na-aš*)] ^{D}UTU-*aš* ARÀḪ-*ni wa-ap-pu-un te-pu kat-ta-a*[(*n ar-ḫa*)]
21 [(*pè-da-an-zi n*)]*a-an* É.ŠÀ TUR^{RU} [*i-y*]*a-an-zi na-aš-ta ḫi-i*[(*m-ma*)*-aš*]
22 [(^{GIŠ}NÁ$^{ḪI.A}$ *an-d*)]*a ti-an-z*[(*i* (26) *na-aš*)]-*ta* 9 *TA-PAL* ^{KUŠ}NÍG.[(BÀR)]
23 [(9 TÚG SA$_5$ TUR 9 TÚG *Ḫ*)]*A-ṢA*[(*R-TI* TUR 9 TÚG SI)]G$_7$.SIG$_7$ 9 TÚG ZA.GÌ[(N TUR *še-er*)]

E
11 [(9 TÚG ZA.GÌN TUR *še-er ar-ḫa i*)]*š-pár-ra-an-zi na*[(*-at ú-nu-wa-an-zi*)]
12 [(*A-NA* ARÀḪ *ták-na-aš*)] ^{D}U[(TU-*aš* (27))]*É*.Š[(À TUR *pí-ra-an* (28) *nam-ma*) *ar-ḫa*]
13 [(*pè-da-an-za ú-wa-an-*)]*zị-kạ́n ták-n*[(*a-aš* ^{D}UTU-*un ku-wa-pí*)]
14 [(*še-er a-še-ša-*)]*nu-an-zi* (29) *nam-ma-kán* [(ARÀḪ *ku-iš kat-ta-an*/GAM-*an* (30))]
15 [(*ar-ḫa p*)]*è-da-an-zi* (31) *na-aš-ta* 1[(*-aš* 1*-e-da-ni* ARÀḪ*-ni*)]
16 [(*an-da n*)]*e-ya-an-za na-aš* KASKAL-*aš* (32) *i-y*[(*a-an-za nu-kán še-er*)]
17 [(*ar-ḫa*)] 1 TÚG SA$_5$ GAL 1 TÚG ZA.GÌN GAL [(*ḫu-u-it-ti-an-zi*)]
18 [(*A-NA* K)ASKAL-*aš*?*-š*]*a-an še-er ar-ḫa* 1 TÚG [(ŠÀ.GA.DU$_4$ *ḫu-u-it-t*)*i-an-zi*]

---

19 [*na-a*(*t*? *A-NA* ARÀḪ)]$^{ḪI.A}$ *a-ra-aḫ-za-an-da* (33) *ša*[*-ra*?
20 [(^{GIŠ}ḪAŠḪUR.KUR.)]RA ^{GIŠ}ŠENNUR ^{GIŠ}*e-ya-an* (34) x[
21 *IN-B*]*I*?$^{ḪI.A}$ *ku-i-e-eš* ar[-
22 *da*]*m-me-el pí-e-da*[-
23 ^{GIŠ}*al-ki-*]*iš-ta-na-aš a*[*-še-ša-nu-an-zi*?
24]x KÁ.GAL-*a*[*z*

At the same time as they (35) prepare (all) these (things (36)) in front of the old woman, at daybreak, they dig out two storage pits (into the earth); one storage pit of the Sun Goddess of the Earth and another storage pit of the Sun Goddess of the Earth and of Male Deities they dig. While they begin digging out the storage pits they drive up a sheep. The old woman consecrates it to the Sun Goddess of the Earth. They slaughter it down within the storage pit and its blood they let flow down.

And then they drive up a billy-goat. The old woman consecrates it to the Sun Goddess of the Earth and to the Male Deities. They slaughter it down within the (second) storage pit and its blood they let flow down.

Afterwards they cut them up (i.e. the sheep and the billy-goat), dismember and cut off the heads. While fat cooks, soldiers dig out a storage pit (into the earth). When they finish digging it, then they [di]g close by another storage pit. It comes to that they join it to the (first mentioned) pit. The fat cooks and the whole assembly eats it. Before then [they buil]d two pavilions, one (of which is) of His Majesty; the [pavi]lions for the ceremonial dress of the King. Besides they build then two pavilions of reed wherein the King and the Queen perform ceremonial washing.

Afterwards within the storage pit of the Sun Goddess of the Earth they dig a hole a little downwards. They make it (as) a small inner chamber and then they put the model[s] of beds to the inside. They spread (37) 9 screens, 9 small red bedcloths, 9 small green bedcloths, 9 yellow bedcloths, 9 small blue bedcloths and they make them (i.e. the beds). Within the storage pit the small bedroom of the Sun Goddess of the Earth is before then dug out. They come there (and that is) where they seat the Sun Goddess of the Earth. And the pit which they dig out downwards (38), this is joined to the other pit and the road is made. Thereon they stretch out a long band of red cloth and a long band of blue cloth, on the ro[ad they s]tretch out a band of the ŠÀ.GA.DU_4-cloth.

About at (both) pits...
... apricots?, pears, fruits of *eya*...
... [fru]its? which [they throw about?

... [they] bri[ng] fresh...
... [they] s[eat? to the right/left of (39)] the [bran]ches...
... [fr]om the gate...

Unfortunately, further description of the ritual is destroyed (lacuna of c. 50 lines, i.e. the missing upper part of KBo 21.1 rev. iii) and when it reappears it seems to be very end of the ritual (see above). Yet let us point out its characteristics: sacrifices at the storage pits of the Sun Goddess of the Earth and of Male Deities; making of the bedroom with models of furniture; and ritual tracing out of the road with bands of cloth. KUB 17.18, with duplicate KUB 60.161, corroborates that these were indeed ritual practices performed to 'take a sacrificer off the Earth'. The text describes a complicated ritual of substitution, originally drawn up for the Royal Couple and continuing for at least four days (40), in course of which, among others, the ritual of *taknaz da* was employed:

KUB 17.18 iii (41)
14 ... *nam-ma̩ la-at-ti-en-š[i-in]*
15 [*I-NA* 2? ^{GIŠ}ḪUR *g]ul-ša-an-zi* (42) *nu-uš-ša-an* 1
[(^{GI})]^{Š}Ḫ[(UR)] *A-NA* U[D(U)0] 1 ^{GIŠ}ḪUR*-ma A-N*[(*A* MÁŠ.G)AL]
16 [*an-da ḫ*]*a-ma-an-kán-zi nu* ARẠḪ$^{\text{ḪI.A̤}}$ *an-da ap-pa*[*-a*(*n-z*)]*i*
17 [*nu-uš-ká*]*n*? *ták-na-aš* ^{D}UTU*-aš A-NA* ARÀḪ UDỤ DINGỊR^{MEŠ}
LÚ^{MEŠ} *A-NA* ARÀḪ MÁŠ.GAL
18 [*ap-pa-*]*an-du‹-uš› ḫu-iš!-wa-an-du-uš an-da ḫa-a-ri-ya-an-zi*
19 [*nu* G]IM*-an* ARÀḪ$^{\text{ḪI.A}}$ *an-da ap-pa-an-na zi-ẹn-na-an-zi*
20 [(*a-pa-*)]*a̤-at-kán ták-na-za da-a-u-wa-aš* SISKUR.SISKUR *ši-e-na-aš-ša* SỊSKUR
21 [(*kar-a*)]*p-ta-ri nam-ma* SAL*-iš ku-iš* TỤR *i-ya-an-za*
22 [(*nu IŠ-*)]*TỤ* DINGIR^{LIM} *ki-iš-ša-an ḫa-an-da-it-ta-du*
23 [*ku-*(*ẹ-d*)]*a-ni-pát-kán* UD*-ti a-pí-e-da-ni A-NA* [UD.KAM]
24 [1? ARÀ(Ḫ GAL *p*)]*è-da-an-zi nu* ^{D}UTU AN^{E} *ták-na-aš* ^{D}UTU*-un*
25 [(2 *tar-pa-a*)]*l-li-uš-ša ki-iš-ša-an a-še-ša-an-*[(*zi*)]
26 [ ]*a-pí-ya-pát ma-an-ni-in-ku-wa-an ú-e̤*[(*-da-an-te-eš*)]
27 [*ša-ra-a*]*z-zi-iš ku-iš* É.ŠÀ *na-aš-t*[(*a* ^{D}UTU *ŠA-ME-E*)]
28 [*an-da-*]*an* (43) *a-še-ša-an-zi* ^{D}UTU AN$^{\text{!E}}$ A[(LAM-*ŠU*)]
29 [1 ALA]M GIŠ KÙ.BABBAR GAR.RA *ḪUP-PÍ*$^{\text{Ḫ[I.A}}$
30]*ki-it-ta-r*[(*i*)]

... Afterwards they [l]ist (44) h[is] (i.e. of a suppliant) tribe [on two? wooden tablets]. One tablet they [t]ie to the s[he]ep and one tablet to the billy-go[at]. They fill the storage pits up: they bury [them] (i.e. both animals) [stu]ffed alive - the sheep in the storage pit of the Sun Goddess of the Earth and the billy-goat in the storage pit of Male Deities. [Wh]en they finish filling up the storage pits, the ritual of the taking off the Earth and of the substituting figurines is finished. Then (it is) a woman who is making a slaughterhouse (i.e. she cuts the sacrificial animals up). By the god, so it should be stated on [wh]ich day (this ritual ought to be performed). On that [day] they dig out a large [pi]t and they place the Sun God of Heaven, the Sun Goddess of the Earth and two substitutes as follows: [ ] There in the vicinity they are building the inner chamber which is the [up]per one. Then they place there the Sun God of Heaven, his representation... [One] wooden [stat]uette, silvered; it wears (45) earrings...

Two major points do emerge from the passage we have been able to cite: Firstly, it confirms that in the rituals under study, sacrifices at the storage pits of the Sun Goddess of the Earth and of Male Deities were a centre-piece of the ritual performance, just as it was in the above mentioned ritual of Tunnawiya. Secondly, it shows that the main purpose of these rituals was to release a suppliant, by means of magic (substitution), from the influence of the chthonic powers and thus - to absolve him from his sin and to heal him. The ritual in KUB 17.18 iii 20 ff. is qualified as that of the taking off the Earth and of the substituting figurines (*šena*). An explanation may be sought in the spell KUB 17.14 obv.! 16 ff.: "The live substitute (substitutes for me) in the world, and the figurine (*šena*) is a substitute in depths of the Earth. If you, Upper Deities, blame me for any sin and you cut down my days, months and years, (so) here is the live substitute in my place, acknowledge it, o Upper Deities! And if the Sun Goddess of the Earth and Underground Deities blame me for any sin, (so) here is the figurine in my place, acknowledge it, o Sun Goddess of the Earth and you, Underground Deities!" (46). Thus, to generalize, it was the figurine that was offered as a substitute for a suppliant to the Sun Goddess of the Earth and, as KUB 17.18 proves, for this end a special kind of ritual, of the taking off the Earth, was performed.

Concerning the structure of the latter we can give the following short commentary: Although the ritual in KUB 17.18 iii 20 ff. is named *taknaz da*, it seems that as a matter of fact it aimed, by means of substitution, at more complete purification of the suppliant, from the blame for sin committed against either the deities of Heaven or those of the Earth. Considering the contemporary understanding of sin, it is obvious that the suppliant himself did not know how and against whom he has sinned. Therefore he offered substitutes both to the deities of Heaven and to those of the Earth. The first, surviving part of the ritual where the upper inner chamber of the Sun God of Heaven is mentioned, apparently concerns the former, i.e. powers of Heaven. KBo 15.2+ obv. 5-8, a parallel ritual of substitution for the Royal Couple, defines the upper inner chamber as the *kippa*-tent, and the wooden statuette placed there as the substituting figurine: "In a secluded place, there in the vicinity, they make the *kippa*-tent, and inside - a wooden figurine (*šena*) with inlaid eyes of gold; it wears golden earrings and they dress it as a [k]ing..." (47). The next part of the ritual's description is in both cases missing now, but in light of the quoted spell that pertains to the ritual performance described in KBo 15.2 obv. (48) we can assume that farther on a lower inner chamber and the offering of figurines as substitutes to the Sun Goddess of the Earth should be mentioned.

This lower inner chamber, a small pit as a bedroom for the substituting figurines, at the storage pit of the Sun Goddess of the Earth, occurs in the ritual of Tunnawiya, already described. What more, though part of the text is missing, it seems to be no mention here of any other (upper?) inner chamber, so we may posit it was the ritual of the taking off the Earth in the strict sense, i.e., substitutes are aimed here but at the Sun Goddess of the Earth and other chthonic deities. Of course, what we say concerns only the first of two rituals composing the whole text of Tunnawiya (see above). Thus it becomes apparent that colophons (e.g. KBo 21.1 iv: (5) DUB.I.KAM *ma-an-kán* LU[GAL SAL.LUGAL] SA[LŠU.GI] (6) *ták-na-a-az da-a-i* NU.TIL) do not reflect the complex structure of the text, to wit that they are relevant only to its first part. On that score, colophons of the ritual of Ašdu (49), which appears similar in structure to that of Tunnawiya, are more appropriate, since they refer both to the taking off the Earth (by means of substitution) and to purification by means of imitative magic, e.g. 1419/u iv: (1) DUB.II KAM *Ú-UL QA*[*-TI*] (2) INIM ^{SAL}*A-aš-du* SAL ^{URU}[*Ḫur-la-aš*] (3) *ma-a-an al-wa-an*[*-za-aḫ-ḫa-an-da-an*] (4) UKÙ-*an* EGIR-*pa* S[IG$_5$-*aḫ-mi*] (5) *na-an-kán ták-n*[*a-az/za da-aḫ-ḫi*].

Our aim here is not to give any systematic review of the rituals qualified in their colophons as *taknaz da,* since that we have already done elsewhere (50), but first of all it is to define their characteristics, in other words, what we can say about the ritual itself which was performed in order to "take a suppliant off the Earth". Let us now list once again the magical and ritual practices we have been able to discern: 1) sacrifices at the storage pits of the Sun Goddess of the Earth and of Male Deities, which according to KUB 17.18 iii 14-18 can also have been an act of substitution; 2) performance with the substituting figurines and models of objects at the storage pit of the Sun Goddess of the Earth and within a small hole called "the (lower) inner chamber"; in the more complex rituals of substitution, as e.g. KUB 17.18 iii 20 ff. with parallel KBo 15.2 obv. 5 ff., occurs also the *kippa*-tent as "the upper inner chamber", but, though the magical means employed here are partly the same, we cannot acknowledge them *taknaz da* in the strict sense, as they were aimed too at the powers of Heaven; 3) during this performance took place the tracing-out of the road for the deities; yet, surviving description in KUB 12.20 gives no further details.

However, for more information we may consult other texts. Rituals described there are not explicitly named *taknaz da,* but they consist of a number of performances, including - it is obvious now - those characterizing the rituals under discussion.

KUB 42.94 obv. 1 ff. contains a detailed description of the inner chamber (not mentioned by name in the preserved part of the text) which was a bedroom for six figurines substituting for the Royal Couple. There are also mentioned here models of furniture and of various utensils, beds, cloths, garments, vessels, offering tables, chariots, etc. This text, with duplicate KBo 15.15 obv.? (51), belongs to the complex ritual of the Sun Goddess of the Earth and aimed at substitution for the royal family, most likely for that of Tuthaliya, and is to be described in a separate paper (52). Nevertheless, since it mentions the inner chamber of the Sun Goddess of the Earth and in this context the substituting figurines, we can assume it to be somehow related to the *taknaz da* rituals; at least, ritual practices employed in both cases are similar.

Still more informative are the texts attesting the tracing-out of the road for the Sun Goddess of the Earth. KUB 46.30: 22 ff. reads:

22 E]N SISKUR.SISKUR *ták-na-aš* ^{D}UTU*-un kiš-an a-a[n-ni-ya-zi]*
23]x 1^{NU-TIM} ^{KUŠ}NÍG.BÀR 1 TÚG BABBAR *da-a-i[*
24]x ^{TÚG}*ku-ri-eš-šar pí-ra-an* GAM *da!-ạ[-i*
25 [*še-e-ra-aš-ša-a*]*n A-NA* DINGIR^{LIM}*-an-ma* KASKAL*-an i-e-z[i*

... The lord of the ritual pe[rforms] for the Sun Goddess of the Earth as follows: [ ] He takes a white screen (and) in front of it he stretch[es] out a band of cloth; [thereo]n he mak[es] the road for the deity.

The same passage is to be found in KBo 21.11 rev. 1 f.:

[^{TÚG}*ku-ri-eš-šar*]
1 [*pí-ra-an kat-*]*ta-an da-a-i še-e-ra-aš-š[a-an]*
2 [*A-NA* DINGIR^{LIM}-]*an-mạ* KASKAL*-an i-ya-az-zị* [ ]

Both texts no doubt describe rituals performed for the Sun Goddess of the Earth. Since they do not mention, in surviving fragments, any substitutes (albeit there is no mention of the latter in the preserved part of the first tablet of the Tunnawiya-ritual, too), we cannot decide whether these are at all *taknaz da* texts; still they reveal a close resemblance to them. E.g. the ritual performance in KUB 46.30 takes place in a vineyard, which reminds other texts, as, for instance, the ritual of Allaituraḫ(ḫ)i (its third tablet) in course of which worship was given to the Sun Goddess of the Earth and other deities in a garden (53). In this connection we should point out that the passage in Bo 3916 + KUB 12.20: 23 we have quoted and translated above, suggests the *taknaz da* ritual of Tunnawiya to occur in a garden as well.

In the above discussion we have asked what were the characteristics of the magic performance to take off the Earth, i.e., to absolve a suppliant from his sin against the powers of the Earth, but in the strict sense. We have concluded that the term *taknaz da* seems to denote a special kind of rituals aiming at substitution for a suppliant and we have sought to discern the ritual and magical practices employed to perform this task. Of course, fragmentary state of preservation of the texts still keeps us guessing while considering some questions that could be raised. On the other hand, it appears obvious now that the most rituals which are named in colophons *taknaz da*, are in point of fact heterogeneous in their structure, and the name refers but to the part of the whole text. That is apparently the case of the best preserved ritual of Tunnawiya, as well as of those of Ašdu, Maštigga (54), etc. This is why we did not discuss here the texts of the latter rituals. What survives of them are chiefly descriptions of ritual performances applying imitative magic which most likely occurred parallel with, but not in course of the performance of the taking off the Earth proper. To supplement our statements we have to wait for new editions of the texts.

Adresse de l'auteur:

Polska Akademia Nauk
Instytut Historii Kultury Materialnej
Zakład Archeologii Antycznej
Al. Świerczewskiego 105
00-140 Warszawa
Pologne

NOTES

(1) P. Taracha, *Zu den hethitischen* taknaz da-*Ritualen*, *AoF* 12, 1985, 278 ff.

(2) H. Otten, *Ein Ritual von Ašdu, der Hurriterin*, in *Kaniššuwar*, Fs. Güterbock^{2}, 1986, 165 ff.

(3) M. Hutter, *Behexung, Entsühnung und Heilung. Das Ritual der Tunnawiya für ein Königspaar aus mittelhethitischer Zeit* (KBo XXI 1 - KUB IX 34 - KBo XXI 6), Freiburg-Göttingen, 1988; cf. its review by P. Taracha, *ZA* (forthcoming).

(4) Ibidem, 118 ff. According to Hutter, the latter statement can be proved by KUB 9.34 iii 12-19; however, this passage belongs to the 'Ritual of an Ox' quoted in extenso by Tunnawiya; see below.

(5) Ibidem, 63 ff., 106.

(6) Through the kindness of Prof. H. Klengel I could collate the texts on photos in Berlin. I am also indebted to Prof. C. Karasu who proved the join on the tablets in Ankara.

(7) Restoration according to KBo 21.1 iii 5. For *pè-da* instead of *pád-da* see J. Puhvel, in *Hethitisch und Indogermanisch*, Innsbruck, 1979, 214 ff.

(8) For a partial arrangement of the texts see S. Košak, *ZA* 76, 1986, 132 f.

(9) Join according to Košak, op. cit.

(10) Collated on photos in Berlin.

(11) Transliteration of the text is published by Hutter, op. cit., 53 f.

(12) Cf. Taracha, *AoF* 12, 1985, 278 n. 4.

(13) Transliterated and translated by Hutter, op. cit., 22 f.

(14) For an arrangement of this ritual see Taracha, op. cit., 282.

(15) Cf. KBo 21.1 i 2; and colophons of this ritual.

(16) For transliteration of Dii see Košak, loc. cit.; Hutter; op. cit., 64 f.; we quote it with a few emendations.

(17) A adds here: (34) [*k*]*u-i̯n* ARÀḪ *pè-da-an-zi nu-u̯š-k*[*án*; cf. also above.

(18) A ii 36 ARÀḪ *an-da*.

(19) A ii 38 *ták-na-a-aš* ^{D}UTU-*aš* DINGIR LÚ^{MEŠ}-*aš* ARÀḪ [*an-da*] (39) [(*ḫa-ad-da-an-z*)]*i*.

(20) A ii 39 GAM-*an-ta*.

(21) A ii 40 SAG.DU$^{ME.EŠ}$.

(22) A ii 41 ERÍN$^{\text{ME.EŠ}}$-*az-ma* ARÀḪ$^{\text{ḪI.A}}$.

(23) Cf. e.g. Bo 3505 obv.? 7 f.: *nu* 2 *TA-PAL* KÁ.GAL *ku-e Š*[*A* ^{GIŠ}*ḫa-tal-ke-eš-na-aš*?] (8) *i-ya-an-ta nu* 1$^{\textit{NU-TIM}}$ *ŠA* [LUGAL]. See also forthcoming publication by M. Popko of the texts from CTH 418, AoF.

(24) E: 4 *a*]*r-ḫa-ya-an-ma*.

(25) E: 5 *i-en-zi*.

(26) F: 5 *ti-ya-ạn*[*-zi*].

(27) Restoration according to F: 8; cf. H obv. 4 ^{D}UTU-*wa-aš*.

(28) According to G ii 8; cf. F: 8 É.ŠÀ-*ni pí-ra-an*.

(29) H obv. 6 *a-še-ša-nu-wa-an-zi*.

(30) F: 10 *kat-ta-an*; H obv. 7 GAM-*an*.

(31) H obv. 7 *pè-da-an-za*.

(32) F:12 KASKAL-*ša-aš*.

(33) H obv. 12 [*na-a*]*t*? *A-NA* ARÀḪ *a-ra-aḫ-ḫa-za-an-ta*[.

(34) H obv. 13 ^{GIŠ}ŠEN]NUR ^{GIŠ}ḪAŠḪUR.KUR.RA ^{GIŠ}*ẹ*[*-ya-an*.

(35) D ii 1-9 is translated by Hutter, op. cit., 121 f., cf. also A. Ünal, *BiOr* 44, 1987, 484.

(36) Mentioned in the introductory list of sacrifices and utensils.

(37) Here comes E: 11 ff.

(38) H obv. 7: which is dug out.

(39) Cf. e.g. KUB 58.107 iv: (7) [ ] *ták-nạ-aš* ^{D}UTU-*un* ^{D}*Iš-ḫa-ra-an-na* ŠÀ ^{GIŠ}KIRI$_6$-*kán* ZAG-*za* (8) [(^{GIŠ}*a*)]*I-kiš-ta-na-aš a-ša- a-ši*; V. Haas, I. Wegner, *Die Rituale der Beschwörerinnen* ^{SAL}ŠU.GI (= ChS I/5), Roma, 1988, 94.

(40) For an arrangement of the texts see Taracha, *AoF* 12, 1985, 279.

(41) Restorations partially according to KUB 60.161 ii 37 ff. I am grateful to Prof. H. Klengel for the opportunity to study the texts to be published in KUB 60.

(42) Cf. H.A. Hoffner, *The Hittite Word for 'Tribe'*, in *Studia Mediterranea P. Meriggi dicata*, vol. I, Pavia, 1979, 265.

(43) AN is visible on photo.

(44) Literally: "write down".

(45) Literally: "Earrings lie on it".

(46) Cf. H.M. Kümmel, *Ersatzrituale für den hethitischen König* (= *StBoT* 3, 1967), 56-59.

(47) Ibidem, 56 f.

(48) Ibidem.

(49) Cf. Otten, in *Kaniššuwar*, 1986, 165 ff.

(50) Taracha, op. cit.

(51) For an arrangement of the texts, see ibidem.

(52) See forthcoming Taracha, *Ein hethitisches Ersatzritual für die Königsfamilie*, *AoF*.

(53) For an arrangement of this ritual see Haas, Wegner, op. cit., 48 ff.; cf. also its review by P. Taracha, OLZ (forthcoming).

(54) Cf. Taracha, *AoF* 12, 1985, 279.

BCILL 52 : Hethitica X, 185-211

MOPSOS : LÉGENDES ET RÉALITÉ

Jacques VANSCHOONWINKEL
Université Catholique de Louvain

Il n'est guère aisé en général de déceler la réalité historique qu'une légende peut refléter, au point que de nombreux historiens n'accordent aucun crédit à ce genre de témoignage. Mopsos est une des rares figures de la mythologie grecque qui échappent à cette situation. En effet, grâce à une documentation très diversifiée, tant grecque qu'orientale, Mopsos devenait, pour la plupart des historiens (1), un des premiers personnages légendaires à être attesté historiquement. Une inscription de Karatépé semblait même confirmer le passage du héros en Cilicie (2) et ainsi établir la preuve de l'arrivée de Grecs dans cette région à la fin de l'âge du Bronze. La réalité apparaît toutefois beaucoup plus complexe comme le montre un examen détaillé non seulement de toutes les traditions grecques et des textes orientaux, mais aussi des données archéologiques qui ne peuvent être ignorées dans ce débat.

Les légendes grecques

Dans les *Nostoi* d'Agias, résumés par Proclos (3), nous lisons qu'après la prise de Troie, Calchas, Léontée, Polypoetès et leurs compagnons allèrent à Colophon; Calchas y mourut et y fut inhumé. Nous savons, par plusieurs auteurs dont le plus ancien est Hésiode (4), que la mort de Calchas fut la conséquence de sa défaite dans un concours divinatoire l'opposant à Mopsos, fils d'Apollon et de Mantô.

Les opinions sur les déplacements de Mopsos consécutifs au décès de Calchas sont variées. Strabon (5) confronte les avis d'Hérodote et de Callinos, poète élégiaque éphésien du VIIe siècle.

Selon Hérodote (6), les Pamphyliens sont les descendants des compagnons de Calchas et d'Amphilochos (7) venus de Troade. Hérodote (8) dit aussi qu'Amphilochos fonda une ville, Posideion, aux confins de la Cilicie et de la Syrie. D'autre part, d'après Callinos (9), Calchas meurt à Klaros et Mopsos, seul, conduit ses compagnons, par-delà le Taurus, en Pamphylie, Cilicie, Syrie et Phénicie.

Strabon (10) indique que cette dernière version se trouve aussi chez d'autres auteurs et il précise que Mallos en Cilicie est une fondation d'Amphilochos et de Mopsos. Le géographe poursuit en disant que Sophocle (11) et d'autres auteurs situent le concours entre Calchas et Mopsos en Cilicie. Enfin, il ajoute que certains écrivains, toujours sans les nommer -mais parmi lesquels on peut placer Euphorion (12)-, affirment qu'Amphilochos regagna d'abord Argos et qu'à son retour en Cilicie, lui et Mopsos s'entretuèrent. Strabon et Lycophron rapportent que les tombes des deux héros étaient localisées à Magarsos en Cilicie (13). En revanche, Hésiode prétend qu'Amphilochos fut tué à Soloi par Apollon (14).

Une scolie de Denys le Périégète (15) résume de la façon suivante la situation depuis le départ de Calchas de Troie et la prise en main de ses compagnons par Mopsos: ce dernier alla en Cilicie où il fut proclamé roi, il épousa Pamphylé et il fonda la ville de Mopsouhestia. Le règne en Cilicie de Mopsos, qui donna son nom à Mopsoukréné et Mopsouhestia, est indiqué à l'année 1184 dans la *Chronique-Canon* d'Eusèbe, traduite par saint Jérôme (16). Théopompe présente Mopsos et ses filles comme les éponymes de Mopsouhestia, de Pamphylie et de Rhodia près de Phasélis en Lycie (17).

Thucydide prétend qu'après la prise de Troie, Amphilochos retourna d'abord à Argos et qu'il la quitta ensuite pour fonder l'Argos amphilochienne (18).

Dans ces différentes versions du mythe de Mopsos, F. Prinz a clairement montré que l'épisode relatant le départ de Troie de Calchas et sa mort à Colophon constitue une tradition concordante qui remonte probablement aux *Nostoi* d'Agias (19). À la suite de celle-ci apparaît une série d'avis à propos du destin des compagnons de Calchas. D'abord, nous constatons l'apparition d'Amphilochos qui, non seulement, n'est pas cité dans les *Nostoi* d'Agias, mais n'apparaît même pas dans l'*Iliade* ni dans l'*Odyssée*. Ensuite certains témoignages se contredisent: c'est le cas entre Hérodote, qui ne cite pas Mopsos à propos de la Pamphylie, mais bien Calchas et Amphilochos, et Callinos, qui attribue à Mopsos la conduite des hommes en Pamphylie et ailleurs; c'est aussi le cas entre ces deux témoignages et Thucydide, qui reconnaît à Amphilochos des activités seulement en Grèce. D'autres auteurs s'éloignent même du modèle épique puisque Sophocle, d'après Strabon, place la compétition entre les deux devins en Cilicie.

F. Prinz estime que ces diverses traditions, parfois contradictoires, témoignent de la construction de différents mythes de fondations à partir du concours décrit dans la poésie épique en vue d'attribuer à certains héros une participation à l'établissement de villes dans des régions d'Anatolie (20).

Dans ces constructions, certains auteurs, comme Callinos, tentèrent d'harmoniser leur version avec le modèle épique et d'autres, comme Hérodote, ne s'en soucièrent guère. F. Prinz est d'avis que seul Thucydide se conformait au modèle des *Nostoi* en admettant le retour d'Amphilochos à Argos (21).

La distribution géographique de l'anthroponyme Mopsos

À la suite de ce bref aperçu des légendes, il n'est pas inutile d'établir la distribution géographique des activités du ou des personnage(s) porteur(s) de l'anthroponyme Mopsos.

Colophon et Klaros

La figure de Mopsos, fils d'Apollon et de Mantô, est d'abord associée à Colophon et à Klaros où il fonde le temple d'Apollon (22).

Pamphylie

Si Hérodote ne mentionne que le seul nom d'Amphilochos pour la Pamphylie, Callinos et Théopompe, en revanche, rapportent la migration de Mopsos dans cette région; en fait, Théopompe présente Pamphylie, l'éponyme de la région, comme la fille de Mopsos, mais Étienne de Byzance en fait la soeur du héros et un scoliaste de Denys le Périégète, son épouse et la fille de Kabdéros (23).

Cette diversité montre une tradition mal établie, qui est manifestement étiologique et qui, dans le dernier cas, explique une population mixte de Grecs et d'autochtones (24). Il est à noter que la scolie de Denys le Périégète applique le nom de Pamphylie à la Cilicie, confusion fréquente, déjà relevée par Strabon à propos de Sophocle et des tragiques (25); il n'est pas surprenant, dans le contexte cilicien, de trouver un anthroponyme Kabdéros qui est incontestablement sémitique (26).

Le nom de Mopsos apparaît comme celui du fondateur de la cité dans des inscriptions grecques d'époque romaine de Pergé et de Sillyon (27). Bien que la première mention de ces villes chez un auteur grec remonte au Pseudo-Skylax (28), daté du IVe siècle, les plus anciens vestiges de Pergé et de Sillyon appartiennent, jusqu'à présent, à l'époque hellénistique (29).

La fondation d'Aspendos n'est attribuée nommément à Mopsos par aucun auteur ancien bien que, selon le poète alexandrin Callimaque, Mopsos ait offert un sacrifice à Aphrodite Kastnia à Aspendos lors d'une chasse (30). En revanche, Aspendos est présentée comme une colonie argienne par Strabon, Pomponius Méla et Eustathe (31). Hellanicos (32) ignore cette version et prétend que la ville d'Aspendos fut fondée par Aspendos. Or les premières monnaies d'Aspendos portaient, du Ve siècle jusqu'au milieu du IIIe siècle, l'ethnique ΕΣΤFΕΔΙΙΥΣ qui correspond à un toponyme *ΕστϜεδυς qui n'est pas sans rappeler le nom de la ville cilicienne Azatiwataya, portant le nom de son fondateur, Azatiwata, lequel est un anthroponyme louvite (33).

Sidé, autre ville pamphylienne importante, fut fondée par les Cuméens d'Éolide, probablement au VIIe ou VIe siècle, selon une tradition rapportée par Strabon, le Pseudo-Skylax et Arrien (34).

Par ailleurs, Mopsopia est l'ancien nom de la Pamphylie d'après Pline (35). Dans ce toponyme, on retrouve la racine de l'anthroponyme Mopsos avec le suffixe ethnique *-op-* attesté dans les noms tels que Dolopes, Dryopes ou Hellopia (36).

Il n'est pas inutile de préciser que la Pamphylie n'a, jusqu'à présent, livré aucun témoignage mycénien (37) et que les études les plus récentes nient l'existence de colonies grecques à l'époque archaïque en Pamphylie (38).

Enfin, le dialecte grec de Pamphylie, qui n'était d'ailleurs pas parlé à Sidé, ne nous renseigne pas beaucoup, car C. Brixhe conclut son importante étude de ce dialecte en affirmant qu'il est vain de vouloir le rattacher à un des grands groupes dialectaux grecs du premier millénaire; il occupe une place tout à fait particulière dans le domaine grec en raison de son caractère très complexe, présentant des composantes dialectales différentes, achéenne, éolienne et dorienne, sous forte influence anatolienne (39).

Cilicie

Callinos, Théopompe, Strabon, Eusèbe et une scolie de Denys le Périégète évoquent le passage et le règne de Mopsos en Cilicie où il aurait fondé Mallos (avec Amphilochos), Mopsouhestia et Mopsou-kréné. Rappelons aussi que Strabon et Lycophron situent les tombes d'Amphilochos et de Mopsos à Magarsos, à proximité de l'embouchure du Pyramos (l'actuel Ceyhan). Toutefois Hésiode prétend qu'Amphilochos fut tué à Soloi par Apollon. Ce témoignage, le plus ancien de tous ceux cités, ne reprend pas le nom de Mopsos et pourrait dès lors ignorer la présence de ce dernier en Cilicie.

Alors que Mallos, nom d'une ville située sur le Pyramos, apparaît comme un toponyme d'origine phénicienne (40), Mopsoukréné et Mopsouhestia sont des toponymes qui ne sont pas attestés avant l'époque hellénistique et, à l'exception du témoignage de Théopompe au sujet de Mopsouhestia, plus précisément le IIe siècle (41). Ces deux noms sont d'ailleurs de date assez récente; en effet, dans Mopsoukréné, *-kréné* présente l'accomplissement du traitement **krasnā* > *krānā* ainsi que le passage du *ā* en *η*, et, dans les deux noms, le yod intervocalique du génitif **Mopsojo* est tombé et la contraction en *ou* est réalisée (42). Toutefois, comme le souligne M. Sakellariou (43), une forme phonétique récente n'exclut pas en soi la reprise d'un toponyme plus ancien, tant grec qu'indigène, ou même une allusion à des légendes plus anciennes. Cela ne semble pourtant pas être le cas avec Mopsouhestia. En effet, il est absolument faux de reconnaître ce toponyme dans l'expression phénicienne *bt Mpš* ou louvite *Mukšan* DOMUS-*ni-i*, « Maison de Mopsos », des inscriptions de Karatépé comme le fait J. Boardman (44), car, nous le verrons plus loin, l'expression désigne sans ambiguïté une dynastie.

Par ailleurs, Mopsouhestia, l'actuelle Misis en amont de Mallos sur le Pyramos, même si elle a livré quelques témoignages remontant au Chalcolithique, n'offre ni aspect urbanistique ni monument pour les époques classique et séleucide (45). En outre, le site n'a fourni aucun matériel mycénien, si ce n'est des tessons ramassés en surface et qualifiés d'hellado-ciliciens par E. Gjerstad (46). C'est chez Théopompe, dans la deuxième moitié du IVe siècle, qu'apparaissent le toponyme et sa mise en relation avec Mopsos. Les autres mentions sont beaucoup plus tardives. Strabon (47) ignore la fondation de Mopsouhestia par Mopsos. Il apparaît donc tout à fait légitime de considérer la version spécifique de la fondation de cette ville par Mopsos comme étiologique. Dans la *Chronique-Canon* d'Eusèbe, traduite par saint Jérôme, le règne de Mopsos en Cilicie est antérieur à la date de la prise de Troie (48), indice reflétant une distinction possible entre le Mopsos régnant en Cilicie et un homonyme, qui recueillit des guerriers après la guerre de Troie.

S'il est vrai que la Cilicie a livré de la céramique mycénienne, l'interprétation de ce témoignage doit être très nuancée. Vingt-quatre sites ayant fourni de cette céramique ont été répertoriés, mais vingt-et-un le sont à la suite d'un ramassage en surface à l'occasion des prospections d'E. Gjerstad et de M. Seton-Williams (49). Il s'agit très souvent de quelques tessons dont le nombre se limite parfois à l'unité (50). De la céramique mycénienne originale fut ramassée sur onze sites, dont plusieurs ont livré de la classe Helladique Récent III C (51). Les dix autres sites ont fourni des tessons qualifiés d'hellado-ciliciens (52). E. Gjerstad désigne sous ce terme une céramique produite localement et imitant la céramique Helladique Récent III A2-B ou III B-C; elle est plus commune que la céramique mycénienne originale et s'en distingue, au point de vue technique, par une pâte moins raffinée, semblable à celle des fabriques locales, et par une peinture mate ou très peu lustrée (53).

Ces tessons nous apportent une information non négligeable, mais néanmoins peu décisive, car des tessons trouvés en surface, surtout quand ils sont uniques, ne peuvent pas nous renseigner valablement sur une présence éventuelle de Mycéniens, laquelle est difficilement décelable dans les sites fouillés hors du monde grec par le seul témoignage de la céramique. En outre, E. French, qui a une connaissance à la fois minutieuse et pratique de la céramique mycénienne, a mis les archéologues en garde contre la confusion facile entre la poterie mycénienne et les tessons de vases à décor linéaire de l'âge du Fer en Cilicie (54).

Les trois sites où la céramique mycénienne fut mise au jour lors de fouilles sont Mersin, Kazanlı et Tarse. Mersin a livré, au niveau V, hittite, un fragment de bol Helladique Récent III A2 et un fragment de cruche hellado-cilicien et, au niveau IV, un tesson Helladique Récent III A2 ou B et quatre tessons identifiés comme hellado-ciliciens, mais dont l'inspiration mycénienne n'est pas du tout assurée (55).

Les fouilleurs de Kazanlı n'ont exhumé que quatre tessons mycéniens dont un Helladique Récent III B et deux Helladique Récent III (56) alors qu'une quantité appréciable, cent quatre tessons, fut récoltée en surface (57). Ceux-ci appartiennent aussi bien à la classe mycénienne qu'à la classe hellado-cilicienne. Si leur phase est le plus souvent indéterminable, un fragment peut être attribué à l'Helladique Récent II A, ce qui constitue le plus ancien témoignage mycénien en Cilicie (58), quelques tessons, à l'Helladique Récent III A2 ou B et d'autres, plus nombreux, à l'Helladique Récent III C. E. French ainsi qu'E. Sherratt et J. Crouwel constatent que la pâte de ces tessons présente la même texture sableuse que celle du matériel céramique de Tarse (59) et C. Mee en conclut qu'un centre de production commun n'est pas invraisemblable en raison de la proximité des deux sites (60).

Tarse a fourni quelque 875 tessons mycéniens; ils proviennent tous, mais sans stratification, du niveau BR II B qui désigne un modeste établissement, présentant parfois un aspect d'occupation de squatters, qui succède à la destruction du prospère établissement du niveau BR II A (61). À la suite du réexamen du matériel mycénien de Tarse par E. French, il apparaît qu'il appartient intégralement à la classe Helladique Récent III C dont toutes les phases sont représentées, mais qu'une réminiscence de la céramique Helladique Récent III B, surtout de ses motifs, est perceptible (62). Techniquement, en raison de la pâte sableuse, de la finition de surface peu soignée et de la peinture mate, E. French conclut à une fabrication locale; elle identifie très peu de tessons originaires d'Argolide, mais elle constate des rapprochements avec Chypre (63). Notons l'existence du seul tesson mycénien antérieur à l'Helladique Récent III C, un tesson Helladique Récent III B2 trouvé avec des bulles d'argile mentionnant Poudouhepa, l'épouse de Hattousili III, dans un puits scellé du niveau BR II A (64).

Cette discussion sur la céramique mycénienne ne doit pas nous leurrer, car, malgré ses 875 tessons, elle est nettement moins abondante que la traditionnelle céramique anatolienne monochrome qui reste prépondérante au niveau BR II B (65). En outre, il faut rappeler que, du point de vue architectural, les humbles édifices du niveau BR II B évoquent une occupation de squatters. Pour le fouilleur du site, H. Goldman, le niveau BR II B de Tarse a incontestablement conservé le caractère anatolien du niveau précédent (66). Les données fournies par Tarse sont donc d'interprétation quelque peu délicate: il semble assuré que l'habitat du niveau BR II B est celui d'une population anatolienne ayant conservé la culture matérielle du niveau BR II A. L'apparition au niveau BR II B de céramique Helladique Récent III C de fabrication locale pourrait d'autre part indiquer la présence de quelques Mycéniens qui ne se distinguent cependant par aucune autre caractéristique culturelle. Quoiqu'il n'y ait pas de corrélation directe entre une classe de céramique et une identité ethnique ou linguistique, l'éventuelle présence mycénienne ne serait en aucune façon le résultat d'une vague massive de colonisation (67).

Nous constatons que seule Tarse offre une documentation significative et les conclusions ne peuvent donc être que très prudentes pour la Cilicie. Il est pourtant tout à fait téméraire de fonder la présence d'une colonie mycénienne à Tarse (68) sur le seul témoignage de la céramique. Pour établir avec vraisemblance l'installation d'une colonie mycénienne, le témoignage de la céramique mycénienne, qui n'est pas majoritaire à Tarse, devrait être corroboré par d'autres caractéristiques mycéniennes, telles que l'architecture ou la typologie des tombes, lesquelles ne sont pas attestées à Tarse.

Par la suite, quelques tessons grecs, surtout sub-protogéométriques eubéens, apparaissent à Tarse à l'époque du Fer Moyen, vers 825 av. J.-C., et ils deviennent plus nombreux dans le courant du VIIIe siècle (69); la céramique grecque orientale est attestée à Mersin au VIIe siècle (70). Toutes les études récentes concluent cependant à une présence grecque sporadique et, en aucun cas, à des colonies grecques (71).

Syrie, Phénicie et Phasélis

Callinos est le seul auteur à prétendre que Mopsos conduisit des compagnons de Calchas en Syrie et même en Phénicie. Ce témoignage est non seulement isolé, mais il semble être contaminé par l'activité du Moxos lydien dont nous allons parler plus loin (72). Il faut aussi rappeler une fondation à laquelle Mopsos est associé, mais sans en être l'oikiste. Selon Philostéphanos de Cyrène, cité par Athénée (73), c'est à l'initiative de Mopsos que Lakios de Lindos fonda la colonie rhodienne de Phasélis en Lycie. Or Phasélis est une authentique colonie rhodienne du début du VIIe siècle (74). Ceci est d'ailleurs précisé par Aristonétos (75), mais qui, en vertu d'une synchronisation probablement artificielle, fait de Lakios le frère d'Antiphénos, le fondateur de Géla, autre colonie rhodienne. F. Prinz montre que la version de Philostéphanos, profitant de la similitude entre les noms de Lakios et de Rhakios, celui du père mortel de Mopsos, fait intervenir ce dernier pour rattacher la fondation de Phasélis à la glorieuse épopée troyenne (76).

Outre le Mopsos de Klaros-Colophon, les textes anciens nous révèlent l'existence d'autres personnages portant ce nom et qui sont liés à diverses régions.

Lydie

Xanthos de Sardes (77) parle d'un Mopsos, fils de Lydos, dont les exploits se situent à Ascalon en Palestine: celui-ci s'empara de la déesse Atargatis qu'il jeta dans le lac d'Ascalon. Cet épisode est vraisemblablement à l'origine de l'affirmation de Callinos à propos de l'arrivée de Mopsos de Klaros en Phénicie. D'autre part, Nicolas de Damas (78) mentionne un Lydien du nom de Moxos, personnage à qui on prête une série d'actes extraordinaires parmi lesquels la prise de la ville de Crabos dont il noya les habitants dans le lac voisin. Il est évident qu'il y a contamination entre les deux mythes et en outre, comme nous le verrons plus loin, Mopsos et Moxos sont deux variantes orthographiques du même nom: il est donc permis d'y voir le même personnage (79). Une ville de Phrygie méridionale ou Cabalie, Moxoupolis, doit son nom à ce Moxos (80).

Le Mopsos lapithe

Fils d'Ampyx (ou d'Ampykos) de Thessalie, ou d'Apollon selon Valerius Flaccus (81), et de Chloris, ce Mopsos est également devin; il participa à l'expédition des Argonautes et mourut, au retour, en Libye. La plus ancienne mention du personnage remonte à Hésiode (82). Les nombreux parallélismes entre ce Mopsos et le fils de Mantô montrent clairement la contamination entre les mythes des deux héros (83). Le Mopsos lapithe est l'éponyme de la ville de Mopsion en Thessalie pélasgiotide (84).

Autres attestations

L'anthroponyme Mopsos est encore attesté par ailleurs, notamment pour désigner un Thrace (85). Il apparaît même en linéaire B: on le trouve à Knossos, KN De 1381.B *mo-qo-so*, et à Pylos, PY Sa 774 *mo-qo-so-jo* au génitif. Grâce au grec mycénien, qui a conservé les labio-vélaires, on peut poser un thème **Mok^{w}so*, lequel explique, en fonction des traitements de la labio-vélaire, l'existence des formes Mopsos et Moxos (Moksos). Notons qu'O. Landau attribue à cet anthroponyme mycénien une origine anatolienne (86) et M. Astour ainsi que L. Zgusta aboutissent à la même identification anatolienne (87). J.T. Hooker le considère comme un anthroponyme non-grec à suffixe *-(s)sos* (88) et A. Heubeck, comme un nom préhellénique (89). M. Sakellariou l'identifie comme un nom indo-européen, qui serait celui d'un dieu important (90). Comme les tablettes en linéaire B sont contemporaines de la destruction des palais, la mention de Mopsos à Knossos remonte au XIVe siècle tandis que celle de Pylos date de la transition entre le XIIIe et le XIIe siècle (91).

Il y a aussi de nombreux toponymes dans lesquels on retrouve le nom de Mopsos. À ceux déjà mentionnés, on peut ajouter les toponymes et ethniques suivants: Moxianoi ou Moxeanoi, tribu de Phrygie occidentale (92), Moxoéné, région d'Arménie (93) et Mopsopia, déjà rencontré à propos de la Pamphylie, mais qui est aussi un ancien nom de l'Attique d'après le nom d'un lointain roi, Mopsopos ou Mopsops (94). Les derniers noms, comme nous l'avons fait remarquer auparavant, semblent être construits sur le thème *Mops-* augmenté du suffixe ethnique *-op-*.

Après l'époque de Trajan, la ville de Hiérapolis en Phrygie a émis une monnaie portant au revers le type de Mopsos et de Torrébos, accompagné d'une légende mentionnant leur nom (95).

Nous constatons que l'anthroponyme Mopsos est répandu sur une aire géographique très vaste. Le Mopsos de Klaros-Colophon est, non seulement, lié à de nombreuses régions d'Anatolie et même à la Syrie et à la Phénicie, mais l'anthroponyme, en général, est rattaché à diverses contrées de Grèce et d'Anatolie. Les toponymes dérivés offrent une distribution géographique aussi variée. L'anthroponyme est, par ailleurs, attesté à différentes époques. Aussi est-il invraisemblable, déjà à la lecture des seuls témoignages classiques, de cerner un personnage unique répondant à l'anthroponyme Mopsos.

Mopsos et les sources orientales

De nombreux historiens, et surtout des hellénistes (96), crurent pourtant trouver une confirmation de la légende grecque dans les inscriptions bilingues, phénicien et louvite hiéroglyphique, de Karatépé en Cilicie (97), datées de la seconde moitié du VIIIe siècle (98). En effet, celles-ci contiennent l'anthroponyme Mopsos et apparemment le nom des Danaens.

Dans ces inscriptions, Azatiwata (phén. *'ztwd*/ louv. hiér. *Azatiwataš*) affirme, dans le texte phénicien, avoir construit, ou peut-être reconstruit (99), une ville et, dans le texte louvite, avoir construit une forteresse, qu'il appelle Azatiwataya (*'ztwdy/ Azatiwataya* URBS) et qui doit être l'actuelle Karatépé. Mais l'intérêt majeur de ces textes réside dans les mentions des Danouniens (*dnnym/Adanawa-* ou *Adanawani-*), dont Azatiwata cite un roi Awarkou (*'wrk/Awarku*), de la plaine d'Adana (*'dn/Adanawi-* ou *Adanawani-*) et surtout de la maison de Mopsos (*bt Mpš/Mukšan* DOMUS-*ni-i*) qui désigne la dynastie régnante locale.

É. Laroche a définitivement démontré que le phénicien *dnnym* correspond toujours, en louvite, soit au thème *adanawa-*, qui est le radical de base d'un toponyme avec postdéterminatif URBS (ville), soit au thème *adanawani-* qui, dérivant avec haplologie de *adanawa-wani*, est l'ethnique, avec le suffixe *-wani-* typiquement louvite, d'*Adanawa*; le phénicien *'dn*, toujours repris dans l'expression la plaine d'Adana (*ʿmq 'dn*), correspond, en louvite, au thème *adanawani-* déjà cité ou au thème *adanawi-* qui est un adjectif avec suffixe *-ya-* d'appartenance (100). É. Laroche constate donc que les deux mots phéniciens, Adana et Danouniens, répondent à un seul radical toponymique louvite et, de l'étude des graphies hiéroglyphiques et phéniciennes, il déduit que le nom de la ville était, à l'état réduit, *Adanua*, transcrit *'dn* en phénicien; c'est sur l'ethnique louvite *adanuani-* que le phénicien, qui ne le comprenait pas comme tel, a construit son propre ethnique avec le suffixe *-y-*, ce qui donne au pluriel *dnnym* (**danuniyim*) (101).

L'aphérèse de l'aleph initial, qui transcrivait le *a-* initial du toponyme louvite, est attestée dans les noms polysyllabiques (102). Notons d'ailleurs que l'aphérèse du *a-* initial est un phénomène phonétique aussi attesté dans les langues anatoliennes (103). « Les Danouniens », conclut É. Laroche, « ne sont autres que les habitants d'Adana » (104) et -pourrait-on ajouter- de sa région, la Cilicie Pédias, qu'il conviendrait dès lors d'appeler plus exactement Adanouniens.

La ville et le pays d'Adana sont déjà connus en hittite cunéiforme sous la forme *Adaniya* ou *Ataniya*. Ce toponyme du royaume de Kizzouwatna est mentionné dans six documents, dont le plus ancien remonte à Telepinou (fin du XVIe siècle) (105). Le pays d'Adana est cité sous la forme ^{KUR}*Danuna* dans une lettre d'Amarna rédigée par Abimilki de Tyr qui le situe, de façon attendue, au nord d'Ougarit (106). Le pays, $^{[KU]R}$*Danuna*, pourrait aussi apparaître dans la liste de villes conquises en Syrie inscrite sur l'« Obélisque blanc » d'Assournasirpal II (883-859) (107). La ville pourrait encore être mentionnée dans les tablettes d'Alalakh sous la forme ^{URU}*Atanni*^{KI} (108). Par ailleurs, il est très probable que les habitants de la Cilicie orientale sont désignés sous le terme *Dnn* dans les textes de la victoire de l'an 8 de Ramsès III (109). Ils sont aussi attestés dans l'inscription phénicienne de Kilamouwa de Sam'al, trouvée à Zencirli et datée de la deuxième moitié du IXe siècle (110). Kilamouwa nous apprend que le roi des (A)danouniens avait exercé une certaine domination sur le pays de Sam'al. Les inscriptions de Karatépé en sont les dernières attestations.

Les recherches d'A. Goetze ont permis de cerner l'appartenance ethnique des Ciliciens, et ainsi des (A)danouniens, grâce à l'étude linguistique des anthroponymes pertinents; ce chercheur a montré que, dans les tablettes d'Ougarit citant des marchands d'Oura -ville qu'il faut identifier avec Olbé en Cilicie Trachée (111)-, les noms sont principalement louvites aux XIVe-XIIIe siècles; aux IXe-VIIIe siècles, les documents, assyriens dans ce cas, nous ont conservé les noms de quatre souverains, lesquels sont tous hourrites; seul le nom d'Azatiwata est louvite. Par la suite, la Cilicie devient presque complètement louvite (112). La présence à Karatépé d'inscriptions louvites hiéroglyphiques, mentionnant en outre un personnage à nom louvite, met en évidence cette composante ethnique de la Cilicie Pédias (113).

Comme il est avéré que les (A)danouniens sont les habitants de la plaine d'Adana, l'identification de ceux-ci avec les Danaens, avancée par de nombreux chercheurs (114), peut être, à notre avis, définitivement écartée. S'il est vrai que l'ethnique homérique Δαναϝοί sert à désigner les Grecs en général à côté des termes Ἀχαιοί et Ἀργεῖοι plus usités, il n'a reçu jusqu'à présent aucune étymologie indiscutable (115). Les rapprochements avec les formes sémitiques *Danuna* ou *Dnnym* ou avec la forme anatolienne *Adanawani* rencontrent plusieurs difficultés linguistiques (116). En outre, si les (A)danouniens avaient un passé mycénien, on peut s'étonner du processus d'absorption radical et complet de la culture grecque en Cilicie. Il nous faudrait en effet constater l'adoption de deux langues et de deux écritures étrangères, le développement d'un art typiquement néo-hittite, l'emprunt des noms des souverains à l'onomastique anatolienne, ...

Quant à l'expression «maison de Mopsos», elle désigne, d'après le nom du fondateur, la dynastie régnante en Cilicie Pédias (117). Comme Azatiwata ne se présente jamais comme roi, il est possible qu'il n'appartienne pas à la dynastie de Mopsos. Il tient toutefois son pouvoir du roi Awarkou qui est issu de la Maison de Mopsos (118). Il est intéressant de noter que, selon A. Goetze, Awarkou, le descendant de Mopsos, porte un nom hourrite (119).

L'anthroponyme phénicien *Mpš* apparaît, en louvite, sous la forme *Mukšaš*. L'alternance *-ps-/-ks-*, qui est aussi attestée en grec (Μόψος et Μόξος), confirme la forme primitive à labio-vélaire **Mukʷso* qui appartient à l'onomastique anatolienne (120). En hittite cunéiforme, on rencontre un *Mukšuš* dans le *Réquisitoire contre Maddouwatta*, texte qui relate des événements se déroulant en Anatolie occidentale (121). Il a été démontré que ce texte doit être daté de la fin du XVe siècle, probablement du règne d'Arnouwanda I (122). Enfin, il est possible que *Mukssa* soit un nom propre lycien (123). Ceci dit, il est assez paradoxal que la version phénicienne de l'inscription de Karatépé ne suit pas, dans la transcription de ce nom, la tendance anatolienne qui présente l'orthographe en *k*. Aucune explication satisfaisante n'a été apportée à ce phénomène (124).

En conclusion, on constate que les différentes versions légendaires grecques à propos des pérégrinations de Mopsos sont très probablement des constructions artificielles visant à expliquer le destin des compagnons de Calchas après la mort de celui-ci à Colophon, épisode relaté dans les *Nostoi*. Les activités du Mopsos de Colophon postérieures au décès du devin s'étendent sur une très large aire géographique, la Pamphylie, la Cilicie, la Syrie et la Phénicie, au point qu'il est insensé de réunir toutes ces données sur un seul personnage, personnage qui, ayant joué un tel rôle de la Lydie à la Cilicie-Syrie, aurait laissé des traces indiscutables dans les archives du Proche-Orient. L'archéologie n'apporte, d'ailleurs, aucun indice convaincant en faveur de ces pérégrinations. En revanche, il apparaît que l'anthroponyme Mopsos connaît une vaste distribution géographique puisqu'il est attesté, outre ces régions déjà citées, en Grèce, en Crète, en Lydie et, d'après les témoignages orientaux, en Anatolie occidentale et en Cilicie Pédias. De plus, cet anthroponyme désigne manifestement des personnages d'époques différentes. Les sources orientales ne fournissent pas, en tout cas, la moindre preuve favorable à l'éventuelle consistance historique des pérégrinations du Mopsos de Colophon.

Au contraire, il nous faut admettre que Mopsos est un anthroponyme répandu aussi bien en Grèce qu'en Anatolie et cela, dans les deux régions, depuis les XVe et XIVe siècles. Il est donc légitime de conclure que, selon un procédé courant dans l'Antiquité, les légendes des pérégrinations de Mopsos en Pamphylie et en Cilicie relèvent de l'affabulation provoquée par l'homonymie d'anthroponymes attestés en Grèce et en Anatolie. Il est évident que, pour les fondations de villes, l'attribution à Mopsos est, dans certains cas, purement étiologique et, dans d'autres, elle permet de confier à la ville une origine glorieuse en la rattachant à un héros de l'épopée. Même si le passage de Mopsos en Pamphylie et en Cilicie est déjà rapporté au VIIe siècle par Callinos, l'attribution spécifique de fondations de villes à Mopsos ne remonte qu'à la deuxième moitié du IVe siècle avec le témoignage de Théopompe qui, d'ailleurs, présente le héros seulement comme l'éponyme de Mopsouhestia. Il est vrai que l'expédition de Cyrus en 401, décrite par Xénophon, et la conquête d'Alexandre le Grand ont donné aux historiens grecs, comme le rappelle J.D. Bing (125), l'occasion de traiter les sujets anatoliens !

Comme à cela s'ajoute que la découverte de tessons mycéniens en Cilicie n'implique pas en soi une présence égéenne dans la région, il est absurde d'encore vouloir rechercher dans la légende de Mopsos l'écho de traditions authentiques sur une colonisation mycénienne en

Anatolie à la fin de l'âge du Bronze. Dès lors, à la suite d'É. Laroche, «on renoncera à l'hypothèse grandiose, mais fragile, d'une migration hellénique, établissant les Danaens en Cilicie dès le milieu du second millénaire» (126).

Adresse de l'auteur:

Université Catholique de Louvain
Département d'archéologie
Place Blaise Pascal 1
B - 1348 Louvain-la-Neuve
Belgique

NOTES

Les abréviations suivantes sont utilisées dans cet article:

CAH = *Cambridge Ancient History*;
EA = J.A. KNUDTZON, *Die El Amarna-Tafeln*, Leipzig, 1915;
FGrH = F. JACOBY, *Die Fragmente der griechischen Historiker*, Berlin-Leyde, 1923-1958;
FHG = C. et T. MÜLLER, *Fragmenta Historicorum Graecorum*, Paris, 1841-1870;
KUB = *Keilschrifturkunden aus Boghazköi*, Berlin, depuis 1921;
RE = *Realencyclopädie der classischen Altertumswissenschaft*, sous la dir. d'A. PAULY, G. WISSOWA, W. KROLL, K. MITTELHAUS, K. ZIEGLER et W. JOHN, Stuttgart-Munich, depuis 1893.

(1) Par exemple, H. GRÉGOIRE, *Azitawadda-Estwed*, dans *Nouvelle Clio*, 2, 1950, p. 122-127; H.T. BOSSERT, *Die phönizisch-hethitischen Bilinguen*, III, dans *Jahrbuch für kleinasiatische Forschungen*, 1, 1950-51, p. 284; R.D. BARNETT, *Mopsos*, dans *Journal of Hellenic Studies*, 73, 1953, p. 140-143 et dans *CAH*, II 2, 1975[3], p. 363-366; F. CASSOLA, *La Ionia nel mondo miceneo*, Naples, 1957, p. 110-118; P. HOUWINK TEN CATE, *The Luwian Population Groups of Lycia and Cilicia Aspera during the*

Hellenistic Period, Leyde, 1961, p. 44-50; N.G.L. HAMMOND, dans *CAH*, II 2, 1975[3], p. 679-681.

(2) L'identification du *Mpš* de l'inscription avec le Mopsos des légendes grecques fut avancée dès 1948 à la fois par A. ALT, *Die geschichtliche Bedeutung der neuen phönikischen Inschriften aus Kilikien*, dans *Forschungen und Fortschritte*, 24, 1948, p. 123 et R.D. BARNETT, *A Phoenician Inscription from Eastern Cilicia*, dans *Iraq*, 10, 1948, p. 60.

(3) Proclos, *Chrestomathie*, vol. V, p. 108 Allen. La correction du texte Τειρεσίαν en Κάλχαντα fut proposée par U. VON WILAMOWITZ-MOELLENDORFF, *Homerische Untersuchungen*, Berlin, 1884, p. 178-179.

(4) Hésiode, F 278 Merkelbach-West et Phérécyde, *FGrH* 3 F 142, tous deux cités par Strabon, XIV, 5, 6; Apollodore, *Epitomé*, VI, 2-4; Tzétzès, *Commentaires à Alexandra*, 427, 980, 1047.

(5) Strabon, XIV, 4, 3.

(6) Hérodote, VII, 91.

(7) Deux personnages, assez mal distingués, portent ce nom, le fils cadet d'Amphiaraos et frère d'Alcméon et le fils d'Alcméon et de Mantô. Tous les deux participèrent à la guerre de Troie (mais seulement d'après la littérature tardive, car ils n'apparaissent pas dans l'*Iliade*) et leur histoire post-troyenne est souvent confondue. Comme Hérodote parle du fils d'Amphiaraos par ailleurs (note suivante), il est possible qu'il s'agisse ici du même personnage.

(8) Hérodote, III, 91, 1.

(9) Callinos, F 8 West.

(10) Strabon, XIV, 5, 16.

(11) Sophocle, F 108 Nauck.

(12) Euphorion, F 98 Powell.

(13) Strabon, XIV, 5, 6; Lycophron, *Alexandra*, 444. Magarsos est le nom antérieur d'Antiochia ad Pyramum: W. RUGE, dans *RE*, XIV, 1, 1928, col. 292 *s.v.* Margasa.

(14) Hésiode, F 279 Merkelbach-West.

(15) Scolie de Denys le Périégète, 850.

(16) Eusèbe, *Chronique-Canon*, p. 60 Helm[2].

(17) Théopompe, *FGrH* 115 F 103.

(18) Thucydide, II, 68, 3.

(19) F. PRINZ, *Gründungsmythen und Sagenchronologie* (*Zetemata*,

72), Munich, 1979, p. 23-24.

(20) IDEM, p. 25.

(21) *Ibidem.*

(22) Pausanias, VII, 3, 2; Pomponius Méla, I, 88; Dictys, I, 17. Cf. aussi B. gr. KRUSE, dans *RE*, XVI 1,1933, col. 242 *s.v.* Mopsos; K. TÜMPEL, dans *Ausführliches Lexikon der griechischen und römischen Mythologie*, II 2, Leipzig, 1965, col. 3208 *s.v.* Mopsos et M.B. SAKELLARIOU, *La migration grecque en Ionie*, Athènes, 1958, p. 146-164 et 167.

(23) Étienne de Byzance, *s.v.* Παμφυλία; scolie de Denys le Périégète, 850.

(24) R.D. BARNETT, dans *CAH*, II 2, 1975[3], p. 364.

(25) Strabon, XIV, 15, 16; Sophocle, F 8 Nauck.

(26) S. STRANGE, *Caphtor/Keftiu. A New Investigation*, Leyde, 1980, p. 82-83.

(27) D. HEREWARD, *Inscriptions from Pamphylia and Isauria*, dans *Journal of Hellenic Studies*, 78, 1958, p. 57-59; A. PEKMAN, *Perge tariki/History of Perge*, Ankara, 1973, p. 62, 65-68. Cf. aussi G. HANFMANN, *Lydiaka*, III. *Moskos-Mopsos*, dans *Harvard Studies in Classical Philology*, 63, 1958, p. 72-73.

(28) Pseudo-Skylax, 100.

(29) W. RUGE, dans *RE*, XIX 1, 1937, col. 694-704, *s.v.* Perge et dans *RE*, III A 1, 1927, col. 100-101 *s.v.* Sillyon; G. BEAN, *Perge* et *Sillyon*, dans *The Princeton Encyclopedia of Classical Sites*, Princeton, 1976, p. 692-693 et p. 840.

(30) Callimaque, *Iambes Diegesis*, VIII, 41-IX, 9, p. 198 Pfeiffer[2]. Cf. aussi Eustathe, *Commentaires à Denys le Périégète*, 852. L'attribution à Mopsos de la fondation d'Aspendos fut avancée par R.D. BARNETT, *Mopsos*, dans *Journal of Hellenic Studies*, 73, 1953, p. 142 et dans *CAH*, II 2, 1975[3], p. 364, qui ne cite cependant aucune source ancienne.

(31) Strabon, XIV, 4, 2; Pomponius Méla, I, 78; Eustathe, *Commentaires à Denys le Périégète*, 851.

(32) Hellanicos, *FGrH* 4 F 15.

(33) B.V. HEAD, *Historia numorum. A manual of Greek numismatics*, Chicago, 1957 (anast. de 1911[2]), p. 699-700; W. RUGE, dans *RE*, II 2, 1896, col. 1725 *s.v.* Aspendos; R.D. BARNETT, *op. cit.*, dans *Journal of Hellenic Studies*, 73, 1953, p. 141 et surtout C. BRIXHE, *Le dialecte pamphylien*, Paris, 1976, p.

193-200.

(34) Strabon,XIV, 4, 2; Pseudo-Skylax, 101; Arrien, I, 26.

(35) Pline, *Histoires naturelles*, V, 96.

(36) P. CHANTRAINE, *La formation des noms en grec ancien*, Paris, 1933, p. 259-260; M.B. SAKELLARIOU, *Les Proto-Grecs*, Athènes, 1980, p. 210, préfère y voir un composé avec le thème *op-*, « vue, aspect ».

(37) V. DESBOROUGH, *The Last Mycenaeans and their Successors. An Archaeological Survey c. 1200 - c. 1000 B.C.*, Oxford, 1964, p. 205; C.B. MEE, *Aegean Trade and Settlement in Anatolia in the Second Millenium BC*, dans *Anatolian Studies*, 28, 1978, carte p. 122-123 et p. 150 et L. RE, *Presenze micenee in Anatolia*, dans M. MARAZZI, S. TUSA et L. VAGNETTI (éd.), *Traffici micenei nel Mediterraneo. Problemi storici e documentazione archeologica*, Tarente, 1986, p. 343-358.

(38) E. BLUMENTHAL, *Die altgriechische Siedlungskolonisation im Mittelmeerraum unter besonderer Berücksichtigung der Südküste Kleinasiens*, Tübingen, 1963, p. 45-66; J.D. BING, *Tarsus: a Forgotten Colony of Lindos*, dans *Journal of Near Eastern Studies*, 30, 1971, p. 104-107; J. BOARDMAN, *The Greeks Overseas*, Londres, 1980[2], p. 36, 50 et R.J. GRAHAM, dans *CAH*, III 3, 1982[2], p. 92-93.

(39) C. BRIXHE, *op. cit.*, p. 145-150.

(40) H. TREIDER, dans *Der Kleine Pauly*, 3, 1975, col. 933 *s.v.*

(41) W. RUGE, dans *RE*, XVI 1, 1933, col. 250-251 *s.v.* Mopsukrene (son emplacement est actuellement inconnu) et col. 243-250 *s.v.* Mopsu(h)estia.

(42) M.B. SAKELLARIOU, *Les Proto-Grecs*, Athènes, 1980, p. 242.

(43) *Ibidem.*

(44) J. BOARDMAN, *op. cit.*, p. 36.

(45) W. RUGE, dans *RE*, XVI 1, 1933, col. 243-250 *s.v.*; L. GUERRINI et C. BERTELLI, dans *Enciclopedia dell'arte antica e orientale*, V, Rome, 1963, p. 207-209 *s.v.*, et M. BOUGH, dans *The Princeton Encyclopedia of Classical Sites*, Princeton, 1976, p. 593-594.

(46) E. GJERSTAD, *Cilician Studies*, dans *Revue archéologique*, 3, 1934, p. 161, 163-164 et C.B. MEE, *op. cit.*, p. 137. La définition d'hellado-cilicien, dont nous reparlerons, se trouve

dans E. GJERSTAD, *op. cit.*, p. 171-172.

(47) Strabon, XIV, 5, 19.

(48) Eusèbe, *Chronique-Canon*, p. 60 Helm^2.

(49) E. GJERSTAD, *op. cit.*, p. 155-203 et M. SETON-WILLIAMS, *Cilician Survey*, dans *Anatolian Studies*, 4, 1954, p. 121-174, spéc. 134-135.

(50) C'est le cas à Gavurköy et Hüdüde Hüyük, cf. C.B. MEE, *op. cit.*, *s.v.*

(51) Il s'agit des sites de Boz Hüyük, Çitnogla, Ciftlik Hüyük, Domuz Tepe, Gavurköy, Hesigin Tepe, Islamkadı Çiftlik, Soyalı Hüyük, Sultan Tepe, Tilan Hüyük, Vesli Hüyük et Zeyntili. E. Gjerstad et M. Seton-Williams n'énumèrent pas les sites qui ont fourni de la céramique Helladique Récent III C, à l'exception de Domuz Tepe et d'Islamkadı Çiftlik, mais M. Seton-Williams avance le chiffre de 8 sites sur les 11 à céramique mycénienne qu'elle a répertoriés, M. SETON-WILLIAMS, *op. cit.*, p. 134. Voir en général à propos de la céramique mycénienne dans cette région les études récentes de C.B. MEE, *op. cit.*, p. 123-155 et de L. RE, *Presenze micenee in Anatolia*, dans M. MARAZZI, S. TUSA et L. VAGNETTI (éd.), *Traffici micenei nel Mediterraneo. Problemi storici e documentazione archeologica*, Tarente, 1986, p. 343-358.

(52) Ce sont les sites d'Alapınar, Dervisli, Geçemey, Hüyük, Hüdüde Hüyük, Misis, Pasçu Hüyük, Sirkeli, Soli, Tanriverdi et Tomük Kalesı, cf. C.B. MEE, *op. cit.*, *s.v.*

(53) E. GJERSTAD, *op. cit.*, p. 171-172, 174-175; C.B. MEE, *op. cit.*, p. 124, n. 3; M. SETON-WILLIAMS, *op. cit.*, p. 134, désigne cette catégorie sous la dénomination, peu adéquate, de « submycénien ».

(54) E. FRENCH, *Who were the Mycenaeans in Anatolia?*, dans E. AKURGAL (éd.), *The Proceedings of the Xth International Congress of Classical Archaeology*, I, Ankara, 1978, p. 165.

(55) Le niveau V: J. GARSTANG, *Prehistoric Mersin*, Oxford, 1953, p. 243, 256, fig. 160.1-2; et pour le niveau IV: J. GARSTANG, *Exploration at Mersin, 1938-1939*, dans *Annals of Archaeology and Anthropology*, 26, 1939, p. 100-102, pl. 81.1, 3-4, 6-7. Cf. aussi F.H. STUBBINGS, *Mycenaean Pottery from the Levant*, Cambridge, 1951, p. 88-89; V. DESBOROUGH, *op. cit.*, p. 205 et C.B. MEE, *op. cit.*, p. 133.

(56) J. GARSTANG, *Explorations in Cilicia*, dans *Annals of Archaeology and Anthropology*, 25, 1938, pl. 7.3-4, 10.6 et E. FRENCH, *The First Phase of LH III C*, dans *Archäologischer Anzeiger*, 1969, p. 135. Cf. aussi V. DESBOROUGH, *op. cit.*, p. 205 et C.B. MEE, *op. cit.*, p. 131.

(57) E. GJERSTAD, *op. cit.*, p. 176-177 et p. 168 fig. 6; C.B. MEE, *op. cit.*, p. 123, 131; F.H. STUBBINGS, *op. cit.*, p. 86 et E.S. SHERRATT et J.H. CROUWEL, *Mycenaean Pottery from Cilicia in Oxford*, dans *Oxford Journal of Archaeology*, 6, 1987, p. 325-352.

(58) E. FRENCH, *A Reassessment of the Mycenaean Pottery at Tarsus*, dans *Anatolian Studies*, 25, 1975, p. 74.

(59) EADEM, p. 55, 74 et E.S. SHERRATT et J.H. CROUWEL, *op. cit.*, p. 331-332.

(60) C.B. MEE, *op. cit.*, p. 131-132.

(61) H. GOLDMAN, *Excavations at Gözlü Kule, Tarsus*, II, Princeton, 1956, p. 49-59, 203-229, 349-351, pl. 330-337.

(62) E. FRENCH, *op. cit.*, p. 53-75, où elle corrige l'attribution de la céramique mycénienne à la transition Helladique Récent III B/C proposée par V. DESBOROUGH, *op. cit.*, p. 205-206.

(63) E. FRENCH, *op. cit.*, p. 55, 73.

(64) H. GOLDMAN, *Excavations at Gözlü Kule, Tarsus 1936*, dans *American Journal of Archaeology*, 41, 1937, p. 281: puits 36.39 et tesson n° 1258; E. FRENCH, *op. cit.*, p. 72-73.

(65) La proportion exacte entre les céramiques mycénienne et anatolienne n'est pas connue. Si l'on s'en tient à la céramique enregistrée dans la publication, la céramique mycénienne représenterait 40 % de l'ensemble, mais il ne faut pas perdre de vue que seule une partie de la céramique anatolienne, peu spectaculaire, fut publiée: H. GOLDMAN, *Excavation at Gözlü Kule, Tarus*, II, Princeton, 1956, p. 209-229.

(66) EADEM, p. 58, 350-351. Cf. aussi F. SCHACHERMEYER, *Die Ägäische Frühzeit*, 5. *Die Levante im Zeitalter der Wanderungen vom 13. bis 11. Jahrhundert v. Chr.* (*Mykenische Studien*, 9), Vienne, 1982, p. 178-179.

(67) Cf. E.S. SHERRATT et J.H. CROUWEL, *op. cit.*, p. 340-346.

(68) Comme le fait C.B. MEE, *op. cit.*, p. 150.

(69) H. GOLDMAN, *Excavations at Gözlü Kule, Tarsus*, III, Princeton, 1963, p. 19-20, 107-109, 110-112, 127-130, 279-310; G.M.

HANFMANN, *On Some Eastern Greek Wares found at Tarsus*, dans *The Aegean and the Near East. Studies presented to H. Goldman*, New York, 1956, p. 165-184; J.N. COLDSTREAM, *Greek Geometric Pottery*, Londres, 1968, p. 320-321; J. BOARDMAN, *op. cit.*, p. 45-46.

(70) J. GARSTANG, *Prehistoric Mersin*, Oxford, 1953, p. 243-259.

(71) J. KEIL, *Das Problem der ältesten griechischen Kolonisation Kilikiens*, dans *Mitteilungen des Vereines Klassischer Philologen in Wien*, 3, 1926, p. 9-18; H. GOLDMAN, *op. cit.*, p. 111-112; E. BLUMENTHAL, *Die altgriechische Siedlungskolonisation im Mittelmeerraum unter besonderer Berücksichtigung der Südküste Kleinasiens*, Tübingen, 1963; J. BOARDMAN, *op. cit.*, p. 45-46; A.J. GRAHAM, dans *CAH*, III 3, 1982², p. 92-93 et T.F.R.G. BRAUN, *loc. cit.*, p. 15. Cf. aussi, d'un avis opposé, J.D. BING, *Tarsus: a Forgotten Colony of Lindos*, dans *Journal of Near Easrern Studies*, 30, 1971, p. 99-109, spéc. p. 104-107.

(72) M.B. SAKELLARIOU, *Les Proto-Grecs*, Athènes, 1980, p. 244, considère que les légendes grecques peuvent avoir été inspirées par un des avatars de Mopsos, distinct de ses homonymes grecs et attesté en Palestine.

(73) Philostéphanos de Cyrène, *FHG*, III, p. 29 n° 1 = Athénée, VII, 51, 297 F.

(74) J. BOARDMAN, *op. cit.*, p. 50.

(75) Aristonétos, *FGrH* 771 F 1.

(76) F. PRINZ, *Gründungsmythen und Sagenchronologie* (*Zetemata*, 72), Munich, 1979, p. 28-31.

(77) Xanthos de Sardes, *FGrH* 765 F 17.

(78) Nicolas de Damas, *FGrH* 90 F 16.

(79) À propos du Mopsos lydien, cf. G. HANFMANN, *Lydiaka*, III. *Moksos-Mopsos*, dans *Harvard Studies in Classical Philology*, 63, 1958, p. 72-76.

(80) W. RUGE, dans *RE*, XVI 1, 1933, col. 409 *s.v.*

(81) Valerius Flaccus, I, 383.

(82) Hésiode, *Bouclier*, 181.

(83) C. ROBERT, *Die griechische Heldensage*, III 1, Berlin, 1921, p. 775-777; B. KRUSE, dans *RE*, XVI 1, 1933, col. 243 *s.v.*; M. ASTOUR, *Hellenosemitica*, Leyde, 1967², p. 55-56.

(84) Strabon, IX, 5, 22. Cf. F. STÄHLIN, dans *RE*, XVI 1, 1933, col. 236-240 *s.v.*

(85) B. KRUSE, dans *RE*, XVI 1, 1933, col. 243 *s.v.*

(86) O. LANDAU, *Mykenisch-griechische Personennamen*, Göteborg, 1959, p. 85, 185, 272.

(87) M. ASTOUR, *op. cit.*, p. 61-67 et L. ZGUSTA, *Kleinasiatische Personennamen*, Prague, 1964, p. 331.

(88) J.T. HOOKER, *Linear B. An Introduction*, Bristol, 1980, p. 69 et aussi M. ASTOUR, *op. cit.*, p. 62, n. 1.

(89) A. HEUBECK, *Praegraeca. Sprachliche Untersuchungen zum vorgriechisch-indogermanischen Substrat* (*Erlanger Forschungen*, A 12), Erlangen, 1961, p. 73-75.

(90) M.B. SAKELLARIOU, *Les Proto-Grecs*, Athènes, 1980, p. 220-221.

(91) Knossos: J. BOARDMAN, *The Date of the Knossos Tablets*, dans *On the Knossos Tablets*, Oxford, 1963 et M.R. POPHAM, *The Destruction of the Palace at Knossos. Pottery of the Late Minoan III A Period* (*Studies in Mediterranean Archaeology*, 12), Göteborg, 1970; Pylos: J. VANSCHOONWINKEL, *L'Égée à la fin du IIe millénaire (env. 1250-900 av. J.C.). Essai de synthèse sur les témoignages archéologiques et les sources écrites*, Louvain-la-Neuve, sous presse.

(92) W. RUGE, dans *RE*, XVI 1, 1933, col. 408 *s.v.*

(93) F. SCHACHERMEYER, dans *RE*, XVI 1, 1933, col. 409 *s.v.*

(94) W. WREDE, dans *RE*, XVI 1, 1933, col. 240 *s.v.* Mopsopia et J. PLEY, dans *RE*, XVI 1, 1933, col. 240-241 *s.v.* Mopsopos.

(95) B.V. HEAD, *Historia numorum. A manual of Greek numismatics*, Chicago, 1957 (anast. de 1911[2]), p. 675. À notre connaissance, il n'existe qu'un seul spécimen de cette monnaie, conservé au British Museum: B.V. HEAD, *British Museum Catalogue of Greek Coins*, XXVI. *Phrygia*, Londres, 1906, p. 232 n° 32, pl. XXIX.9.

(96) Par exemple, R.D. BARNETT, *Mopsos*, dans *Journal of Hellenic Studies*, 73, 1952, p. 140-143 et dans *CAH*, II 2, 1975[3], p. 363-366; J. BÉRARD, *L'expansion et la colonisation grecques jusqu'aux guerres médiques*, Paris, 1960, p. 31-32; J.M. COOK, *The Greeks in Ionia and the East*, Londres, 1962, p. 61; F.H. STUBBINGS, dans *CAH*, II 2, 1975[3], p. 355-356; J. BOARDMAN, *The Greeks Overseas*, Londres, 1980[2], p. 36; T.F.R.G. BRAUN, dans *CAH*, III 3, 1982[2], p. 30, le considère comme un nom oriental intégré dans la mythologie grecque. Cf. toutefois l'avis beaucoup plus nuancé de M.B. SAKELLARIOU,

op. cit., p. 216-222.

(97) H. DONNER et W. RÖLLIG, *Kanaanäische und aramäische Inschriften*, Wiesbaden, 1966-1969², I, p. 5-6, n° 26; II, p. 35-43; J.C.L. GIBSON, *Textbook of Syrian Semitic Inscriptions*, III. *Phoenician Inscriptions*, Oxford, 1982, p. 41-64, n° 15, qui donne, p. 45-47, un aperçu récent de la bibliographie. Nous retiendrons: A. DUPONT-SOMMER, *Azitawada, roi des Danouniens. Étude sur les inscriptions phéniciennes de Karatépé*, dans *Revue d'assyriologie et d'archéologie orientale*, 42, 1948, p. 161-198; É. LAROCHE, *Études sur les hiéroglyphes hittites*, VI. *Adana et les Danouniens*, dans *Syria*, 35, 1958, p. 263-275; F. CASSOLA, *La Ionia nel mondo miceneo*, Naples, 1957, p. 110-118; M. ASTOUR, *Hellenosemitica*, Leyde, 1967², p. 1-112; J.D. HAWKINS et A. MORPURGO DAVIS, *Hieroglyphic Hittite: Some New Readings and their Consequences*, dans *Journal of the Royal Asiatic Society*, 1975, p. 121-133, spéc. 124-133; J.D. HAWKINS et A. MORPURGO DAVIS, *On the Problem of Karatepe: the Hieroglyphic Text*, dans *Anatolian Studies*, 28, 1978, p. 103-123 (pour le texte louvite hiéroglyphique et sa traduction) et F. BRON, *Recherche sur les inscriptions phéniciennes de Karatepe*, Genève, 1979. Cf. aussi J.D. HAWKINS, dans *CAH*, III 1, 1982², p. 429-431.

(98) Il s'agit de la date la plus plausible, et généralement acceptée, qui se fonde à la fois sur des critères historique, paléographique et stylistique des reliefs: A. DUPONT-SOMMER, *op. cit.*, p. 185-186; F. BRON, *op. cit.*, p. 154-158, 159-169; J.C.L. GIBSON, *op. cit.*, p. 42-44; E. AKURGAL, *The Art of the Hittites*, Londres, 1962, p. 140-142; W. ORTHMANN, *Untersuchungen zur späthethitischen Kunst*, Bonn, 1971, p. 217; I.J. WINTER, *On the Problems of Karatepe: the Reliefs and their Context*, dans *Anatolian Studies*, 39, 1979, p. 115-151, spéc. p. 116-125. Pour les autres dates proposées, qui vont du IXe au VIIe siècle, cf. F. BRON, *op. cit.*, p. 164-165.

(99) M. SZNYCER, dans F. BRON, *op. cit.*, p. IV et J.C.L. GIBSON, *op. cit.*, p. 43, 60-65.

(100) É. LAROCHE, *op. cit.*, p. 264-266. Voir aussi J.D. HAWKINS et A. MORPURGO DAVIS, *op. cit.*, p. 106.

(101) É. LAROCHE, *op. cit.*, p. 266. Cf. J. FRIEDRICH et W. RÖLLIG, *Phönizisch-punische Grammatik*, Rome, 1970², p. 98 §

204b, p. 104 § 223.

(102) É. LAROCHE, *op. cit.*, p. 266-268. Cf. J. FRIEDRICH et W. RÖLLIG, *op. cit.*, p. 36-37 § 84; F. BRON, *op. cit.*, p. 170 et S. SEGERT, *A Grammar of Phoenician and Punic*, Munich, 1976, p. 77.

(103) Cf. É. LAROCHE, *Les noms des Hittites*, Paris, 1966, n°s 96 et 906, 63 et 861, n° 1315; C. BRIXHE, *Le dialecte pamphylien*, Paris, 1974, p. 43-44.

(104) É. LAROCHE, *Études sur les hiéroglyphes hittites*, VI. *Adana et les Danouniens*, dans *Syria*, 35, 1958, p. 268.

(105) Les déterminatifs indiquent que le toponyme désigne à la fois la ville (^{URU}*Adanija*) et le pays (^{KUR}*Adanija* ou KUR ^{URU}*Atanija*), cf. A. GOETZE, *Kizzuwatna and the Problems of Hittite Geography*, New Haven, 1940, p. 48-58 et G.F. DEL MONTE et J. TISCHLER, *Répertoire géographique des textes cunéiformes*, 6. *Die Orts- und Gewässernamen der hethitischen Texte*, Wiesbaden, 1978, p. 54 *s.v. Atanija*.

(106) *EA*, n° 151, l. 52. Cf. É. LAROCHE, *op. cit.*, p. 268-269 et M. ASTOUR, *op. cit.*, p. 4-5. Le nom apparaît déjà dans une lettre de Rib-Addi de Byblos adressée à Aménophis III (*EA*, n° 117, l. 92), mais il s'agit d'un nom de personne dans ce cas.

(107) F. SCHACHERMEYER, dans *Lexikon der Assyriologie*, II, 1938, p. 120 *s.v.* Danuna, mais cf. aussi B. LANDSBERGER, *Sam'al. Studien zur Entdeckung der Ruinenstaette Karatepe*, Ankara, 1948, p. 57 n. 144.

(108) J.D. WISEMAN, *The Alalakh Tablets*, Londres, 1953, p. 66, n° 144, l. 1, et n° 289, l. 3 (pl. XXXIII).

(109) Cf. É. LAROCHE, *op. cit.*, p. 272-274; M. ASTOUR, *op. cit.*, p. 5-8 et la récente mise à jour sur les *Dnn* par G. BUNNENS, *I Filistei e le invasioni dei Popoli del Mare*, dans D. MUSTI (éd.), *Le origini dei Greci. Dori e mondo egeo*, Rome-Bari, 1986, p. 232-233.

(110) J.C.L. GIBSON, *op. cit.*, p. 30-39, n° 13. À partir de Salmanasar III (858-824), cette région sera désignée dans les textes assyriens sous le nom de Qawe/Que.

(111) Communication personnelle de MM. R. Donceel et R. Lebrun que je remercie pour cette information. Notons que cette identification avait déjà été avancée par A. GOETZE, *Cilicians*, dans *Journal of Cuneiform Studies*, 16, 1962, p. 48.

(112) A. GOETZE, *op. cit.*, p. 48-58; É. LAROCHE, *op. cit.*, p. 274 et P. HOUWINK TEN CATE, *The Luwian Population Groups of Lycia and Cilicia Aspera during the Hellenistic Period*, Leyde, 1961.

(113) La théorie de M. ASTOUR, *op. cit.*, p. 45-53, selon qui les Danouniens sont des Cananéens établis depuis le début du IIe millénaire en Cilicie qui sera totalement sémitisée au VIIIe siècle, est tout à fait intenable. Elle suppose en effet que la langue des inscriptions est un développement indépendant d'un ancien dialecte cananéen alors qu'il s'agit de phénicien tyro-sidonien et que la présence de l'inscription phénicienne doit être considérée comme le résultat de la colonisation et du commerce phéniciens en Cilicie: cf. J.C.L. GIBSON, *op. cit.*, p. 45 et, pour la langue phénicienne, F. BRON, *op. cit.*, p. 129-147, 177-181. Il n'est d'ailleurs pas invraisemblable de voir dans la version louvite le texte original; l'inscription fut écrite dans une région à population louvite et Azatiwata est un Louvite; celui-ci fit spécialement venir deux lapicides de Pamphylie (É. LAROCHE, *Étude sur les hiéroglyphes hittites, 7. Une signature d'artiste à Karatepe*, dans *Syria*, 35, 1958, p. 275-283) et enfin, le dieu hittite Tarhounzas reçoit une traduction phénicienne accompagnée d'une épithète *B*^{c}*l Krntryš*, qui n'est certainement pas sémitique (F. BRON, *op. cit.*, p. 183) et qui a donné lieu à une série d'interprétations dont la plus vraisemblable est le rapprochement avec un toponyme cilicien Kelenderis (cf. F. VATTIONI, *Note fenicie, 1.* Krntrjš *di Karatepe*, dans *Annali dell'Istituto orientale di Napoli*, 28, NS 18, 1968, p. 71-72).

(114) Par exemple, R.D. BARNETT, *A Phoenician Inscription from Eastern Cilicia*, dans *Iraq*, 10, 1948, p. 59-60 et dans *CAH*, II 2, 1975^{3}, p. 365; F. CASSOLA, *op. cit.*, p. 113-118; M. ASTOUR, *op. cit.*, p. 45-53.

(115) Les principaux dictionnaires étymologiques de la langue grecque évitent de fournir une étymologie pour ce mot: cf. H. FRISK, *Griechisches etymologisches Wörterbuch*, Heidelberg, 1973, p. 347 et P. CHANTRAINE, *Dictionnaire étymologique de la langue grecque. Histoire des mots*, I, Paris, 1983, p. 251. L'étymologie la plus vraisemblable a été proposée par M.B. SAKELLARIOU, *Les Proto-Grecs*, Athènes, 1980, p. 188-195,

qui rapproche *Dana(w)oi* de la racine indo-européenne *dan-* signifiant «eau, fluidité, cours d'eau». Cf. aussi du même auteur, *Who were the Immigrants?*, dans G. CADOGAN (éd.), *The End of the Early Bronze Age in the Aegean*, Leyde, 1986, p. 129-137.

(116) D'une part, si l'on fait dériver l'ethnique grec des formes sémitiques, il faut y expliquer l'apparition du digamma ainsi que la disparition du double *n*. D'autre part, une dérivation à partir de la forme anatolienne ne peut ignorer l'absence du *a-* initial dans le nom grec. De plus, la chronologie des différents noms impliqués est mal connue et il est donc impossible d'établir l'antériorité de l'un d'eux.

(117) Dans le Proche-Orient ancien, une dynastie est fréquemment désignée par l'expression «maison de x» du nom du fondateur: F. BRON, *op. cit.*, p. 172-173.

(118) J.C.L. GIBSON, *op. cit.*, p. 143, croit qu'Azatiwata, qui doit son pouvoir à Awarkou, est peut-être régent et donc éventuellement de sang royal.

(119) A. GOETZE, *op. cit.*, p. 53.

(120) E. FORRER, *Die Pippid-Sprache*, dans *Forschungen*, Heft 2, Berlin, 1926, p. 60-64, a montré qu'une langue d'Anatolie occidentale liée au hittite change le *k* en *p*. Quant à la vocalisation en *-u-*, il faut savoir que les langues anatoliennes du IIe millénaire et anatoliennes méridionales du Ier millénaire ne possédaient qu'une seule voyelle postérieure, le */u/*; plus ou moins ouvert, il devait parfois être articulé [*o*], ce qui est la réalisation du */o/* grec. D'autre part, ces langues anatoliennes rendent en *a* les phonèmes indo-européens */o/* et [*o*]. Cf. A. KAMMENHUBER, *Altkleinasiatische Sprachen*, Leyde, 1969, p. 182; É. LAROCHE, *Dictionnaire de la langue louvite*, Paris, 1959, p. 19 et C. BRIXKE, *op. cit.*, p. 23-24.

(121) *KUB* XIV 1 rev. 75. A. GOETZE, *Madduwattas*, Darmstad, 1968 (anast. de 1927), p. 36-37, 140 (pour Mouksous) et H. OTTEN, *Sprachliche Stellung und Datierung des Madduwatta-Textes* (*Studien zu den Boğazköy-Texten*, II), Wiesbaden, 1969, p. 32-33.

(122) Cf. notamment H. OTTEN, *op. cit.*, *passim*, spéc. p. 31-36; O. CARRUBA, *Contributo alla storia di Cipro nel 2 millennio*, dans *Studi classici e orientali*, 17, 1968, p. 12-13; O. GURNEY,

dans *CAH*, II 1, 1973³, p. 678; J. FREU, *Le début du nouvel empire hittite et les origines de l'expansion mycénienne à propos d'une nouvelle datation des textes des rois Tuthaliya et Arnuwanda*, dans *Annales de la faculté de lettres et sciences humaines de Nice*, 35, 1979, p. 7-37 et C. BAURAIN, *Chypre et la Méditerranée orientale au Bronze Récent. Synthèse historique* (*Études chypriotes*, 6), Athènes, 1984, p. 122-126, 158-159.

(123) J. FRIEDRICH, *Kleinasiatische Sprachdenkmäler*, Berlin, 1932, p. 68 n° 44, d) l. 39; A. HEUBECK, *Praegraeca. Sprachliche Untersuchungen zum vorgriechisch-indogermanischen Substrat* (*Erlanger Forschungen*, A 12), Erlangen, 1961, p. 73. Ce nom n'est cependant pas repris dans le répertoire de L. ZGUSTA, *Kleinasiatische Personennamen*, Prague, 1964.

(124) À notre connaissance, seul A. HEUBECK, *op. cit.*, p. 75, a tenté une explication: il suppose que les Phéniciens, ou du moins le lapicide phénicien, se seraient ralliés à la forme utilisée par les Grecs. Si cette explication s'avérait exacte, cette transcription serait un des premiers pas vers la confusion entre les différents personnages porteurs de l'anthroponyme Mopsos.

(125) J.D. BING, *Tarsus: a Forgotten Colony of Lindos*, dans *Journal of Near Eastern Studies*, 30, 1971, p. 106-107.

(126) É. LAROCHE, *Études sur les hiéroglyphes hittites*, VI. *Adana et les Danouniens*, dans *Syria*, 35, 1958, p. 275.

BCILL 5: *Language in Sociology*, **éd. VERDOODT A. ET KJOLSETH Rn,** 304 pp., 1976. Prix: 760,- FB.
From the 153 sociolinguistics papers presented at the 8th World Congress of Sociology, the editors selected 10 representative contributions about language and education, industrialization, ethnicity, politics, religion, and speech act theory.

BCILL 6: **HANART M.**, *Les littératures dialectales de la Belgique romane: Guide bibliographique*, 96 pp., 1976 (2e tirage, corrigé de CD 12). Prix: 340,- FB.
En ce moment où les littératures connexes suscitent un regain d'intérêt indéniable, ce livre rassemble une somme d'informations sur les productions littéraires wallonnes, mais aussi picardes et lorraines. Y sont également considérés des domaines annexes comme la linguistique dialectale et l'ethnographie.

BCILL 7: *Hethitica II*, **éd. JUCQUOIS G. et LEBRUN R.,** avec la collaboration de DEVLAMMINCK B., II-159 pp., 1977, Prix: 480,- FB.
Cinq ans après *Hethitica I* publié à la Faculté de Philosophie et Lettres de l'Université de Louvain, quelques hittitologues belges et étrangers fournissent une dizaine de contributions dans les domaines de la linguistique anatolienne et des cultures qui s'y rattachent.

BCILL 8: **JUCQUOIS G. et DEVLAMMINCK B.,** *Compléments aux dictionnaires étymologiques du grec*. Tome I: A-K, II-121 pp., 1977. Prix: 380,- FB.
Le *Dictionnaire étymologique de la langue grecque* du regretté CHANTRAINE P. est déjà devenu, avant la fin de sa parution, un classique indispensable pour les hellénistes. Il a fait l'objet de nombreux comptes rendus, dont il a semblé intéressant de regrouper l'essentiel en un volume. C'est le but que poursuivent ces *Compléments aux dictionnaires étymologiques du grec*.

BCILL 9: **DEVLAMMINCK B. et JUCQUOIS G.,** *Compléments aux dictionnaires étymologiques du gothique*. Tome I: A-F, II-123 pp., 1977. Prix: 380,- FB.
Le principal dictionnaire étymologique du gothique, celui de Feist, date dans ses dernières éditions de près de 40 ans. En attendant une refonte de l'œuvre qui incorporerait les données récentes, ces compléments donnent l'essentiel de la littérature publiée sur ce sujet.

BCILL 10: **VERDOODT A.,** *Les problèmes des groupes linguistiques en Belgique: Introduction à la bibliographie et guide pour la recherche*, 235 pp., 1977 (réédition de CD 1). Prix: 590,- FB.
Un «trend-report» de 2.000 livres et articles relatifs aux problèmes socio-linguistiques belges. L'auteur, qui a obtenu l'aide de nombreux spécialistes, a notamment dépouillé les catalogues par matière des bibliothèques universitaires, les principales revues belges et les périodiques sociologiques et linguistiques de classe internationale.

BCILL 11: **RAISON J. et POPE M.,** *Index transnuméré du linéaire A*, 333 pp., 1977. Prix: 840,- FB.
Cet ouvrage est la suite, antérieurement promise, de RAISON-POPE, Index du linéaire A, Rome 1971. A l'introduction près (et aux dessins des «mots»), il en reprend entièrement le contenu et constitue de ce fait une édition nouvelle, corrigée sur les originaux en 1974-76 et augmentée des textes récemment publiés d'Arkhanès, Knossos, La Canée, Zakro, etc., également autopsiés et rephotographiés par les auteurs.

BCILL 12: **BAL W. et GERMAIN J.**, *Guide bibliographique de linguistique romane*, VI-267 pp., 1978. Prix 685,- FB., ISBN 2-87077-097-9, 1982, ISBN 2-8017-099-1.
Conçu principalement en fonction de l'enseignement, cet ouvrage, sélectif, non exhaustif, tâche d'être à jour pour les travaux importants jusqu'à la fin de 1977. La bibliographie de linguistique romane proprement dite s'y trouve complétée par un bref aperçu de bibliographie générale et par une introduction bibliographique à la linguistique générale.

BCILL 13: **ALMEIDA I.**, *L'opérativité sémantique des récits-paraboles. Sémiotique narrative et textuelle. Herméneutique du discours religieux*. Préface de Jean LADRIÈRE, XIII-484 pp., 1978. Prix: 1.250,- FB.
Prenant comme champ d'application une analyse sémiotique fouillée des récitsparaboles de l'Évangile de Marc, ce volume débouche sur une réflexion herméneutique concernant le monde religieux de ces récits. Il se fonde sur une investigation épistémologique contrôlant les démarches suivies et situant la sémiotique au sein de la question générale du sens et de la comprehension.

BCILL 14: *Études Minoennes I: le linéaire A*, **éd. Y. DUHOUX**, 191 pp., 1978. Prix: 480,- FB.
Trois questions relatives à l'une des plus anciennes écritures d'Europe sont traitées dans ce recueil; évolution passée et état présent des recherches; analyse linguistique de la langue du linéaire A; lecture phonétique de toutes les séquences de signes éditées à ce jour.

BCILL 15: *Hethitica III*, 165 pp., 1979. prix: 490,- FB.
Ce volume rassemble quatre études consacrées à la titulature royal hittite, la femme dans la société hittite, l'onomastique lycienne et gréco-asianique, les rituels CTH 472 contre une impureté.

BCILL 16: **GODIN P.**, *Aspecten van de woordvolgorde in het Nederlands. Een syntaktische, semantische en functionele benadering*, VI + 338 pp., 1980. Prix: 1.000,- FB., ISBN 2-87077-241-6.
In dit werk wordt de stelling verdedigd dat de woordvolgorde in het Nederlands beregeld wordt door drie hoofdfaktoren, nl. de syntaxis (in de engere betekenis van dat woord), de semantiek (in de zin van distributie van de dieptekasussen in de oppervlaktestruktuur) en het zgn. functionele zinsperspektief (d.i. de distributie van de constituenten naargelang van hun graad van communicatief dynamisme).

BCILL 17: **BOHL S.**, *Ausdrucksmittel für ein Besitzverhältnis im Vedischen und griechischen*, III + 108 pp., 1980. Prix: 360,- FB., ISBN 2-87077-170-3.
This study examines the linguistic means used for expressing possession in Vedic Indian and Homeric Greek. The comparison, based on a select corpus of texts, reveals that these languages use essentially inherited devices but with differing frequency ratios, in addition Greek has developed a verb "to have", the result of a different rhythm in cultural development.

BCILL 18: **RAISON J. et POPE M.**, *Corpus transnuméré du linéaire A*, 350 pp., 1980. Prix: 1.100,- FB.
Cet ouvrage est, d'une part, la clé à l'Index transnuméré du linéaire A des mêmes auteurs, BCILL 11: de l'autre, il ajoute aux recueils d'inscriptions déjà publiés de plusieurs côtés des compléments indispensables; descriptions, transnumérations, apparat critique, localisation précise et chronologie détaillée des textes, nouveautés diverses, etc.

BCILL 19: **FRANCARD M.**, *Le parler de Tenneville. Introduction à l'étude linguistique des parlers wallo-lorrains*, 312 pp., 1981. Prix: 780,- FB., ISBN 2-87077-000-6.
Dialectologues, romanistes et linguistes tireront profit de cette étude qui leur fournit une riche documentation sur le domaine wallo-lorrain, un aperçu général de la segmentation dialectale en Wallonie, et de nouveaux matériaux pour l'étude du changement linguistique dans le domaine gallo-roman. Ce livre intéressera aussi tous ceux qui sont attachés au patrimoine culturel du Luxembourg belge en particulier, et de la Wallonie en général.

BCILL 20: **DESCAMPS A. et al.**, *Genèse et structure d'un texte du Nouveau Testament. Étude interdisciplinaire du chapitre 11 de l'Évangile de Jean*, 292 pp., 1981. Prix: 895,- FB.
Comment se pose le problème de l'intégration des multiples approches d'un texte biblique? Comment articuler les unes aux autres les perspectives développées par l'exégèse historicocritique et les approches structuralistes? C'est à ces questions que tentent de répondre les auteurs à partir de l'étude du récit de la résurrection de Lazare. Ce volume a paru simultanément dans la collection «Lectio divina» sous le n° 104, au Cerf à Paris, ISBN 2-204-01658-6.

BCILL 21: *Hethitica IV*, 155 pp., 1981. Prix: 390,- FB., ISBN 2-87077-026.
Six contributions d'E. Laroche, F. Bader, H. Gonnet, R. Lebrun et P. Crepon sur: les noms des Hittites; hitt. zinna-; un geste du roi hittite lors des affaires agraires; vœux de la reine à Istar de Lawazantiya; pauvres et démunis dans la société hittite; le thème du cerf dans l'iconographie anatolienne.

BCILL 22: **J.-J. GAZIAUX,** *L'élevage des bovidés à Jauchelette en roman pays de Brabant. Étude dialectologique et ethnographique,* XVIII + 372 pp., 1 encart, 45 illustr., 1982. Prix: 1.170,- FB., ISBN 2-87077-137-1.
Tout en proposant une étude ethnographique particulièrement fouillée des divers aspects de l'élevage des bovidés, avec une grande sensibilité au facteur humain, cet ouvrage recueille le vocabulaire wallon des paysans d'un petit village de l'est du Brabant, contrée peu explorée jusqu'à présent sur le plan dialectal.

BCILL 23: *Hethitica V*, 131 pp., 1983. Prix: 330,- FB., ISBN 2-87077-155-X.
Onze articles de H. Berman, M. Forlanini, H. Gonnet, R. Haase, E. Laroche, R. Lebrun, S. de Martino, L.M. Mascheroni, H. Nowicki, K. Shields.

BCILL 24: **L. BEHEYDT,** *Kindertaalonderzoek. Een methodologisch handboek*, 252 pp., 1983. Prix: 620,- FB., ISBN 2-87077-171-1.
Dit werk begint met een overzicht van de trends in het kindertaalonderzoek. Er wordt vooral aandacht besteed aan de methodes die gebruikt worden om de taalontwikkeling te onderzoeken en te bestuderen. Het biedt een gedetailleerd analyserooster voor het onderzoek van de receptieve en de produktieve taalwaardigheid zowel door middel van tests als door middel van bandopnamen. Zowel onderzoek van de woordenschat als onderzoek van de grammatica komen uitvoerig aan bod.

BCILL 25: **J.-P. SONNET,** *La parole consacrée. Théorie des actes de langage, linguistique de l'énonciation et parole de la foi,* VI-197 pp., 1984. Prix: 520,- FB. ISBN 2-87077-239-4.
D'où vient que la parole de la foi ait une telle force?
Ce volume tente de répondre à cette question en décrivant la «parole consacrée», en cernant la puissance spirituelle et en définissant la relation qu'elle instaure entre l'homme qui la prononce et le Dieu dont il parle.

BCILL 26: **A. MORPURGO DAVIES - Y. DUHOUX (ed.),** *Linear B: A 1984 Survey, Proceedings of the Mycenaean Colloquium of the VIIIth Congress of the International Federation of the Societies of Classical Studies (Dublin, 27 August-1st September 1984),* 310 pp., 1985. Price: 850 FB., ISBN 2-87077-289-0.
Six papers by well known Mycenaean specialists examine the results of Linear B studies more than 30 years after the decipherment of script. Writing, language, religion and economy are all considered with constant reference to the Greek evidence of the First Millennium B.C. Two additional articles introduce a discussion of archaeological data which bear on the study of Mycenaean religion.

BCILL 27: *Hethitica VI,* 204 pp., 1985. Prix: 550 FB. ISBN 2-87077-290-4.
Dix articles de J. Boley, M. Forlanini, H. Gonnet, E. Laroche, R. Lebrun, E. Neu, M. Paroussis, M. Poetto, W.R. Schmalstieg, P. Swiggers.

BCILL 28: **R. DASCOTTE,** *Trois suppléments au dictionnaire du wallon du Centre,* 359 pp., 1 encart, 1985. Prix: 950 FB. ISBN 2-87077-303-X.
Ce travail comprend 5.200 termes qui apportent un complément substantiel au *Dictionnaire du wallon du Centre* (8.100 termes). Il est le fruit de 25 ans d'enquête sur le terrain et du dépouillement de nombreux travaux dont la plupart sont inédits, tels des mémoires universitaires. Nul doute que ces *Trois suppléments au dictionnaire du wallon du Centre* intéresseront le spécialiste et l'amateur.

BCILL 29: **B. HENRY,** *Les enfants d'immigrés italiens en Belgique francophone, Seconde génération et comportement linguistique,* 360 pp., 1985. Prix: 950 FB. ISBN 2-87077-306-4.
L'ouvrage se veut un constat de la situation linguistique de la seconde génération immigrée italienne en Belgique francophone en 1976. Il est basé sur une étude statistique du comportement linguistique de 333 jeunes issus de milieux immigrés socio-économiques modestes. Des chiffres préoccupants qui parlent et qui donnent à réfléchir...

BCILL 30: **H. VAN HOOF,** *Petite histoire de la traduction en Occident,* 105 pp., 1986. Prix: 380 FB. ISBN 2-87077-343-9.
L'histoire de notre civilisation occidentale vue par la lorgnette de la traduction. De l'Antiquité à nos jours, le rôle de la traduction dans la transmission du patrimoine gréco-latin, dans la christianisation et la Réforme, dans le façonnage des langues, dans le développement des littératures, dans la diffusion des idées et du savoir. De la traduction orale des premiers temps à la traduction automatique moderne, un voyage fascinant.

BCILL 31: **G. JUCQUOIS,** *De l'egocentrisme à l'ethnocentrisme,* 421 pp., 1986. Prix: 1.100 FB. ISBN 2-87077-352-8.
La rencontre de l'Autre est au centre des préoccupations comparatistes. Elle constitue toujours un événement qui suscite une interpellation du sujet: les manières d'être, d'agir et de penser de l'Autre sont autant de questions sur nos propres attitudes.

BCILL 32: **G. JUCQUOIS,** *Analyse du langage et perception culturelle du changement,* 240 p., 1986. Prix: 640 FB. ISBN 2-87077-353-6.
La communication suppose la mise en jeu de différences dans un système perçu comme permanent. La perception du changement ets liée aux données culturelles: le concept de différentiel, issu très lentement des mathématiques, peut être appliqué aux sciences du vivant et aux sciences de l'homme.

BCILL 33-35: **L. DUBOIS,** *Recherches sur le dialecte arcadien*, 3 vol., 236, 324, 134 pp., 1986. Prix: 1.975 FB. ISBN 2-87077-370-6.
Cet ouvrage présente aux antiquisants et aux linguistes un corpus mis à jour des inscriptions arcadiennes ainsi qu'une description synchronique et historique du dialecte. Le commentaire des inscriptions est envisagé sous l'angle avant tout philologique; l'objectif de la description de ce dialecte grec est la mise en évidence de nombreux archaïsmes linguistiques.

BCILL 36: *Hethitica VII*, 267 pp., 1987. Prix: 800 FB.
Neuf articles de P. Cornil, M. Forlanini, G. Gonnet, R. Haase, G. Kellerman, R. Lebrun, K. Shields, O. Soysal, Th. Urbin Choffray.

BCILL 37: *Hethitica VIII. Acta Anatolica E. Laroche oblata*, 426 pp., 1987. Prix: 1.300 FB.
Ce volume constitue les *Actes* du Colloque anatolien de Paris (1-5 juillet 1985): articles de D. Arnaud, D. Beyer, Cl. Brixhe, A.M. et B. Dinçol, F. Echevarria, M. Forlanini, J. Freu, H. Gonnet, F. Imparati, D. Kassab, G. Kellerman, E. Laroche, R. Lebrun, C. Le Roy, A. Morpurgo Davies et J.D. Hawkins, P. Neve, D. Parayre, F. Pecchioli-Daddi, O. Pelon, M. Salvini, I. Singer, C. Watkins.

BCILL 38: **J.-J. GAZIAUX**, *Parler wallon et vie rurale au pays de Jodoigne à partir de Jauchelette*. Avant-propos de Willy Bal, 368 pp., 1987. Prix: 790 FB.
Après avoir caractérisé le parler wallon de la région de Jodoigne, l'auteur de ce livre abondamment illustré s'attache à en décrire le cadre villageois, à partir de Jauchelette. Il s'intéresse surtout à l'évolution de la population et à divers aspects de la vie quotidienne (habitat, alimentation, distractions, vie religieuse), dont il recueille le vocabulaire wallon, en alliant donc dialectologie et ethnographie.

BCILL 39: **G. SERBAT,** *Linguistique latine et Linguistique générale*, 74 pp., 1988. Prix: 280 FB. ISBN 90-6831-103-4.
Huit conférences faites dans le cadre de la Chaire Francqui, d'octobre à décembre 1987, sur: le temps; deixis et anaphore; les complétives; la relative; nominatif; génitif partitif; principes de la dérivation nominale.

BCILL 40: *Anthropo-logiques*, éd. D. Huvelle, J. Giot, R. Jongen, P. Marchal, R. Pirard (Centre interdisciplinaire de Glossologie et d'Anthropologie Clinique), 202 pp., 1988. Prix: 600 FB. ISBN 90-6831-108-5.
En un moment où l'on ne peut plus ignorer le malaise épistémologique où se trouvent les sciences de l'humain, cette série nouvelle publie des travaux situés dans une perspective anthropo-logique unifiée mais déconstruite, épistémologiquement et expérimentalement fondée. Domaines abordés dans ce premier numéro: présentation générale de l'anthropologie clinique; épistémologie; linguistique saussurienne et glossologie; méthodologie de la description de la grammaticalité langagière (syntaxe); anthropologie de la personne (l'image spéculaire).

BCILL 41: **M. FROMENT,** *Temps et dramatisations dans les récits écrits d'élèves de 5ème*, 268 pp., 1988. Prix: 850 FB.
Les récits soumis à l'étude ont été analysés selon les principes d'une linguistique qui intègre la notion de circulation discursive, telle que l'a développée M. Bakhtine.
La comparaison des textes a fait apparaître que le temps était un principe différenciateur, un révélateur du type d'histoire racontée.
La réflexion sur la temporalité a également conduit à constituer une typologie des textes intermédiaire entre la langue et la diversité des productions, en fonction de leur homogénéité.

BCILL 42: **Y.L. ARBEITMAN** (ed.), *A Linguistic Happening in Memory of Ben Schwartz. Studies in Anatolian, Italic and Other Indo-European Languages,* 598 pp., 1988. Prix: 1800,- FB.
36 articles dédiés à la mémoire de B. Schwartz traitent de questions de linguistique anatolienne, italique et indo-européenne.

BCILL 43: *Hethitica IX,* 179 pp., 1988. Prix: 540 FB. ISBN. Cinq articles de St. DE MARTINO, J.-P. GRÉLOIS, R. LEBRUN, E. NEU, A.-M. POLVANI.

BCILL 44: **M. SEGALEN** (éd.), *Anthropologie sociale et Ethnologie de la France,* 873 pp., 1989. Prix: 2.620 FB. ISBN 90-6831-157-3 (2 vol.).
Cet ouvrage rassemble les 88 communications présentées au Colloque International «Anthropologie sociale et Ethnologie de la France» organisé en 1987 pour célébrer le cinquantième anniversaire du Musée national des Arts et Traditions populaires (Paris), une des institutions fondatrices de la discipline. Ces textes montrent le dynamisme et la diversité de l'ethnologie chez soi. Ils sont organisés autour de plusieurs thèmes: le regard sur le nouvel «Autre», la diversité des cultures et des identités, la réévaluation des thèmes classiques du symbolique, de la parenté ou du politique, et le rôle de l'ethnologue dans sa société.

BCILL 45: **J.-P. COLSON,** *Krashens monitortheorie: een experimentele studie van het Nederlands als vreemde taal. La théorie du moniteur de Krashen: une étude expérimentale du néerlandais, langue étrangère,* 226 pp., 1989. Prix: 680 FB. ISBN 90-6831-148-4.
Doel van dit onderzoek is het testen van de monitortheorie van S.D. Krashen in verband met de verwerving van het Nederlands als vreemde taal. Tevens wordt uiteengezet welke plaats deze theorie inneemt in de discussie die momenteel binnen de toegepaste taalwetenschap gaande is.

BCILL 46: *Anthropo-logiques* 2 (1989), 324 pp., 1989. Prix: 970 FB. ISBN 90-6831-156-5.
Ce numéro constitue les Actes du Colloque organisé par le CIGAC du 5 au 9 octobre 1987. Les nombreuses interventions et discussions permettent de dégager la spécificité épistémologique et méthodologique de l'anthropologie clinique: approches (théorique ou clinique) de la rationalité humaine, sur le plan du signe, de l'outil, de la personne ou de la norme.

BCILL 47: **G. JUCQUOIS,** *Le comparatisme,* t. 1: *Généalogie d'une méthode*, 206 pp., 1989. Prix: 750 FB. ISBN 90-6831-171-9.
Le comparatisme, en tant que méthode scientifique, n'apparaît qu'au XIXe siècle. En tant que manière d'aborder les problèmes, il est beaucoup plus ancien. Depuis les premières manifestations d'un esprit comparatiste, à l'époque des Sophistes de l'Antiquité, jusqu'aux luttes théoriques qui préparent, vers la fin du XVIIIe siècle, l'avènement d'une méthode comparative, l'histoire des mentalités permet de préciser ce qui, dans une société, favorise l'émergence contemporaine de cette méthode.

BCILL 48: **G. JUCQUOIS,** *La méthode comparative dans les sciences de l'homme*, 138 pp., 1989. Prix: 560 FB. ISBN 90-6831-169-7.
La méthode comparative semble bien être spécifique aux sciences de l'homme. En huit chapitres, reprenant les textes de conférences faites à Namur en 1989, sont présentés les principaux moments d'une histoire du comparatisme, les grands traits de la méthode et quelques applications interdisciplinaires.

BCILL 49: *Problems in Decipherment*, edited by **Yves DUHOUX, Thomas G. PALAIMA and John BENNET**, 1989, 216 pp. Price: 650 BF. ISBN 90-6831-177-8.
Five scripts of the ancient Mediterranean area are presented here. Three of them are still undeciphered — "Pictographic" Cretan; Linear A; Cypro-Minoan. Two papers deal with Linear B, a successfully deciphered Bronze Age script. The last study is concerned with Etruscan.

BCILL 50: **B. JACQUINOD,** *Le double accusatif en grec d'Homère à la fin du Ve siècle avant J.-C.* (publié avec le concours du Centre National de la Recherche Scientifique), 1989, 305 pp. Prix: 900 FB. ISBN 90-6831-194-8.
Le double accusatif est une des particularités du grec ancien: c'est dans cette langue qu'il est le mieux représenté, et de beaucoup. Ce tour, loin d'être un archaïsme en voie de disparition, se développe entre Homère et l'époque classique. Les types de double accusatif sont variés et chacun conduit à approfondir un fait de linguistique générale: expression de la sphère de la personne, locution, objet interne, transitivité, causativité, etc. Un livre qui intéressera linguistes, hellénistes et comparatistes.

BCILL 51: **Michel LEJEUNE,** *Méfitis d'après les dédicaces lucaniennes de Rossano di Vaglio*, 103 pp., 1990. Prix: 400,- FB. ISBN ISBN 90-6831-194-8.
D'après l'épigraphie, récemment venue au jour, d'un sanctuaire lucanien (-IVe/-Ier s.), vues nouvelles sur la langue osque et sur le culte de la déesse Méfitis.

BCILL 52: *Hethitica* X, 211 pp., 1990. Prix: 680 FB. Sept articles de P. CORNIL, M. FORLANINI, H. GONNET, J. KLINGER et E. NEU, R. LEBRUN, P. TARACHA, J. VANSCHOONWINKEL. ISBN 90-6831-288-X.

BCILL 53: **Albert MANIET**, *Phonologie quantitative comparée du latin ancien*, 1990, 362 pp. Prix: 1150 FB. ISBN 90-6831-225-1.
Cet ouvrage présente une statistique comparative, accompagnée de remarques d'ordre linguistique, des éléments et des séquences phoniques figurant dans un corpus latin de 2000 lignes, de même que dans un état plus ancien de ce corpus, reconstruit sur base de la phonétique historique des langues indo-européennes.

BCILL 54-55: **Charles de LAMBERTERIE,** *Les adjectifs grecs en -υς. Sémantique et comparaison* (publié avec le concours de l'Académie des Inscriptions et Belles-Lettres, du Centre National de la Recherche Scientifique et de la Fondation Calouste Gulbenkian), 1.035 pp., 1990. Prix: 1980 FB. ISBN tome I: 90-6831-251-0; tome II: 90-6831-252-9.
Cet ouvrage étudie une classe d'adjectifs grecs assez peu nombreuse (une quarantaine d'unités), mais remarquable par la cohérence de son fonctionnement, notamment l'aptitude à former des couples antonymiques. On y montre en outre que ces adjectifs, hérités pour la plupart, fournissent une riche matière à la recherche étymologique et jouent un rôle important dans la reconstruction du lexique indo-européen.

SÉRIE PÉDAGOGIQUE DE L'INSTITUT DE LINGUISTIQUE DE LOUVAIN (SPILL).

SPILL 1: **JUCQUOIS G.**, avec la collaboration de **LEUSE J.**, *Conventions pour la présentation d'un texte scientifique*, 1978, 54 pp. (épuisé).

SPILL 2: **JUCQUOIS G.**, *Projet pour un traité de linguistique différentielle*, 1978, 67 pp. Prix: 170,- FB.
Exposé succinct destiné à de régulières mises à jour de l'ensemble des projets et des travaux en cours dans une perspective différentielle au sein de l'Institut de Linguistique de Louvain.

SPILL 3; **JUCQUOIS G.**, *Additions 1978 au «Projet pour un traité de linguistique différentielle»*, 1978, 25 pp. Prix: 70,- FB.

SPILL 4: **JUCQUOIS G.**, *Paradigmes du vieux-slave*, 1979, 33 pp. Prix: 100,- FB.
En vue de faciliter l'étude élémentaire de la grammaire du vieux-slave et de permettre aux étudiants d'en identifier rapidement les formes, ce volume regroupe l'ensemble des paradigmes de cette langue liturgique.

SPILL 5: **BAL W. - GERMAIN J.**, *Guide de linguistique*, 1979, 108 pp. Prix: 275,- FB.
Destiné à tous ceux qui désirent s'initier à la linguistique moderne, ce guide joint à un exposé des notions fondamentales et des connexions interdisciplinaires de cette science une substantielle documentation bibliographique sélective, à jour, classée systématiquement et dont la consultation est encore facilitée par un index détaillé.

SPILL 6: **JUCQUOIS G. - LEUSE J.**, *Ouvrages encyclopédiques et terminologiques en sciences humaines*, 1980, 66 pp. Prix: 165,- FB.
Brochure destinée à permettre une première orientation dans le domaine des diverses sciences de l'homme. Trois sortes de travaux y sont signalés: ouvrages de terminologie, ouvrages d'introduction, et ouvrages de type encyclopédique.

SPILL 7: **DONNET D.**, *Paradigmes et résumé de grammaire sanskrite*, 64 pp., 1980. Prix: 160,- FB.
Dans cette brochure, qui sert de support à un cours d'initiation, sont envisagés: les règles du sandhi externe et interne, les paradigmes nominaux et verbaux, les principes et les classifications de la composition nominale.

SPILL 8-9: **DEROY L.**, *Padaśas. Manuel pour commencer l'étude du sanskrit même sans maître*, 2 vol., 203 + 160 pp., 2e éd., 1984. Prix: 1.090,- FB., ISBN 2-87077-274-2.
Méthode progressive apte à donner une connaissance élémentaire et passive du sanskrit (en transcription). Chaque leçon de grammaire est illustrée par des textes simples (proverbes, maximes et contes). Le second volume contient un copieux lexique, une traduction des textes (pour contrôle) et les éléments pour étudier, éventuellement, à la fin, l'écriture nâgarî.

SPILL 10: *Langage ordinaire et philosophie chez le second WITTGENSTEIN. Séminaire de philosophie du langage 1979-1980,* **édité par MALHERBE J.F.,** 139 pp., 1980. Prix: 350,- FB. ISBN 2-87077-014-6.
Si, comme le soutenait Wittgenstein, **la signification c'est l'usage,** c'est en étudiant l'usage d'un certain nombre de termes clés de la langue du philosophe que l'on pourra, par-delà le découpage de sa pensée en aphorismes, tenter une synthèse de quelques thèmes majeurs des **investigations philosophiques.**

SPILL 11: **PIERRET J.M.,** *Phonétique du français. Notions de phonétique générale et phonétique du français,* V-245 pp. + 4 pp. hors texte, 1985. Prix: 550,- FB. ISBN 2-87077-018-9.
Ouvrage d'initiation aux principaux problèmes de la phonétique générale et de la phonétique du français. Il étudie, en outre, dans une section de phonétique historique, l'évolution des sons, du latin au français moderne.

SPILL 12: **Y. DUHOUX,** *Introduction aux dialectes grecs anciens. Problèmes et méthodes. Recueil de textes traduits,* 111 pp., 1983. Prix: 280,- FB. ISBN 2-87077-177-0.
Ce petit livre est destiné aux étudiants, professeurs de grec et lecteurs cultivés désireux de s'initier à la dialectologie grecque ancienne: description des parlers; classification dialectale; reconstitution de la préhistoire du grec. Quatorze cartes et tableaux illustrent l'exposé, qui est complété par une bibliographie succincte. La deuxième partie de l'ouvrage rassemble soixante-huit courtes inscriptions dialectales traduites et accompagnées de leur bibliographie.

SPILL 13: **G. JUCQUOIS,** *Le travail de fin d'études. Buts, méthode, présentation,* 82 pp., 1984. Prix: 230,- FB. ISBN 2-87077-224-6.
Les étudiants se posent souvent la question des buts du travail de fin d'études: quel est le rôle de ce travail dans leur formation, comment rassembler les informations nécessaires, comment les traiter, comment les présenter? Voilà quelques unes des grandes questions auxquelles on tente de répondre.

SPILL 14: **J. VAN ROEY,** *French-English Contrastive Lexicology. An Introduction,* 145 pp., 1990. Prix: 460,- FB. ISBN 90-6831-269-3.
This textbook covers more than its title suggests. While it is essentially devoted to the comparative study of the French and English vocabularies, with special emphasis on the deceptiveness of alleged transformational equivalence, the first part of the book familiarizes the student with the basic problems of lexical semantics.

INDEX ET CONCORDANCES DE L'INSTITUT DE LINGUISTIQUE DE LOUVAIN (ICILL).

ICILL 1: **JUCQUOIS,** avec la collaboration de **B. DEVLAMMINCK et de J. LEUSE,** *La transcription des langues indo-européennes anciennes et modernes: normalisation et adaptation pour l'ordinateur.* 1980, 109 pp. Prix: 600,- FB.

ICILL 2: **E. NIEUWBORG et J. WEISSHAUPT,** avec la collaboration de **D. REULEN,** *Concordantielijst van Zuidnederlandse Romans:* **H. CLAUS,** *Natuurgetrouwer; De Zwarte Keizer; Het jaar van de Kreeft,* 1979, 12 pp. + 3.435 pp. en 14 microfiches. Prix: 1.000,- FB.

ICILL 3: **G. JUCQUOIS et B. DEVLAMMINCK,** *Die Sprache I (1949) - 20 (1974):* index des formes, 1979, XVI-301 pp. Prix: 1.000,- FB.

ICILL 4: **E. NIEUWBORG et J. WEISSHAUPT,** avec la collaboration de **D. REULEN,** Concordance de: CESBRON G., *Notre prison et un royaume.* Concordance de *G. BERNANOS, L'imposture.* 1981, 12 pp. + 3.176 pp. en 12 microfiches. Prix: 950,- FB.

ICILL 6: **E. NIEUWBORG et J. WEISSHAUPT,** avec la collaboration de **R. REULEN,** Concordantielijsten van weekbladen en krantentaal (Zuidnederlands taalgebied). 1981, 12 pp. + 2.606 pp. en 11 microfiches. Prix: 800,- FB.

ICILL 11: **E. NIEUWBORG et J. WEISSHAUPT,** avec la collaboration de **R. REULEN,** Concordantielijsten van Zuidnederlandse letterkunde - Hubert LAMPO, *De komst van Joachim Stiller. Er is méér, Horatio.* 1981, 16 × 24, 12 pp. + 2.403 pp. en 10 microfiches. Prix: 800,- FB.

ORIENTALISTE, P.B. 41, B-3000 Leuven